GRAMMAIRE GRECQUE

ÉLÉMENTAIRE

DIVISION DE LA PARTIE THÉORIQUE

DU

COURS COMPLET DE LANGUE GRECQUE

1er Degré. — **PREMIERS ÉLÉMENTS DE GRAMMAIRE GRECQUE**, à l'usage des commençants. 1 mince volume in-12 (*sous presse*).

2e Degré. — **GRAMMAIRE GRECQUE ÉLÉMENTAIRE.** 1 vol. in-8° cartonné. — Prix : 3 francs.

3e Degré. — **GRAMMAIRE GRECQUE COMPLÈTE.** 1 volume in-8° (*en préparation*).

(Mai 1861.)

PARIS. — J. CLAYE, IMPRIMEUR, RUE SAINT-BENOIT

COURS COMPLET

DE LANGUE GRECQUE

THÉORIE ET EXERCICES

PAR MM.

GUÉRARD
Agrégé de grammaire, Préfet des études
à Sainte-Barbe
Chevalier de la Légion d'honneur

PASSERAT
Agrégé de grammaire, Professeur de seconde
au Lycée de Tours
Ancien élève de l'École normale

GRAMMAIRE GRECQUE

ÉLÉMENTAIRE

PARIS

Fd TANDOU ET Cie, LIBRAIRES-ÉDITEURS

RUE DES ÉCOLES, 78

1864

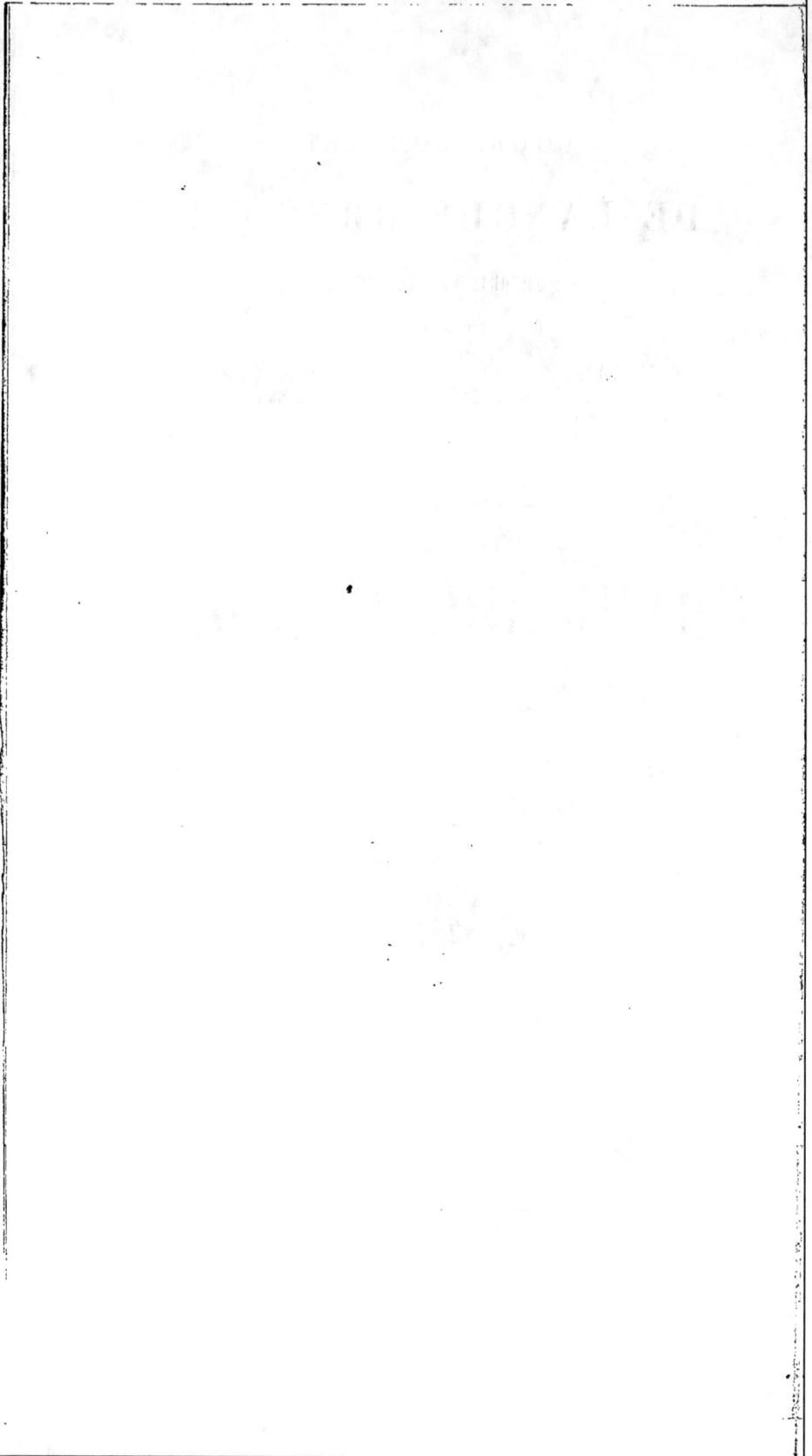

TABLE

ALPHABÉTIQUE ET ANALYTIQUE

DES MATIÈRES.

Les numéros indiquent les pages.

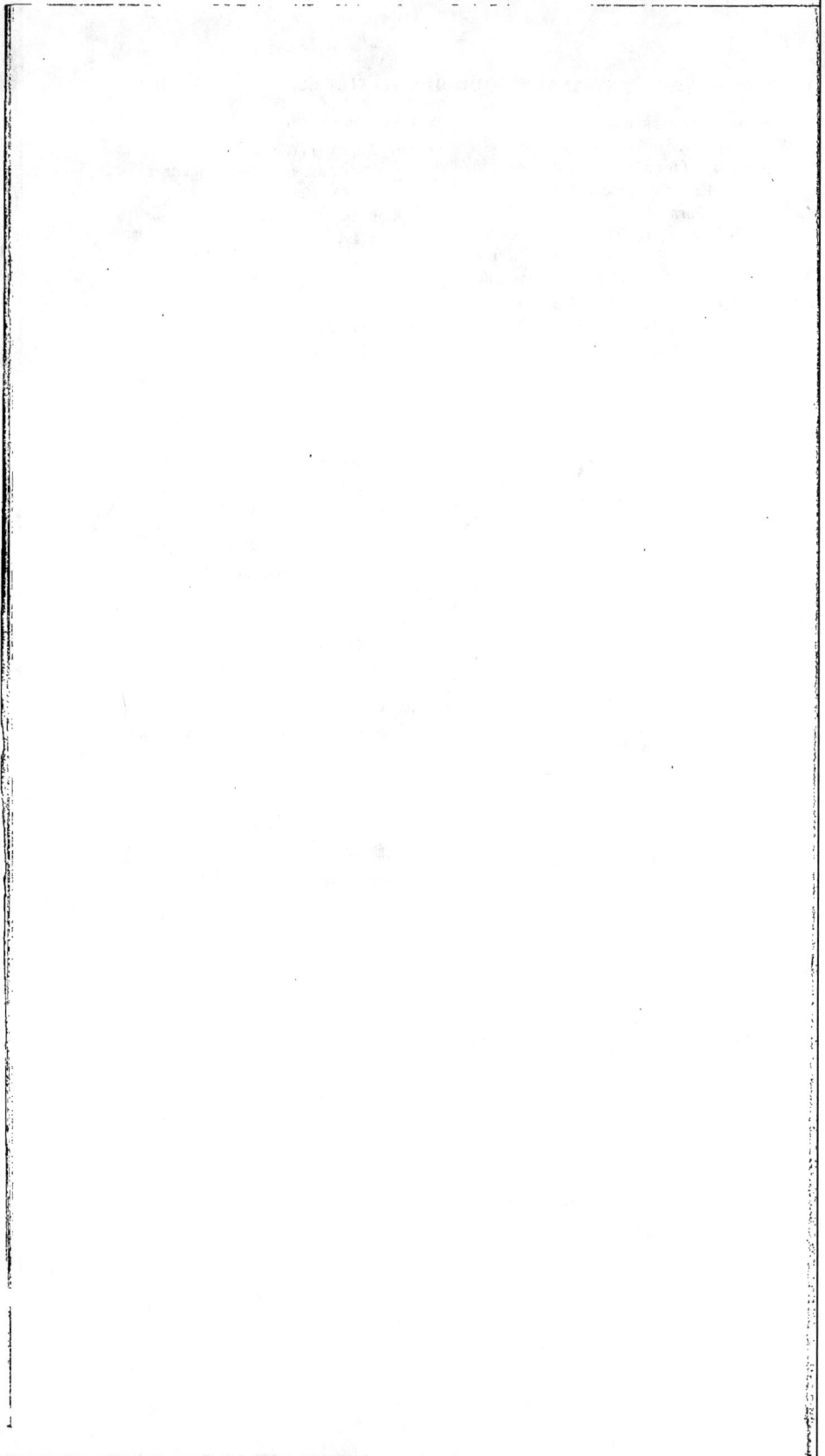

AVERTISSEMENT.

Le *Cours de langue grecque* que nous publions est destiné à faire suite au *Cours de langue française* par M. Guérard, et au *Cours de langue latine* par MM. Guérard et Moncourt. Il a donc été composé dans le même esprit. Le plan et la méthode sont les mêmes, sauf les différences dont le caractère spécial de la langue grecque nous faisait une loi.

Nous nous sommes attachés à concilier autant qu'il a été en nous la simplicité de l'exposition avec l'exactitude des faits, et à donner, sans être diffus, toutes les notions propres à faire connaître le plus promptement possible aux commençants les formes de déclinaison et de conjugaison les plus usitées dans la bonne prose attique [1], qui est la vraie langue littéraire des Grecs. Si nous n'avons mentionné qu'un très-petit nombre de noms irréguliers, c'est que la plupart appartiennent à la langue poétique, dont il sera traité dans le supplément à cette première partie.

On remarquera que nous n'avons pas craint de multiplier les tableaux et modèles de déclinaison et de conjugaison, persuadés que cette méthode, qui frappe l'œil de l'élève, lui est d'un plus utile secours que des explications ou des remarques trop nombreuses, soit pour apprendre par cœur, soit pour raviver ses souvenirs lorsqu'il consulte sa grammaire en faisant un devoir d'exercice, thème ou version.

Pour la première déclinaison nous n'avons donc pas hésité à donner autant de tableaux qu'il y a de désinences spéciales;

---

1. Les écrivains attiques appartiennent tous à la fin du Ve siècle et au IVe siècle avant J.-C.

ainsi, un tableau pour les noms en η (κεφαλή), un tableau pour les noms en α dont le radical finit par une voyelle (οἰκία), un pour ceux dont le radical finit par un ρ (θύρα), un pour ceux en ης dont le vocatif est en α bref (ποιητής), un pour ceux dont le vocatif est en η (Αἰακίδης).

Les noms contractes de la première déclinaison n'offrent aucune difficulté sérieuse ; nous nous sommes bornés à en indiquer quelques-uns avec une explication sommaire. A la deuxième, nous avons insisté davantage, et nous avons donné un paradigme spécial des noms en εος et οος, et des neutres en εον, toujours employés en prose sous la forme contracte ους, ουν. On pourra s'étonner de voir ces noms, contrairement à l'usage reçu, déclinés d'abord sous leur forme contracte : c'est que cette forme est la seule usitée chez les prosateurs, et que les élèves ont toujours une tendance à employer dans leurs exercices la forme non contracte. Seulement, nous avons ajouté dans une colonne parallèle la forme non contracte, qui leur fait voir le rapport réel de ces noms avec ceux qui ne subissent pas de contraction. Nous croyons que cette indication ne doit être que pour les yeux, et qu'il suffit à l'élève de réciter simplement la forme contracte.

Pour les noms en ως, nous avons rejeté, comme inutile, le titre de *Déclinaison attique* ou de *Noms déclinés attiquement*. Cette déclinaison se trouve déjà dans *l'Iliade* et *l'Odyssée;* elle est fréquente dans Hérodote et les autres écrivains ioniens. Elle n'est donc pas purement attique, comme l'est, par exemple, l'emploi des deux τ au lieu des deux σ, comme le sont les formes ὁδί, οὑτοσί, ἐκεινοσί, etc.

Pour les adjectifs, même méthode que pour les noms. Nous n'avons pas craint de donner des tableaux distincts et complets de ἀγαθός, de ἅγιος, de ἱερός, de ἔνδοξος. Nous avons également décliné χρυσοῦς, ἀργυροῦς, εὔνους, tous adjectifs fort usités et d'ailleurs très-réguliers, qu'il ne nous a pas paru convenable de rejeter dans un lointain supplément. Pour les deux dernières classes d'adjectifs, nous nous en sommes tenus à la méthode de nos devanciers.

Les règles de formation des comparatifs et superlatifs ont été exposées avec tous les détails qu'il est essentiel de connaître sur cette partie importante et parfois difficile de la déclinaison ; nous avons même jugé utile de faire connaître immédiatement aux commençants les formations irrégulières de quelques comparatifs et superlatifs que l'on rencontre à chaque pas, tels que καλλίων, κάλλιστος, μείζων, μέγιστος, ἐλάσσων, ἐλάχιστος, κακίων, κάκιστος, χείρων, χείριστος, βελτίων, ἀμείνων, κρείσσων, βέλτιστος, ἄριστος, κράτιστος. D'ailleurs, trois de ces comparatifs sont irréguliers également en latin et en français.

Les noms de nombre et les pronoms ont été traités avec tous les développements que comporte un livre élémentaire. Nous avons rejeté de ces deux chapitres tout ce qui n'est pas d'un usage commun en prose.

La conjugaison nous offrait plus de difficultés. Nous avons banni de notre exposé toute définition, toute explication, toute classification qui eût un caractère tant soit peu métaphysique, et nous nous sommes constamment placés au point de vue de la pratique et de l'*usage utile,* si l'on peut ainsi parler.

Le verbe εἰμί, je suis, a été conjugué avant tous les autres, afin de nous conformer à la méthode généralement suivie dans l'enseignement des langues, et parce que, même en grec, ce verbe sert assez souvent d'auxiliaire à la conjugaison de certains temps ou de certaines personnes des verbes attributifs, surtout au parfait et au plus-que-parfait du passif.

Pour les verbes contractes, nous avons suivi la même méthode que pour les noms contractes. Selon nous, les élèves doivent avant tout savoir par cœur la forme contracte, puisque seule elle est usitée dans la prose attique. Nous l'avons donc indiquée d'abord, ajoutant à la suite de chaque personne la forme non contracte, de manière à laisser voir qu'au fond ces verbes n'ont rien d'irrégulier ni d'étrange.

Nous aurions désiré, pour ne pas contrarier certaines habitudes en quelque sorte consacrées par une tradition constante, conserver les paradigmes de conjugaison qui se trouvent dans toutes les grammaires, τιμάω, φιλέω, δηλόω ; mais des considérations qui nous ont paru importantes nous ont déterminés à renoncer à ces verbes. Φιλέω, δηλόω n'ont pas de voix moyenne. A quoi bon apprendre une forme qui ne se peut jamais rencontrer? et surtout comment traduire en français ce qui n'exprime aucune idée? Τιμάω a bien la voix moyenne, mais avec un sens trop détourné, pour des commençants, de la signification usuelle de l'actif et du passif. Traduire τιμήσομαι par *je me taxerai,* lorsque l'actif est traduit par *honorer,* eût été une bizarrerie inexplicable pour les élèves.

Nous avons donc dû choisir des verbes qui pussent aux trois voix leur présenter des idées nettes et exactes. Notre choix s'est fixé sur les verbes ἀρτάω, je suspends, ποιέω, je fais, δουλόω, j'asservis, qui permettront aux élèves d'appliquer à coup sûr les principes précédemment exposés sur la valeur respective de chaque voix.

Nous avons cherché à faciliter l'étude des verbes à radical terminé par une consonne, en donnant des tableaux complets de ces nouvelles conjugaisons. Nous avons cru que tableaux et remarques, en s'éclairant mutuellement, aplaniraient en grande partie les difficultés que ces verbes offrent souvent aux élèves. Nous espérons aussi avoir jeté quelque jour nouveau sur les verbes en λω, μω, νω, ρω, qui ne nous paraissent pas avoir toujours été traités dans les livres élémentaires d'une manière assez complète et assez méthodique.

Arrivés à la fin de notre exposé de la conjugaison régulière en ω, et avant d'entamer celle des verbes en μι, nous avons groupé dans un paragraphe spécial tous les faits relatifs aux *temps seconds,* et nous l'avons fait suivre immédiatement de quelques mots sur les futurs contractes dits *attiques,* et sur le redoublement qui porte le même nom.

Les verbes en μι ont été disposés de la manière qui nous a paru la plus méthodique. Τίθημι et ἵημι ont été conjugués ensemble, ainsi que ἵστημι et φημί. Après δίδωμι nous avons exposé tout ce qui concerne les verbes si nombreux en νυμι et _νυμι; et nous avons terminé par le tableau de la conjugaison du verbe irrégulier εἶμι, je vais, dont l'emploi est frop fréquent pour que les élèves ne l'apprennent point par cœur, même avant d'aborder l'étude des verbes irréguliers ou défectifs.

De la conjugaison des verbes en μι nous passons naturellement à une classe de verbes très-nombreux et très-usités, que les commençants mêmes rencontrent fréquemment dans leurs premiers exercices de version. Nous voulons dire les *verbes allongés* en νω, άνω, αύνω, σκω, etc. A nos yeux, les irrégularités de la plupart de ces verbes ne sont qu'apparentes. Une fois connu le secret de la différence entre le présent et l'imparfait d'une part, et d'autre part le futur et les temps qui en dérivent, ils n'offrent rien de nouveau ni d'extraordinaire, et ils se conjuguent avec la plus grande facilité. Nous en avons d'ailleurs réduit la liste le plus que nous avons pu, n'y faisant entrer que des verbes qui se rencontrent habituellement dans la prose. La même réserve a présidé à notre liste de verbes irréguliers et de verbes défectifs. Nous avons choisi les plus vulgaires.

Entre la liste des *verbes allongés* en ω et celle des *verbes* plus véritablement *irréguliers,* nous avons inséré un paragraphe sur les verbes exclusivement employés à la voix moyenne, auxquels nous avons donné le nom de *déponents,* déjà familier aux élèves par l'étude des verbes latins qui portent ce nom. Nous n'ignorons pas que cette division est insolite ; mais nous ne la regardons pas moins comme facile à justifier, comme utile, commode même, au point de vue de l'enseignement.

Un assez grand nombre des *Remarques* contenues dans cette Grammaire, et notamment celles qui concernent les verbes, sont destinées à servir de texte à la leçon du professeur, plutôt qu'à être apprises par cœur par l'élève, qui devra, seulement, après les explications qui lui auront été données, en retenir la substance et l'esprit, sans s'attacher servilement à la lettre. Ces remarques, qui sont la plupart *en petit texte* dans d'autres Grammaires, sont dans la nôtre du même texte que le reste du livre, ce qui laisse au professeur toute

latitude de choisir celles qu'il voudra faire apprendre littérale-
ment ou seulement expliquer et commenter.

A la suite de chaque partie déclinable du discours nous
avons, à l'imitation de ce que Lhomond avait fait dans sa
grammaire latine, donné les notions les plus sommaires de
syntaxe et de construction, afin de mettre de bonne heure
l'élève à même de construire avec intelligence et avec netteté
les petites phrases qu'on l'exerce à traduire en grec à mesure
qu'il étudie un chapitre. Nous avons suivi la même méthode
pour les parties du discours indéclinables. Le cas avec lequel
se construit chaque préposition y est indiqué avec la nuance
générale de sens propre à chacune. Nous avons de même
indiqué le mode qui accompagne les conjonctions les plus
usitées. Nous avons jugé ces notions sommaires d'autant
plus utiles, qu'elles diminuent selon nous l'aridité naturelle de
l'étude de ces particules indéclinables. En voyant le rôle que
jouent ces mots dans leurs rapports avec les autres, l'élève
voit déjà, pour ainsi dire d'un seul coup d'œil, l'ensemble de
la langue, et l'étude de la syntaxe se trouve d'avance éclaircie
et facilitée. Nous avons terminé par l'exposé de quelques
règles sur la manière de construire les mots dans les phrases
les plus simples.

Toute cette première partie, que nous croyons très-large-
ment suffisante jusqu'à la fin de la deuxième année de l'étude
du grec, contient donc en quelque sorte toute la substance de
la langue. Les élèves y auront vu successivement les mots
isolés et les mots groupés ; il ne leur restera plus qu'à apprendre les formes les plus usitées chez les poëtes et les écrivains étrangers à l'Attique, et les faits particuliers de syntaxe.
Ce sera l'objet d'un *Supplément à la première partie*, et de la
deuxième partie ou Syntaxe.

Le Supplément comprendra les matières suivantes :

1. Indication des principales irrégularités d'orthographe.
de déclinaison, de conjugaison.

II. Notions sommaires sur les dialectes : 1" épique ou

homérique, ou ancien ionien ; 2° ionien nouveau ; 3° éolien ; 4° dorien.

III. Notions sommaires d'accentuation.

La syntaxe se rapprochera autant que possible de l'ordre adopté dans la Grammaire latine de MM. Guérard et Moncourt ; mais elle s'en écartera franchement là où l'accord cesse entre les deux langues, et nous renoncerons à poursuivre une uniformité chimérique.

C'est M. Burnouf, on l'oublie trop aujourd'hui, qui, à l'époque de la réorganisation de nos écoles, a donné par sa *nouvelle Méthode* une forte et puissante impulsion à l'étude de la langue grecque ; et c'est un hommage que s'empresse de lui rendre ici un des auteurs de cette Grammaire, qui s'honore d'avoir été le disciple de ce maître éminent.

La tâche entreprise par lui, nous avons tenté, comme d'autres, de la continuer en apportant à sa *Méthode* les modifications et les perfectionnements amenés par les progrès qu'à faits depuis lors l'étude de la langue grecque.

Nous livrons ce modeste essai à l'appréciation du corps enseignant. A lui de décider si notre œuvre est non-seulement une œuvre consciencieuse, mais encore utile et durable.

Quel qu'en soit le succès, les auteurs se font un devoir de témoigner publiquement leur reconnaissance au bienveillant concours de M. Thurot, maître de conférences à l'École normale, qui leur a offert spontanément son aide pour la correction, toujours si pénible et si délicate, des épreuves, et dont les conseils ont été souvent une lumière.

Avril 1864.

ERRATA.

Page 6, ligne 17, *au lieu de* οἰκτρος, *lisez* οἶκτος.

— 12, tableau de la déclinaison de ἡ κεφαλή, *traduire ainsi le duel* : N. A., les deux têtes. G. D., des, aux deux têtes.

— 14, tableau de la déclinaison de ἡ γλῶσσα, *traduire le duel par* : les deux langues.

— 16, liste des noms à décliner sur Αἰακίδης, 2ᵉ colonne, 4ᵉ ligne, *au lieu de* Persée, *lisez* Persès; — et 6ᵉ ligne, *au lieu de* Ἑρμῆς, *lisez* Ἑρμῆς.

— 22, § 28, 9ᵉ ligne, 3ᵉ colonne, *au lieu de* ἄναξ, *lisez* ἄναξ.

— 26, tableau de la conjugaison de ὁ πατήρ, au vocatif singulier, *au lieu de* πατέρ, *lisez* πάτερ.

— 80, ligne 29, *au lieu de* : sera accomplie, *lisez* : sera entièrement accomplie.

— 129, participe futur, neutre singulier, *au lieu de* ποι ῆσον, *lisez* ποι ῆσον.

— 129, participe aoriste, neutre singulier, *au lieu de* ποι ῆσαν, *lisez* ποι ῆσαν.

— 133, vers le milieu, l' « *Observation importante* » doit être ainsi complétée : — Dans les verbes νοέω, je comprends, ἀγνοέω, j'ignore, ἐλεέω, j'ai pitié, et autres semblables, où le *radical* se termine par une voyelle, etc.

— 158, imparfait de l'indicatif, *au lieu de* : A. μ ον, *lisez* : A. ἔνεμ ον.

— 174, au présent de l'indicatif, 3ᵉ personne du pluriel, *au lieu de* · τιθ εῖσι ou ἑασι, *lisez* : τιθ εῖσι, mieux τιθ ἑασι.

— 174, à l'imparfait de l'indicatif, 2ᵉ personne du singulier, *après* ἐτίθ ης, *ajoutez* : mieux ἐτίθ εις.

— 176, à l'imparfait de l'indicatif, 3ᵉ personne du pluriel, *au lieu de* : ἱ εῖσι ou ἱ ᾶσι, *lisez* : ἱ εῖσι ou mieux ἱ ᾶσι.

— 185, ligne 11, *au lieu de* ἄνεντο, *lisez* ἀνεῖντο.

— 215, ligne 1ʳᵉ, *au lieu de* ἐθέλησα, *lisez* ἠθέλησα.

— 220, ligne 15, *au lieu de* ῥιγῷην, *lisez* ῥιγῴην.

— 245, ligne 14, les deux mots « ou bien » auraient dû être imprimés en caractères italiques, comme appartenant à la traduction de l'adverbe ἤ, *ou, ou bien est-ce que.*

ÉLÉMENTS

DE LA

GRAMMAIRE GRECQUE.

NOTIONS PRÉLIMINAIRES.

DE L'ALPHABET.

§ 1. Il y a en grec vingt-quatre lettres. En voici la forme et la dénomination :

MAJUS- CULES.	MINUS- CULES.	DÉNOMINATION.	LETTRES FRANÇAISES CORRESPONDANTES.	OBSERVATIONS.
A,	α,	alpha,	a.	
B,	β, ϐ,	bêta,	b.	Correspond aussi à *v*.
Γ,	γ,	gamma,	g *dur*.	Comme dans *garçon*, *gomme*.
Δ,	δ,	delta,	d.	
E,	ε,	é psilon,	é *fermé*.	
Z,	ζ,	zêta *ou* dzêta,	z.	
H,	η,	êta,	è *ouvert*, ê.	
Θ,	ϑ, θ,	thêta,	th.	
I,	ι,	iôta,	i, j.	
K,	κ,	kappa,	k, c *dur*, q.	
Λ,	λ,	lambda,	l.	
M,	μ,	mû,	m.	
N,	ν,	nû,	n.	
Ξ,	ξ,	xi,	x *dur*.	Comme dans *ex-trême*.
O,	ο,	o micron,	o *bref*.	
Π,	π,	pi,	p.	
P,	ρ,	rho,	r.	
Σ,	σ, ς,	sigma,	s.	σ au commencement et au milieu des mots, ς à la fin.
T,	τ,	tau,	t.	
Υ,	υ,	u psilon,	u.	Correspond aussi à *y* et à *v*.
Φ,	φ,	phi *ou* fi,	ph, f.	
X,	χ,	khi,	ch *dur*, q.	
Ψ,	ψ,	psi,	ps.	
Ω,	ω,	ô méga,	ô *long*.	

1

VOYELLES.

§ 2. Il y a 7 voyelles : α, ε, η, ι, ο, υ, ω.

η, ω, sont des voyelles longues. Les autres sont tantôt longues, tantôt brèves.

DIPHTHONGUES.

§ 3. Lorsque deux voyelles se prononcent par une seule émission de voix, il en résulte une diphthongue. Les diphthongues sont en grec :

αι, αυ, ει, ευ, οι, ου, ηυ, υι, ωυ.

αι se prononce comme dans les mots français *faïence, bail.*

αυ se prononce comme *au* en français.

ει se prononce comme *ei* dans *veille, treille.*

ευ se prononce comme *eu* dans *nœud, deux.*

οι sonne comme dans le français *Samoïède.*

ου répond au français *ou.*

ηυ se prononce comme *eu* long dans *jeûne* [1].

υι répond au français *ui* dans *lui, étui, suite.*

ωυ, diphthongue très-rare, se prononce comme *oû* dans *croûte, voûte* [2].

CONSONNES.

§ 4. Il y a 17 consonnes. Elles se divisent :

1° En 9 MUETTES : β, γ, δ, π, κ, τ, φ, χ, θ.

β, γ, δ, sont appelées consonnes *douces;*

π, κ, τ,   —   —   *fortes;*

φ, χ, θ,   —   —   *aspirées.*

De plus, β, π, φ, sont dites consonnes *labiales,* parce que les lèvres contribuent surtout à leur prononciation.

γ, κ, χ, sont dites consonnes *gutturales,* parce qu'on les prononce surtout du gosier.

---

1. C'est à tort qu'on prononce souvent ηυ, en deux syllabes.
2. C'est à tort également qu'on prononce souvent ωυ, en deux syllabes.

δ, τ, ϑ, sont dites consonnes *dentales*, parce qu'elles se prononcent surtout des dents.

2° En 4 LIQUIDES : λ, μ, ν, ρ, ainsi appelées parce qu'elles avaient chez les Grecs une prononciation très-coulante.

3° En 1 SIFFLANTE : σ.

4° En 3 DOUBLES : ζ, représentant δς, τς, ϑς;
ξ, représentant γς, κς, χς;
ψ, représentant βς, πς, φς.

TABLEAU DES DIX-SEPT CONSONNES.

1° NEUF MUETTES,			2° QUATRE LIQUIDES,
LABIALES.	GUTTURALES.	DENTALES.	λ, μ, ν, ρ.
Douces, β,	γ,	δ.	3° UNE SIFFLANTE, σ.
Fortes, π,	κ,	τ.	4° TROIS DOUBLES,
Aspirées, φ,	χ,	ϑ.	ζ, ξ, ψ.

PRONONCIATION DES CONSONNES.

§ 5. Nous avons indiqué dans le tableau des lettres la prononciation générale des consonnes grecques. Voici maintenant quelques particularités.

γ devant γ, κ, χ, se prononce comme νυ : εγγυς[1], près, prononcez *enn-gusse;* εγκατα, entrailles, pron. *enn-kata;* εγχεω je verse, pron. *enn-khéô;* αγγελος, messager, pron. *ann-guélosse;* ογκος, enflure, pron. *onn-kosse.*

κ a toujours le son du *c* dur, même devant ε, η, ι. Ex. : Κικερων, pron. *Kikérône;* Κηφισσος, pron. *Kèphissosse.*

τ devant un ι suivi d'une autre voyelle n'a jamais le son que nous donnons au *t* dans *potion, patient;* mais il sonne toujours comme dans le *tien,* je *tiens.* Ex. : Σπαρτιατης, pron. *Sparti-atès;* Ανδροτιων, pron. *Ann-droti-ône.*

---

1. Pour épargner aux commençants toute surprise, nous ne marquerons sur les mots aucun esprit ni aucun accent avant d'avoir parlé de ces signes orthographiques. Voy. pages 5, 6 et 7.

Il en est de même du θ : ελμινθιον, petit ver, pron. *hel-minn-thi-onne;* παραμυθια, consolation, pron. *paramuthi-a.*

χ se prononce toujours dur, comme notre *ch* dans *Cher-sonèse*, en grec Χερσονησος, et dans *archiépiscopal*, en grec αρχιεπισκοπικος.

σ n'a jamais le son adouci de notre *s* dans *maison, cause, base*, etc., mais toujours celui de *s* dans *sain, son, Seine.* Ex. : μεσος, moyen, pron. *mé-sosse;* νησος, île, pron. *né-sosse;* βασιλευς, roi, pron. *ba-sileusse.* — De plus ς final n'est jamais muet, comme on le voit par la plupart des mots cités précédemment.

ζ se prononce habituellement comme *dz* : εζηκα, j'ai vécu, pron. *edzèka;* ζηλος, zèle, pron. *dzélosse.*

ξ se prononce comme *cs* : ξυρον, rasoir, pron. *csuronne.*

PRONONCIATION DES VOYELLES SUIVIES DE ν, μ.

§ 6. Il n'y a pas en grec de lettres nasales comme en français. Ainsi :

αν se prononce toujours comme dans *tisane;*

εν	—	comme dans *persienne;*
ην	—	comme dans *alène;*
ιν	—	comme dans *machine;*
ον	—	comme dans *couronne;*
υν	—	comme dans *une;*
ων	—	comme dans *trône.*

Ex. :

Αντι,	en face,	pron. *ann*-ti.
Εντιμος,	honoré,	pron. *enn*-timosse.
Ηντων,	je rencontrais,	pron. *énn*-tône.
Πλινθος,	brique,	pron. *plinn*-thosse.
Αριστον,	déjeuner,	pron. *arist-onne.*
Πλυντηρ,	plongeur,	pron. *plunn*-tère.

Il en est de même du μ après α, ε, η, ι, ο, υ, ω. Ex. : αμφι, autour, pron. *amm-*phi; εμπορος, commerçant, pron. *emm*-porosse; μεσημβρια, midi, pron. mess-*emm*-bria;

Ιμϐρος, l'île d'Imbros, pron. *Imm*-brosse; ομϐρος, pluie, pron. *omm*-brosse; τυμϐος, tombe, pron. *tumm*-bosse; etc.

REMARQUES SUR LES MUETTES QUI SE SUIVENT DANS UN MÊME MOT.

§ 7. 1° En principe, deux muettes qui se suivent doivent appartenir à la même classe, c'est-à-dire qu'une aspirée veut être précédée d'une autre aspirée, une forte d'une autre forte, une douce d'une autre douce. Ex :

Dans le mot αχθος, ennui, le θ attire l'aspirée χ; ce serait une faute d'écrire αϰθος ou αχτος.

Dans επτα, sept, la forte τ attire la forte π, de même que dans εϐδομος, septième, la douce δ attire la douce β.

Dans οϰτω, huit, ϰ et τ sont de la même classe, étant deux fortes; dans ογδοος, huitième, δ ayant remplacé τ, ϰ est également remplacé par la douce γ.

2° En général, deux syllabes de suite ne commencent pas par une aspirée.

Ainsi, on dit πεφιληϰα, j'ai aimé, et non pas φεφιληϰα; ετυθην, j'ai été sacrifié, et non pas εθυθην. On écrit ϑρεξω, je courrai, par un ϑ, mais on écrit τρεχω, je cours, par un τ à cause du χ. On écrit ϑριξ, cheveu, par un ϑ, mais τριχες, cheveux, par un τ, également à cause du χ.

Ces particularités, ainsi que leurs exceptions, seront plusieurs fois remarquées dans le cours de cette Grammaire, et d'ailleurs s'apprendront par l'usage.

3° μ aime à se trouver devant β, π, φ, ψ, μ; ainsi, αμϐλυς, émoussé; πομπη, cortége; αμφι, autour; εμψυχος, animé; εμμελης, cadencé.

Il en est de même en français : a*m*bassadeur, e*m*mener, co*m*plet, etc., et en latin : a*m*bo, i*m*ponere, co*m*burere, a*m*plecti.

DES ESPRITS.

§ 8. Aux caractères de l'écriture appartiennent aussi les *esprits*, les *apostrophes*, les *accents*.

Il y a deux *esprits* : l'*esprit doux* (') et l'*esprit rude* (').

L'*esprit doux* se place sur les voyelles initiales qui ne doivent pas avoir un son aspiré : ἀδελφος, frère ; ἐργον, ouvrage ; ἠλιθιος, sot ; ἰθυ, droit ; ὀλβος, bonheur ; ὠμος, cru, etc.

L'*esprit rude* se place sur les voyelles initiales qui ont un son aspiré : ἁρμα, char ; ἑρπων, rampant ; ἡμισυς, demi ; ἱππος, cheval ; ὁριζων, horizon ; ὡρα, heure.

υ commençant un mot reçoit toujours l'esprit rude : ὑπερ, sur ; ὑετος, pluie ; ὑδωρ, eau ; ὑγιης, sain, etc.

Parmi les consonnes, la liquide ρ, au commencement d'un mot, prend aussi l'esprit rude : ῥητωρ, orateur ; ῥιπτω, je jette ; ῥοδον, rose ; etc. — Dans le corps d'un mot, lorsqu'il y a deux ρ de suite, le premier est surmonté d'un esprit doux, le second d'un esprit rude : ἐῤῥιμμενος, jeté ; πυῤῥος, roux.

Lorsqu'un mot commence par une diphthongue, l'esprit se met toujours sur la deuxième lettre de la diphthongue : αἱμα, sang ; αἰγλη, splendeur ; εἰδος, forme ; οἰκτρος, compassion ; αὐτος, même ; οὑτος, celui-ci ; υἱος, fils [1].

L'*esprit doux* ne se reproduit en français par aucun signe.

L'*esprit rude* correspond le plus souvent à notre *h*, aspirée ou non : ἡρως, *h*éros ; ῥητορικη, *rh*étorique ; ἱπποδρομος, *h*ippodrome ; ὑμνος, *h*ymne ; ὁμωνυμος, *h*omonyme ; ὁριζων, *h*orizon ; Ἑλενη, *H*élène.

Il équivaut aussi à *s* : ἑξ, six, ἑπτα, sept, ἑρπειν, serpenter ; ὑπερ, sur, en latin *super* ; ὑπο, sous, en latin *sub*.

Enfin il répond quelquefois à *v* : ἑσπερα, *v*êpres, en latin *v*espera ; ἑλμινς, *v*er, vermine, en latin *v*ermis.

DE L'APOSTROPHE.

§ 9. L'*apostrophe* (') est un signe qui sert à indiquer qu'une voyelle a été retranchée à la fin d'un mot, comme

---

1. Nous croyons que la première syllabe de ce mot doit se prononcer comme *lui*, *huile*, et qu'on ne doit pas faire dominer υ ; car alors ce ne serait plus une diphthongue. La place de l'*esprit* nous paraît décider en faveur de cette prononciation, qui se rapproche d'ailleurs de celle des Grecs modernes, car ils prononcent *vios*, détachant ainsi nettement l'ι.

dans ἀλλ’ οὗτοι, pour ἀλλα οὗτοι, mais ceux-ci ; ὅτ’ εἶδον, pour ὅτε, quand je vis ; ἐπ’ Ἰωνιαν, pour ἐπι, vers l’Ionie ; ὑπ’ ὀργῆς, pour ὑπο, par colère.

Les lettres qu’on remplace le plus souvent par l’apostrophe sont α, ε, ι, ο.

Lorsqu’après la suppression d’une voyelle finale, une des consonnes π, κ, τ, se trouve devant un esprit rude, elle se change en son aspirée correspondante (voy. le Tableau des consonnes, page 3) ; ainsi on dit : ὑπ’ ὀργῆς, mais on dit : ὑφ’ ἅρμα, sous un char ; on écrit : ὅτ’ εἶδον, mais on écrit : ὅθ’ ἥλλετο, quand il sautait.

DES ACCENTS.

§ 10. Les *accents* sont au nombre de trois :

1° L’*accent aigu*, qui se met sur une des trois dernières syllabes d’un mot : ἀνθρώπινος, humain ; ἡμέρα, jour ; διαφορά, différence ;

2° L’*accent grave*, qui ne se place jamais que sur la dernière syllabe : σοφὸς, habile ;

3° L’*accent circonflexe*, qui se met sur la dernière ou l’avant-dernière syllabe : πρᾶγμα, affaire ; τιμῶ, j’honore ; φιλοῦμεν, nous aimons.

L’accent circonflexe ne se met jamais que sur des syllabes longues ; l’accent aigu et l’accent grave affectent les longues aussi bien que les brèves. Il sera donné plus tard des règles sur l’emploi et la place des accents.

Souvent un accent se trouve à côté d’un esprit au commencement d’un mot : il ne faut pas les confondre. Exemple : ἅρμα, ἄμφω. Si c’est un accent circonflexe, il se met au-dessus de l’esprit ; exemple : οὗτοι, εἶδον.

PONCTUATION.

§ 11. Les signes de ponctuation sont :

1° Le *point en bas* [.], qui s’emploie comme en français ;

2° La *virgule* [,], qui sert aux mêmes usages que la nôtre ;

1*

3° Le *point en haut* [˙], correspondant à nos deux points et à notre point et virgule ;

4° Le *point et virgule* [;], correspondant à notre point d'interrogation.

Aucun signe ne répondait à notre point exclamatif : quelques éditions modernes l'ont cependant admis. On est libre de l'employer ou de ne pas l'employer.

DE LA CONTRACTION.

§ 12. Il arrive souvent que dans un mot deux voyelles, se rencontrant, se fondent en une seule voyelle longue ou en une diphthongue. C'est ce qu'on appelle *Contraction*, du verbe *contracter*, qui veut dire *resserrer*, parce qu'il y a en effet resserrement de deux syllabes en une seule. Ainsi Ἀθηνᾶ, Minerve, est pour Ἀθηνάα; συκῆ, figuier, pour συκέη; νοῦς, esprit, pour νόος; φίλει, aime, pour φίλεε.

Voici les règles générales de contraction :

αα, αε, αη, se contractent en α.	εε, εει, εϊ,	se contractent en ει.
αο, αου, αω, ⎫	εο, ⎫	
εω, ⎬ — en ω.	οε, οο, οου, ⎬ — en ου.	
οω, ⎭	εοι, ⎫	
εα, — en η.	οϊ, οει, οοι, ⎭ — en οι.	

De l'ἰῶτα souscrit.

On appelle ainsi un ι que l'on écrit au-dessous des lettres α, η, ω, de cette manière : ᾳ, ῃ, ῳ. Il ne se prononce pas.

Cet *ἰὂτα souscrit* est toujours le résultat d'une contraction :

Ainsi, ᾳ est pour αϊ ou αει.

ῃ — εαι ou ηϊ.

ῳ — αοι ou ωϊ.

DES MOTS.

§ 13. Il y a en grec dix espèces de mots.

Six sont variables : l'*Article*, le *Nom substantif*, l'*Adjectif*, le *Pronom*, le *Verbe*, le *Participe*.

Quatre sont invariables : l'*Adverbe*, la *Préposition*, la *Conjonction*, l'*Interjection*.

DE LA DÉCLINAISON ET DES CAS.

§ 14. L'*article*, le *substantif*, l'*adjectif*, le *pronom*, le *participe*, se déclinent.

La *déclinaison grecque* se compose de cinq *cas*, savoir :
Le *Nominatif*, le *Vocatif*, le *Génitif*, le *Datif*, l'*Accusatif*.

L'ablatif y est inconnu ; on supplée à ce cas tantôt par le génitif, tantôt par le datif.

DES GENRES.

§ 15. En grec, comme en latin, il y a trois *genres* : le *masculin*, le *féminin*, le *neutre*.

DES NOMBRES.

§ 16. Il y a en grec trois *nombres* : le *singulier*, quand on ne parle que d'une seule personne ou d'une seule chose ; le *pluriel*, lorsqu'il s'agit de plusieurs, et le *duel*, lorsqu'il s'agit de deux ensemble, comme *les deux yeux*, *les deux oreilles*, *les deux mains*, *les deux frères*, etc. La plupart du temps, cependant, le pluriel s'emploie à la place du duel.

Il peut y avoir cinq cas à chacun des trois nombres.

CHAPITRE PREMIER.

PREMIÈRE ESPÈCE DE MOTS.

L'ARTICLE.

§ 17. L'*Article* est un mot que l'on met ordinairement devant les noms pour marquer qu'ils sont employés dans un sens déterminé. Il se décline ainsi :

SINGULIER.

	MASCULIN.	FÉMININ.	NEUTRE.	
Nominatif.	ὁ,	ἡ,	τό,	le, la.
Génitif.	τοῦ,	τῆς,	τοῦ,	du, de la.
Datif.	τῷ,	τῇ,	τῷ,	au, à la.
Accusatif.	τόν,	τήν,	τό,	le, la.

PLURIEL.

	MASCULIN.	FÉMININ.	NEUTRE.	
Nominatif.	οἱ,	αἱ,	τά,	les.
Génitif.	τῶν,	τῶν,	τῶν,	des.
Datif.	τοῖς,	ταῖς,	τοῖς,	aux.
Accusatif.	τούς,	τάς,	τά,	les.

DUEL.

	MASCULIN.	FÉMININ.	NEUTRE.	
Nom. et Acc.	τώ,	τά ou τώ[1],	τώ,	tous les deux.
Gén. et Dat.	τοῖν,	ταῖν ou τοῖν,	τοῖν,	de, à tous les deux.

Remarques. — I. L'article a l'esprit rude au nominatif masculin et féminin du singulier et du pluriel : ὁ, ἡ, οἱ, αἱ. Partout ailleurs il commence par un τ.

II. L'article a toujours un ἰῶτα souscrit au datif singulier : τῷ, τῇ, τῷ. Il en est de même au datif singulier de tous les noms des deux premières déclinaisons.

III. L'article se joint très-souvent aux noms propres d'hommes ou de dieux; ainsi, *Paul* se dit également bien Παῦλος ou ὁ Παῦλος; *Cléopâtre,* Κλεωπάτρα ou ἡ Κλεωπάτρα; *Apollon,* Ἀπόλλων ou ὁ Ἀπόλλων; Dieu, Θεός ou ὁ Θεός.

1. Τώ est beaucoup plus usité que τά.

CHAPITRE DEUXIÈME.

DEUXIÈME ESPÈCE DE MOTS.

LE NOM SUBSTANTIF.

§ 18. Le *Nom substantif*, ou par abréviation, le *Nom*, ou le *Substantif*, est un mot qui sert à nommer une personne ou une chose, comme *Pierre*, *Paul*, *livre*, *table*; Πέτρος, Παῦλος, βιβλίον, τράπεζα.

Les noms ne sont pas toujours du même genre en grec et en français; ainsi, τράπεζα est bien du féminin comme *table* en français; mais *livre* est du masculin et βιβλίον est du *neutre*; *jour* est du masculin et ἡμέρα est du *féminin*; *guerre* est du féminin, et πόλεμος du masculin.

Les noms substantifs se divisent en trois déclinaisons.

La première déclinaison renferme des noms féminins en η et en α, et des noms masculins en ης et en ας.

La deuxième déclinaison renferme des noms masculins et des noms féminins en ος, quelquefois en ως, et des neutres en ον, quelquefois en ων.

La troisième déclinaison renferme des noms masculins, féminins et neutres, terminés au nominatif en α, ι, υ, ω, ν, ρ, ς, ψ, ξ, et au génitif en ος.

Les deux premières déclinaisons sont dites, comme en latin, *parisyllabiques*, parce qu'elles ont au génitif singulier le même nombre de syllabes qu'au nominatif; et la troisième *imparisyllabique*, parce que le génitif, comme en latin, offre aussi une ou plusieurs syllabes de plus qu'au nominatif.

RADICAL ET TERMINAISONS.

§ 19. Dans les noms grecs, comme dans les noms latins, il y a une partie qui reste la même à tous les cas, et une partie qui change aux différents cas du singulier et du pluriel. La partie invariable s'appelle *radical*, la partie variable se nomme *désinence* ou *terminaison*.

Dans tous les noms grecs le *radical* est ce qui reste au
génitif singulier quand on a retranché la terminaison. Ainsi
κεφαλ ή fait κεφαλ ῆς au génitif singulier; le radical sera κεφαλ...
βιβλί ον fait au génitif singulier βιβλί ου, le radical sera βιβλ...
celui de σωτήρ, σωτῆρ ος sera σωτῆρ..., etc.

Pour décliner un nom, il suffit d'ajouter au radical la
série des désinences propres à chaque déclinaison.

PREMIÈRE DÉCLINAISON.

§ 20. La première déclinaison renferme :

1° Des noms féminins en η, } correspondant aux noms féminins
2° Des noms féminins en α, }   en *a* du latin ;

3° Des noms masculins en ης, } correspondant aux noms mas-
4° Des noms masculins en ας, }   culins en *a* du latin.

NOMS FÉMININS EN η.

§ 21. Les noms féminins en η se déclinent absolument
comme le féminin de l'article :

SINGULIER.			PLURIEL.		
N. ή	κεφαλ ή,	la tête.	N. αἱ	κεφαλ αί,	les têtes.
V.	κεφαλ ή,	tête.	V.	κεφαλ αί,	têtes.
G. τῆς	κεφαλ ῆς,	de la tête.	G. τῶν	κεφαλ ῶν,	des têtes.
D. τῇ	κεφαλ ῇ,	à la tête.	D. ταῖς	κεφαλ αῖς,	aux têtes.
A. τὴν	κεφαλ ήν,	la tête.	A. τὰς	κεφαλ άς,	les têtes.

DUEL.

N. V. Acc. τὰ ou τὼ κεφαλ ά,   deux têtes.
G. D.   ταῖν ou τοῖν κεφαλ αῖν,   de, à deux têtes.

Observation particulière. — L'article se supprime dans
tous les noms au vocatif du duel.

Remarque. Quelques noms qui ont un ε avant la terminaison, comme κυνέη, peau de chien; λεοντέη, peau de lion,
contractent cet ε avec la terminaison : κυνῆ, λεοντῆ. Ces deux
noms et autres semblables se déclinent absolument comme
κεφαλή : κυνῆ, κυνῆς, κυνῇ, κυνῆν; κυναῖ, κυνῶν, κυναῖς, κυνᾶς;
κυνα, κυνᾶ, κυναῖν.

NOMS FÉMININS EN α.

§ 22. Les noms féminins en α se divisent en deux
classes :

1° Les noms dont la terminaison α est immédiatement
précédée d'une voyelle, comme ἰδέα, φιλία, στόα, ou de la consonne liquide ρ, comme λύρα, φορά : ils conservent l'α de la
terminaison à tous les cas du singulier, et on les appelle
noms en α pur.

NOMS EN α PUR.

SINGULIER.				SINGULIER.			
Ν.	ἡ	οἰκί α,	la maison.	N.	ἡ	θύρ α,	la porte.
V.		οἰκί α,	maison.	V.		θύρ α,	porte.
G.	τῆς	οἰκί ας,	de la maison.	G.	τῆς	θύρ ας,	de la porte.
D.	τῇ	οἰκί ᾳ,	à la maison.	D.	τῇ	θύρ ᾳ,	à la porte.
A.	τὴν	οἰκί αν,	la maison.	A.	τὴν	θύρ αν,	la porte.

PLURIEL.				PLURIEL.			
Ν.	αἱ	οἰκί αι,	les maisons.	N.	αἱ	θύρ αι,	les portes.
V.		οἰκί αι.		V.		θύρ αι.	
G.	τῶν	οἰκι ῶν.		G.	τῶν	θύρ ῶν.	
D.	ταῖς	οἰκί αις.		D.	ταῖς	θύρ αις.	
A.	τὰς	οἰκί ας.		A.	τὰς	θύρ ας.	

DUEL.			DUEL.		
N.V.A.	τὰ ou τὼ	οἰκί α.	N.V.A.	τὰ ou τὼ	θύρ α.
G.D.	ταῖν ou τοῖν	οἰκί αιν.	G.D.	ταῖν ou τοῖν	θύρ αιν.

2° Les noms en α *non pur,* dont l'α de la terminaison est immédiatement précédé de toute autre consonne que ρ, et qui remplacent α par η au génitif et au datif singulier.

Exemple :

SINGULIER.	PLURIEL.
N. ἡ γλῶσσ α, la langue.	N. αἱ γλῶσσ αι, les langues.
V. γλῶσσ α.	V. γλῶσσ αι.
G. τῆς γλώσσ ης.	G. τῶν γλωσσ ῶν.
D. τῇ γλώσσ ῃ.	D. ταῖς γλώσσ αις.
A. τὴν γλῶσσ αν.	A. τὰς γλώσσ ας.

DUEL.

N. V. Acc.   τὰ   ou τὼ γλώσσ α,   deux langues.
G. D.   ταῖν ou τοῖν γλώσσ αιν.

Remarque. — Les noms qui ont l'α de la terminaison précédé d'un autre α contractent ces deux voyelles en un seul α, comme μνάα, *mine* (poids et monnaie des Grecs), Ἀθηνάα, *Minerve,* Λήδάα, *Léda,* qui deviennent μνᾶ, Ἀθηνᾶ, Λήδᾶ. Ces noms, même après la contraction, font le génitif en ας et le datif en ᾳ, quoique la terminaison ne soit pas précédée d'une voyelle ou d'un ρ : Ἀθηνᾶ, Ἀθηνᾶς, Ἀθηνᾶ, Ἀθηνᾶν.

OBSERVATION GÉNÉRALE. — Les noms féminins de la première déclinaison, en η et en α, ont toujours, aux trois nombres, le nominatif et le vocatif semblables.

Le datif singulier a toujours un ι souscrit : κεφαλῇ, οἰκίᾳ, θύρᾳ, γλώσσῃ.

DÉCLINEZ :

1° Sur κεφαλή :		2° Sur οἰκία et θύρα :		3° Sur γλῶσσα :	
βοή,	cri.	βοήθεια,	secours.	δίαιτα,	régime.
ἐπιστολή,	lettre.	ἀγορά,	marché.	μέλισσα,	abeille.
ἑορτή,	fête.	γεφυρά,	pont.	δόξα,	opinion.
εὐχή,	prière.	γενεά,	naissance.	τράπεζα,	table.
κραυγή,	cri.	διάνοια,	pensée.	δίψα,	soif.

Sur κεφαλή :		Sur οἰκία et θύρα :		Sur γλῶσσα :	
ἡδονή,	plaisir.	ἰδέα,	idée.	πεῖνα,	faim.
τέχνη,	art.	παιδιά,	jeu.	ῥίζα,	racine.
τιμή,	honneur.	πέτρα,	pierre.	τόλμα,	hardiesse.

NOMS MASCULINS EN ης.

§ 23. Les noms masculins en ης suivent l'analogie des noms féminins en η, si ce n'est qu'ils font le vocatif tantôt en η, tantôt en α, et que le génitif singulier est en ου.

Exemples :

1° SINGULIER.

N. ὁ   ποιητ ής, le poëte.
V.   ποιητ ά.
G. τοῦ ποιητ οῦ.
D. τῷ ποιητ ῇ.
A. τὸν ποιητ ήν.

2° SINGULIER.

N. ὁ   Αἰακίδ ης, l'Éacide.
V.   Αἰακίδ η.
G. τοῦ Αἰακίδ ου.
D. τῷ Αἰακίδ ῃ.
A. τὸν Αἰακίδ ην.

PLURIEL.

N. οἱ ποιητ αί, les poëtes.
V.   ποιητ αί.
G. τῶν ποιητ ῶν.
D. τοῖς ποιητ αῖς.
A. τοὺς ποιητ άς.

PLURIEL.

N. οἱ Αἰακίδ αι, les Éacides.
V.   Αἰακίδ αι.
G. τῶν Αἰακίδ ῶν.
D. τοῖς Αἰακίδ αις.
A. τοὺς Αἰακίδ ας.

DUEL.

N. V. A. τὼ ποιητ ά.
G. D. τοῖν ποιητ αῖν.

DUEL.

N. V. A. τὼ Αἰακίδ α.
G. D. τοῖν Αἰακίδ αιν.

Remarque. — Le vocatif est en α : 1° dans tous les noms en της; 2° dans les noms terminés en πώλης, μέτρης, τρίβης.

Il est en η dans les noms qui n'appartiennent pas à l'une de ces catégories, et particulièrement dans les noms en άδης, ίδης, είδης, qui sont dits noms *patronymiques*, parce qu'ils sont formés du nom du père ou d'un aïeul (πατήρ, père, ὄνυμα, nom), comme Αἰακίδης, *fils* ou *descendant d'Éaque*.

DÉCLINEZ :

1° Sur ποιητής (voc. en α).

ἀθλητής,	athlète.	πολίτης,	citoyen.
ἀρότης,	laboureur.	στρατιώτης,	soldat.
εὐεργέτης,	bienfaiteur.	δεσπότης,	maître.
θεατής,	spectateur.	δικαστής,	juge.
μαθητής,	disciple.	βιβλιοπώλης,	libraire.
κυβερνήτης,	pilote.	Σπαρτιάτης,	Spartiate.
ναύτης,	matelot.	Πέρσης,	Perse.
προφήτης,	prophète.	Σκύθης,	Scythe.
τοξότης,	archer.	Ὀρέστης,	Oreste.

2° Sur Αἰακίδης (voc. en η).

Ἀτρείδης,	fils d'Atrée.	Ἀλκιβιάδης,	Alcibiade.
Τευκρίδης,	fils de Teucer.	Μιλτιάδης,	Miltiade.
Τελαμωνιάδης,	fils de Télamon.	Καμβύσης,	Cambyse.
Πηλείδης,	fils de Pélée.	Πέρσης,	Persée.
Ἡρακλείδης,	fils d'Hercule.	Ἀλκμαιωνίδης,	Alcméonide.
Τυδείδης,	fils de Tydée.	Ἑρμῆς,	Mercure.

NOMS MASCULINS EN ας.

§ 24. Les noms masculins en ας se déclinent d'après l'analogie des noms féminins en α pur, excepté au génitif singulier, qui est en ου. Ils ont toujours le vocatif en α long.

SINGULIER.	PLURIEL.
N. ὁ νεανί ας, le jeune homme.	N. οἱ νεανί αι, les jeunes gens.
V. νεανί α.	V. νεανί αι.
G. τοῦ νεανί ου.	G. τῶν νεανι ῶν.
D. τῷ νεανί ᾳ.	D. τοῖς νεανί αις.
A. τὸν νεανί αν.	A. τοὺς νεανί ας.

DUEL.

N. V. A. τὼ νεανί α, les deux jeunes gens.
G. D. τοῖν νεανί αιν.

DÉCLINEZ DE MÊME :

γεννάδας,	homme brave.	Ἀρχύτας,	Archytas.
ὀρνιθοθήρας,	oiseleur.	Αὐγείας,	Augias.
μονίας,	solitaire.	Βορέας, ⎫	Borée.
πάππας,	papa.	Βορρᾶς, ⎭	
ταμίας,	intendant.	Ἐπαμινώνδας,	Épaminondas.
τραυματίας,	blessé.	Πελοπίδας,	Pélopidas.
Αἰνείας,	Énée.	Πυθαγόρας,	Pythagore.
Ἀρχίας,	Archias.	Σιμμίας,	Simmias.

TABLEAU DES TERMINAISONS DES NOMS

DE LA PREMIÈRE DÉCLINAISON.

	NOMS FÉMININS.			NOMS MASCULINS.	
	En η.	En α pur.	En α non pur.	En ης.	En ας.

SINGULIER.

N.	η.	α.	α.	ης.	ας.
V.	η.	α.	α.	η ou α.	α.
G.	ης.	ας.	ης.	ου.	ου.
D.	η.	ᾳ.	ῃ.	η.	ᾳ.
Ac.	ην.	αν.	αν.	ην.	αν.

PLURIEL.

NOMS FÉMININS ET MASCULINS.

N.	αι.
V.	αι.
G.	ων.
D.	αις.
Ac.	ας.

DUEL.

N.V.A.	α.
G.D.	αιν.

DEUXIÈME DÉCLINAISON.

I.

NOMS MASCULINS ET FÉMININS EN ος, ET NEUTRES EN ον.

§ 25. La deuxième déclinaison renferme des noms masculins et des noms féminins en ος, et des noms en ον qui sont tous neutres : cette déclinaison répond à la déclinaison latine en *us* et en *um*.

Les noms en ος suivent la déclinaison de l'article masculin ; ils ont le vocatif en ε.

Les noms en ον suivent la déclinaison de l'article neutre.

SINGULIER.

	NOM MASCULIN.	NOM FÉMININ.	NOM NEUTRE.
N.	ὁ κύρι ος, le maître.	ἡ ὁδ ός, la route.	τὸ δῶρ ον, le don.
V.	κύρι ε.	ὁδ έ.	δῶρ ον.
G.	τοῦ κυρί ου.	τῆς ὁδ οῦ.	τοῦ δώρ ου.
D.	τῷ κυρί ῳ.	τῇ ὁδ ῷ.	τῷ δώρ ῳ.
A.	τὸν κύρι ον.	τὴν ὁδ όν.	τὸ δῶρ ον.

PLURIEL.

N.	οἱ κύρι οι.	αἱ ὁδ οί.	τὰ δῶρ α.
V.	κύρι οι.	ὁδ οί.	δῶρ α.
G.	τῶν κυρί ων.	τῶν ὁδ ῶν.	τῶν δώρ ων.
D.	τοῖς κυρί οις.	ταῖς ὁδ οῖς.	τοῖς δώρ οις.
A.	τοὺς κυρί ους.	τὰς ὁδ ούς.	τὰ δῶρ α.

DUEL.

N. Ac.	τὼ κυρί ω.	τὰ *ou* τὼ ὁδ ώ.	τὼ δώρ ω.
G. D.	τοῖν κυρί οιν.	ταῖν *ou* τοῖν ὁδ οῖν.	τοῖν δώρ οιν.

II.

NOMS CONTRACTES MASCULINS EN οῦς, ET NEUTRES EN οῦν.

§ 26. Certains noms de la deuxième déclinaison, terminés en εος, οος masculins, εον neutres, subissent une contraction à tous les cas :

> ἐο, όο, έου, όου, se contractent en οῦ.
> ἐω, όω, — en ῶ.
> ἐοι, όοι, — en οῖ.
> ἐα, — en ᾶ.

Le vocatif de ces noms paraît avoir été inusité.

SINGULIER.

Dans le tableau ci-dessous, le trait d'union signifie POUR. Nous avons placé la forme contracte la première parce qu'elle est la seule usitée chez les Attiques. Cette observation s'applique aux adjectifs et aux verbes contractes aussi bien qu'aux noms.

NOM MASCULIN.	NOM NEUTRE.
N. ὁ ἀδελφιδ οῦς pour έος, le neveu.	τὸ ὀστ οῦν - έον, l'os.
G. τοῦ ἀδελφιδ οῦ — έου.	τοῦ ὀστ οῦ — έου.
D. τῷ ἀδελφιδ ῷ — έῳ.	τῷ ὀστ ῷ — έῳ.
A. τὸν ἀδελφιδ οῦν — έον.	τὸ ὀστ οῦν - έον.

PLURIEL.

N. οἱ ἀδελφιδ οῖ — έοι.	τὰ ὀστ ᾶ - έα.
G. τῶν ἀδελφιδ ῶν - έων.	τῶν ὀστ ῶν - έων.
D. τοῖς ἀδελφιδ οῖς - έοις.	τοῖς ὀστ οῖς - έοις.
A. τοὺς ἀδελφιδ οῦς - έους.	τὰ ὀστ ᾶ - έα.

DUEL.

N. A. τὼ ἀδελφιδ ώ - έω.	τὼ ὀστ ώ - έω.
G. D. τοῖν ἀδελφιδ οῖν - έοιν.	τοῖν ὀστ οῖν - έοιν.

III.

NOMS MASCULINS ET FÉMININS EN ως ET NEUTRES EN ων.

§ 27. Enfin la deuxième déclinaison contient :

1° Des noms masculins et des noms féminins en ως, génitif ω, datif ῳ, acc. ων; pluriel nominatif ῳ, génitif ων, datif ῳς, accusatif ως; duel ω, ῳν.

Ces noms diffèrent de ceux en ος, en ce que partout ο et ου sont remplacés par ω; οι par ῳ. Le vocatif est semblable au nominatif.

SINGULIER.	PLURIEL.
N. ὁ λαγ ώς, le lièvre.	N. οἱ λαγ ῷ, les lièvres.
V. λαγ ώς.	V. λαγ ῷ.
G. τοῦ λαγ ώ.	G. τῶν λαγ ῶν.
D. τῷ λαγ ῷ.	D. τοῖς λαγ ῷς.
A. τὸν λαγ ών.	A. τοὺς λαγ ώς.

DUEL.

N. A. τὼ   λαγ ώ.
G. D. τοῖν λαγ ῶν.

2° Un nom neutre, terminé en ων aux trois cas semblables du singulier, en ω au génitif, en ῳ au datif; au pluriel les trois cas semblables sont en ω, le génitif en ων, le datif en ῳς. Au duel il fait ω, ῳν.

SINGULIER.	PLURIEL.
N. A. τὸ ἀνώγε ων, la chambre haute.	N. A. τὰ ἀνώγε ω.
V. ἀνώγε ων.	V. ἀνώγε ω.
G. τοῦ ἀνώγε ω.	G. τῶν ἀνώγε ων.
D. τῷ ἀνώγε ω.	D. τοῖς ἀνώγε ῳς.

DUEL.

N. A. τὼ   ἀνώγε ω.
G. D. τοῖν ἀνώγε ῳν.

DÉCLINEZ :

Sur κύριος :	Sur ὁδός :	Sur δῶρον :
δοῦλος, esclave.	ἤπειρος, continent.	μέτρον, mesure.
ἵππος, cheval.	νῆσος, île.	στρατόπεδον, camp.
στρατός, armée.	νόσος, maladie.	βιϐλίον, livre.
δρόμος, course.	ἄμπελος, vigne.	πλοῖον, navire.
ἰατρός, médecin.	αἴγειρος, peuplier.	πρόσωπον, visage.
ὀφθαλμός, œil.	ἄπιος, poirier.	τρόπαιον, trophée.
πόνος, travail.	πύξος, buis.	ἔργον, œuvre.
ἀριθμός, nombre.	βίϐλος, livre.	ἱμάτιον, vêtement.
πόλεμος, guerre.	κάρπος, fruit.	μνημεῖον, monument.

Sur ἀδελφιδοῦς :

θυγατριδοῦς -δέος, petit-fils.	πλοῦς -όος, navigation.
νοῦς -όος, esprit.	ῥοῦς -όος, courant.
Πειρίθους -οος, Pirithoüs.	Πάνθους -οος, Panthoüs.

Sur τὸ ὀστοῦν :

κανοῦν -έον,   corbeille.

Sur ᾽λαγώς :

ταώς, paon.	᾽Αγησίλεως, Agésilas.
κάλως, câble.	῎Αθως, (mont) Athos.
λεώς, peuple.	Κώς (ἡ), (île de) Cos.
νεώς, temple.	γάλως (ἡ), la belle - sœur
Μενέλεως, Ménélas.	(femme du frère).

TABLEAU DES TERMINAISONS

DE LA DEUXIÈME DÉCLINAISON.

	SINGULIER.		PLURIEL.		DUEL.	
	MASC. ET FÉMIN. EN ος.	NEUTRE EN ον.	MASC. ET FÉMIN.	NEUTRE.	MASC. FÉMIN.	NEUTRE.
N.	ος.		οι.			
V.	ε.	ον.		α.		ω.
G.	ου.	ου.	ων.	ων.		
D.	ῳ.	ῳ.	οις.	οις.		οιν.
A.	ον.	ον.	ους.	α.		ω.

Noms en ους. Noms en ουν. Noms en ως. Noms en ων. .νω

SINGULIER.

N.	οῦς.	οῦν.	N. V.	ως.	ων.
G.	οῦ.	οῦ.		ω.	ω.
D.	ῷ.	ῷ.		ῳ.	ῳ.
A.	οῦν.	οῦν.		ων.	ων.

PLURIEL.

N. V.	οῖ.	ᾶ.	ῳ.	ω.
G.	ῶν.	ῶν.	ων.	ων.
D.	οῖς.	οῖς.	ῳς.	ῳς.
A.	οῦς.	ᾶ.	ως.	ω.

DUEL.

N. V. A.	ώ.		ω.
G. D.	οῖν.		ῳν.

TROISIÈME DÉCLINAISON.

§ 28. La troisième déclinaison renferme, comme la seconde, des noms appartenant aux trois genres. Ils n'ont pas, comme ceux des deux premières déclinaisons, des désinences uniformes au nominatif singulier, et la terminaison de leurs différents cas ne présente plus d'analogie avec l'article. Ainsi le nominatif singulier peut avoir neuf désinences :

En α, σῶμα.	En ω, ἠχώ.	En ς, λαμπάς.
ι, μέλι.	ν, Ἕλλην.	ψ, φλέψ.
υ, ἄστυ.	ρ, σωτήρ.	ξ, ἄναξ.

Voici le tableau des désinences de cette déclinaison :

	SINGULIER.	PLURIEL.	DUEL.
N. V.	α, ι, υ, ω, ν, ρ, ς, ψ, ξ[1].	ες m. et fém., α neut.	N. V. A. ε.
G.	ος,	ων,	G. D. οιν. .νω
D.	ι,	σι.	
A.	α et ν,	ας m. et fém., α neut.	

1. Toutes ces lettres, à l'exception de l'ω, servent de désinence au vocatif comme au nominatif.

SINGULIER.

MASCULIN.	FÉMININ.	NEUTRE.
N. ὁ θήρ, la bête.	ἡ λαμπάς, la lampe.	τὸ σῶμα, le corps.
V. θήρ.	λαμπάς.	σῶμα.
G. τοῦ θηρ ός.	τῆς λαμπάδ ος.	τοῦ σώματ ος.
D. τῷ θηρ ί.	τῇ λαμπάδ ι.	τῷ σώματ ι.
A. τὸν θῆρ α.	τὴν λαμπάδ α.	τὸ σῶμα.

PLURIEL.

N. οἱ θῆρ ες.	αἱ λαμπάδ ες.	τὰ σώματ α.
V. θῆρ ες.	λαμπάδ ες.	σώματ α.
G. τῶν θηρ ῶν.	τῶν λαμπάδ ων.	τῶν σωμάτ ων.
D. τοῖς θηρ σί.	ταῖς λαμπά σι.	τοῖς σώμα σι.
A. τοὺς θῆρ ας.	τὰς λαμπάδ ας.	τὰ σώματ α.

DUEL.

N. V. A. τὼ θῆρ ε.	τὰ λαμπάδ ε.	τὼ σώματ ε.
G. D. τοῖν θήρ οιν.	ταῖν λαμπάδ οιν.	τοῖν σωμάτ οιν.

Remarques. I. VOCATIF. — On voit, par les trois noms déclinés ci-dessus, que le vocatif est semblable au nominatif.

Cependant il arrive assez souvent que la voyelle longue du nominatif s'abrége au vocatif; ainsi σωτήρ, sauveur, fait σῶτερ; ῥήτωρ, orateur, fait ῥῆτορ; τριήρης, galère, fait τριήρες; Σωκράτης fait Σώκρατες; Σαρπηδών, Σαρπηδόν.

Dans les noms terminés en ις, υς, ευς, le vocatif perd le ς : πόλις, ville, πόλι; ὄρνις, oiseau, ὄρνι; ἰχθύς, poisson, ἰχθύ; ἱππεύς, cavalier, ἱππεῦ, παῖς, enfant, παῖ.

Dans ceux en ας qui font au génitif αντος, comme γίγας, γίγαντος, géant, Αἴας, Αἴαντος, Ajax, le ς est remplacé par ν : γίγαν, Αἶαν.

11. GÉNITIF. — Au génitif comme au vocatif des noms en ηρ, ωρ, ην, ων, tantôt la voyelle longue est maintenue, comme dans les mots θήρ, gén. θηρός; σωτήρ, σωτῆρος; φώρ, φωρός, voleur; σπλήν, σπληνός, rate; Πλάτων, Πλάτωνος; tantôt elle s'abrége, comme dans ἀστήρ, ἀστέρος, étoile; αὐχήν, αὐχένος, cou; ῥήτωρ, ῥήτορος; ἀηδών, ἀηδόνος, rossignol.

Il n'y a aucun principe à fixer à cet égard, et l'usage seul apprendra ces différences. La voyelle, longue ou brève, passe du génitif à tous les autres cas des trois nombres.

III. Accusatif. — Quelques noms ont un double accusatif au singulier, comme :

Κόρυς, g. κόρυθ ος, d. κόρυθ ι, ac. κόρυθ α ou κόρυν, casque.

Ὄρνις, g. ὄρνιθ ος, d. ὄρνιθ ι, ac. ὄρνιθ α ou ὄρνιν, oiseau.

Ces noms se déclinent d'après le modèle suivant :

SINGULIER.		PLURIEL.	
N. ἡ χάρις,	la faveur.	N. αἱ	χάριτ ες.
V. χάρι.		V.	χάριτ ες.
G. τῆς χάριτ ος.		G. τῶν	χαρίτ ων.
D. τῇ χάρι τι.		D. ταῖς	χάρι σι.
A. τὴν χάριτ α ou χάριν.		A. τὰς	χάριτ ας.

DUEL.

N. V. A. τὰ ou τὼ χάριτ ε.   G. D. τοῖν ou ταῖν χαρίτ οιν.

IV. — FORMATION DU DATIF PLURIEL.

1° Le datif pluriel se forme par l'addition de la syllabe σι lorsque le radical est terminé par une voyelle ou par les consonnes λ, ρ; Exemples :

Ἰχθύς,   g. s. ἰχθύ ος, poisson. Ἥρως, g. s. ἥρω ος, héros.
———   d. pl. ἰχθύ σι.   — d. pl. ἥρω σι.

Τριήρης,   g. s. τριήρε ος, trirème. Ἅλς, g. s. ἁλ ός, sel.
———   d. pl. τριήρε σι.   — d. pl. ἁλ σί.

Ῥήτωρ,   g. s. ῥήτορ ος, orateur. Χείρ, g. s. χειρ ός, main.
———   d. pl. ῥήτορ σι.   — d. pl. χερ σί.

Dans ce dernier nom, l'ι du radical a été retranché au datif pluriel par euphonie : χερσί et non pas χειρσί.

2° Si le radical du génitif se termine par β, π, φ, le datif pluriel est en ψι par la combinaison de β, π, φ avec σ :

Φλέψ, g. s. φλεβ ός, veine. Ἄραψ,   g. s. Ἄραβ ος, Arabe.
— d. pl. φλε ψί.   — d. pl. Ἄρα ψί.

Γύψ, g. s. γυπ ός, vautour. Κατῆλιψ, g. s. κατῆλιφ ος, échelle.
— d. pl. γυ ψί.   — d. pl. κατῆλι ψί.

3° Si le radical du génitif singulier se termine par γ, κ, χ, κτ, ces consonnes se combinant avec σ donnent un datif pluriel en ξι :

Αἴξ, g. s. αἰγ ός, chèvre.   Ἧλιξ, g. s. ἥλικ ος, camarade.
—— d. pl. αἰ ξί.   — d. pl. ἥλι ξι.
Θρίξ, g. s. τριχ ός, poil.   Ἄναξ, g. s. ἄνακτ ος, prince.
—— d. pl. θρι ξί.   — d. pl. ἄνα ξι.

4° Si le radical se termine par δ, τ, θ, ν, on retranche ces consonnes :

Λαμπάς, g. s. λαμπάδ ος, lampe.   Ὄρνις, g. s. ὄρνιθ ος, oiseau.
—— d. pl. λαμπά σι.   — d. pl. ὄρνι σι.
Σῶμα, g. s. σώματ ος, corps.   Ἕλλην g. s. Ἕλλην ος, Grec.
—— d. pl. σώμα σι.   — d. pl. Ἕλλη σι.

5° Dans les noms dont le génitif est en αντος, le datif pl. est en ασι; si le génitif est en οντος, οῦντος, le datif pl. est en ουσι :

Γίγας, g. s. γίγ αντος, géant.   Λέων, g. s. λέ οντος, lion.
—— d. pl. γίγ ασι.   — d. pl. λέ ουσι.
Πλακοῦς, g. s. πλακ οῦντος, gâteau. Θεράπων, g. s. θεράπ οντος [1]
—— d. pl. πλακ οῦσι.   — d. pl. θεράπ ουσι.

DÉCLINEZ :

1° Sur θήρ :

GÉNITIF.		
μήν,	μην ός,	mois.
ἥρως,	ἥρω ος,	héros.
γείτων,	γείτον ος,	voisin.
ἡγεμών,	ἡγεμόν ος,	général.
φύλαξ,	φύλακ ος,	gardien.
παῖς,	παιδ ός,	enfant.
γέλως,	γέλωτ ος,	rire.
ἄναξ,	ἄνακτ ος,	prince.
ῥήτωρ,	ῥήτορ ος,	orateur.

2° Sur λαμπάς :

GÉNITIF.		
δάς,	δαδ ός,	torche.
πατρίς,	πατρίδ ος,	patrie.
ἐλπίς,	ἐλπίδ ος,	espérance.
τυραννίς,	τυραννίδ ος,	tyrannie.
εἰκών,	εἰκόν ος,	image.
θρίξ,	τριχ ός,	cheveu.
νύξ,	νυκτ ός,	nuit.
ἀλώπηξ,	ἀλώπεκ ος,	renard.
χείρ,	χειρ ός,	main.

1. Serviteur.

3° Sur σῶμα :

GÉNITIF.		
ἅρμα,	ἅρματ ος,	char.
πρᾶγμα,	πράγματ ος,	affaire.
ὄνομα,	ὀνόματ ος,	nom.
ποίημα,	ποιήματ ος,	poëme.
μέλι,	μέλιτ ος,	miel.
φρέαρ,	φρέατ ος,	puits.
ὕδωρ,	ὕδατ ος,	eau.

	GÉNITIF.	
δόρυ,	δόρατ ος,	lance.
γόνυ,	γόνατ ος,	genou.
οὖς,	ὠτ ός,	oreille.

4° Sur χάρις :

ὄρνις,	ὄρνιθ ος,	oiseau.
κόρυς,	κόρυθ ος,	casque.
ἔρις,	ἔριδ ος,	dispute.
κλείς,	κλειδ ός,	clef.

NOMS EN ηρ QUI SUBISSENT UNE SYNCOPE A CERTAINS CAS.

§ 29. Quelques noms très-usités en ηρ, comme πατήρ, père, μήτηρ, mère, θυγάτηρ, fille, γαστήρ, estomac, et qui ont le génitif en έρος, perdent l'ε au génitif et au datif singulier. Ils font le datif pluriel en άσι.

SINGULIER.		PLURIEL.	
N. ὁ πατήρ,	le père.	N. οἱ πατέρ ες.	
V. πατέρ.		V. πατέρ ες.	
G. τοῦ πατρ ός.		G. τῶν πατέρ ων.	
D. τῷ πατρ ί.		D. τοῖς πατρ άσι.	
A. τὸν πατέρ α.		A. τοὺς πατέρ ας.	

DUEL.

N. V. A. τὼ πατέρ ε.
G. D. τοῖν πατέρ οιν.

Le mot ἀνήρ, homme, *vir*, subit la syncope à tous les cas, et de plus remplace partout ε par δ.

SINGULIER.		PLURIEL.	
N. ὁ ἀνήρ,	l'homme.	N. οἱ ἄνδρ ες.	
V. ἄνερ.		V. ἄνδρ ες.	
G. τοῦ ἀνδρ ός.		G. τῶν ἀνδρ ῶν.	
D. τῷ ἀνδρ ί.		D. τοῖς ἀνδρ άσι.	
A. τὸν ἄνδρ α.		A. τοὺς ἄνδρ ας.	

DUEL.

N. V. A. τὼ ἄνδρ ε.
G. D. τοῖν ἄνδρ οιν.

NOMS CONTRACTES DE LA TROISIÈME DÉCLINAISON.

§ 30. La troisième déclinaison renferme un certain nombre de noms contractes appartenant aux trois genres.

Après la contraction, le nominatif, le vocatif, l'accusatif pluriel sont toujours semblables, quel que soit le genre du nom.

Le datif pluriel ne reçoit jamais de contraction, puisque sa terminaison commence par σ.

RÈGLES DE CONTRACTION.

εο	se contracte	en	ου,
εϊ	—	en	ει,
εα, εε	—	en	η,
εες εας	— }	en	εις,
έω	—	en	ῶ,
έοιν	—	en	οῖν.

NOMS CONTRACTES EN ης. NOMS CONTRACTES EN ος.

SINGULIER.		SINGULIER.	
N. ἡ τριήρ ης, la trirème.		N. τὸ τεῖχ ος, le rempart.	
V. τριήρ ες.		V. τεῖχ ος.	
G. τῆς τριήρ ους -εος.		G. τοῦ τείχ ους -εος.	
D. τῇ τριήρ ει -εϊ.		D. τῷ τείχ ει -εϊ.	
A. τὴν τριήρ η -εα.		A. τὸ τεῖχ ος.	

PLURIEL.		PLURIEL.	
N. αἱ τριήρ εις } -εες.		N. τὰ τείχ η } -εα.	
V. τριήρ εις		V. τείχ η	
G. τῶν τριηρ ῶν -έων.		G. τῶν τειχ ῶν -εων.	
D. ταῖς τριήρ εσι.		D. τοῖς τείχ εσι.	
A. τὰς τριήρ εις -εας.		A. τὰ τείχ η -εα.	

DUEL.		DUEL.	
N. V. A. τὰ ou τὼ τριήρ η -εε.		N. A. τὼ τείχ η -εε.	
G. D. ταῖν ou τοῖν τριηρ οῖν -έοιν.		G. D. τοῖν τειχ οῖν -έοιν.	

Sur τριήρης, se déclinent :

διήρης,	birème.
τετρήρης,	quadrirème.
πεντηκοντήρης,	vaisseau à cinquante rames.

Et les noms d'hommes :

Ἀριστοφάνης,	Aristophane.	Σωκράτης,	Socrate.
Δημοσθένης,	Démosthène.	Διογενής,	Diogène.
Ἑρμογενής,	Hermogène.	Ἐρατοσθένης,	Eratosthène.

Remarque. — Les noms propres font à la fois l'accus. en η et en ην : τὸν Σωκράτη ou τὸν Σωκράτην.

Sur τεῖχος :

ἔθνος,	nation.	μέρος,	partie.
γένος,	race.	σκεῦος,	équipage.
τέλος,	fin.	ὕψος,	hauteur.
μέγεθος,	grandeur.	εἶδος,	forme.
κάλλος,	beauté.	πέλαγος,	haute mer.
πλῆθος,	multitude.	κέρδος,	gain.
ἔτος,	année.	ὄνειδος,	reproche.
ἦθος,	caractère.	ἔθος,	habitude.

NOMS EN ις, GÉNITIF εως, ACCUSATIF ιν.

§ 31. Dans ces noms la contraction a lieu seulement au datif singulier, au nomin., au voc. et à l'acc. du pluriel.

SINGULIER.		PLURIEL.		
N. ἡ πόλ ις,	la ville.	N. αἱ πόλ εις	}	-πόλ εές.
V. πόλ ι.		V. πόλ εις	}	
G. τῆς πόλ εως.		G. τῶν πόλ εων.		
D. τῇ πόλ ει	-πόλ εΐ.	D. ταῖς πόλ εσι.		
A. τὴν πόλ ιν.		A. τὰς πόλ εις		-πόλ εας.

DUEL.

N. V. A. τὰ ou τὼ πόλ εε.

G. D. ταῖν ou τοῖν πολ έοιν ou πόλ εων.

AINSI SE DÉCLINENT :

δύναμις,	force.	δέησις,	prière.
κίσσηρις,	pierre ponce.	λέξις,	expression.
πρᾶξις,	action.	φλόγωσις,	inflammation.
αἵρεσις,	choix.	πρόφασις,	prétexte.
φύσις,	nature.	κτῆσις,	acquisition. -
ἔντευξις,	rencontre.	τάξις,	rang.
ἐπίδοσις,	accroissement.	πίστις,	croyance.
ὄψις,	vue.	αἴσθησις,	sentiment.
σκέψις,	examen.	μάντις (ὁ),	devin.
ὕβρις,	injure.	ὄφις (ὁ),	serpent.

NOMS EN εύς, GÉNITIF έως, ACCUSATIF έα.

§ 32. La contraction a lieu comme dans les noms en ις, seulement au datif singulier, aux nominatif, vocatif et accusatif pluriels.

SINGULIER.		PLURIEL.	
N. ὁ βασιλ εύς,	le roi.	N. οἱ βασιλ εῖς ⎫	
V. βασιλ εῦ.		V. βασιλ εῖς ⎭ -έες.	
G. τοῦ βασιλ έως.		G. τῶν βασιλ έων.	
D. τῷ βασιλ εῖ -έϊ.		D. τοῖς βασιλ εῦσι.	
A. τὸν βασιλ έα.		A. τοὺς βασιλ έας ou βασιλ εῖς.	

DUEL.

N. A. τὼ βασιλ έε.

G. D. τοῖν βασιλ έοιν.

DÉCLINEZ AINSI :

ἑρμηνεύς,	interprète.	συγγραφεύς,	écrivain.
ἱερεύς,	prêtre.	γραμματεύς,	copiste.
ἀριστεύς,	chef.	γονεύς,	père.
κεραμεύς,	potier.	νομεύς,	pasteur.
ἱππεύς,	cavalier.	Ὀδυσσεύς,	Ulysse.
μεταλλεύς,	mineur.	Πηλεύς,	Pélée.
δρομεύς,	coureur.	Δωριεύς,	Dorien.
φονεύς,	meurtrier.	Ἀχιλλεύς,	Achille.

NOMS EN υς.

§ 33. Les noms en υς se divisent en deux classes :

1° Ceux qui ont le génitif en εως, le nominatif et l'accusatif pluriel en εις après la contraction;

2° Ceux qui ont le génitif en υος, et l'accusatif pluriel en υς après la contraction.

Les uns et les autres font l'accusatif singulier en υν.

I.

NOMS EN υς, GÉNITIF εως.

CONTRACTION AU DATIF SINGULIER, AUX NOM., VOC. ET ACC. PLURIEL.

SINGULIER.	PLURIEL.
N. ὁ πέλεκ υς, la hache.	N. οἱ πελέκ εις ⎫ -εες.
V. πέλεκ υ.	V. πελέκ εις ⎭
G. τοῦ πελέκ εως.	G. τῶν πελέκ εων.
D. τῷ πελέκ ει –πελέκ εϊ.	D. τοῖς πελέκ εσι.
A. τὸν πέλεκ υν.	A. τοὺς πελέκ εις –εας.

DUEL.

N. A. τὼ πελέκ εε.
G. D. τοῖν πελεκ έοιν.

II.

NOMS EN υς, GÉNITIF υος.

SINGULIER.	PLURIEL.
N. ὁ ἰχθύ ς, le poisson.	N. οἱ ἰχθύ ες.
V. ἰχθύ.	V. ἰχθύ ες.
G. τοῦ ἰχθύ ος.	G. τῶν ἰχθύ ων.
D. τῷ ἰχθύ ϊ.	D. τοῖς ἰχθύ σι.
A. τὸν ἰχθύ ν.	A. τοὺς ἰχθύ ας ou mieux ἰχθῦς.

DUEL.

N. A. τὼ ἰχθύ ε.
G. D. τοῖν ἰχθύ οιν.

Ces noms ont une grande analogie avec ceux de la quatrième déclinaison latine, comme *manus, senatus*, etc.

DÉCLINEZ DE MÊME :

Sur πέλεκυς (masc.) :

		μῦς,	rat.
πῆχυς,	coudée.		
πρέσϐυς,	vieillard.	2° Les féminins :	
		ἄρκυς [1],	filet.
Sur ἰχθύς, 1° les masc. :		δρῦς,	chêne.
στάχυς,	épi.	πίτυς,	sapin.
ὗς,	porc.	χέλυς,	tortue.
βότρυς,	grappe.	ὀφρύς,	sourcil.

NOMS NEUTRES EN υ, GÉNITIF εως OU εος.

§ 34. Ces noms sont fort peu nombreux : ils font le génitif en εως, le datif en ει, et se déclinent au pluriel comme τὰ τείχη.

SINGULIER.	PLURIEL.
N. τὸ ἄστ υ, la ville.	N. τὰ ἄστ η ⎱ -ἄστεα.
V. ἄστ υ.	V. ἄστ η ⎰
G. τοῦ ἄστ εως *ou* εος.	G. τῶν ἀστ έων.
D. τῷ ἄστ ει -ἄστεϊ.	D. τοῖς ἄστ εσι.
A. τὸ ἄστ υ.	A. τὰ ἄστ η -ἄστεα.

DUEL.

N. A. τὼ ἄστ εε.
G. D. τοῖν ἀστ έοιν.

NOMS NEUTRES EN υ, GÉNITIF υος.

§ 35. On ne connaît que le mot δάκρ υ, larme, génitif δάκρ υος, datif δάκρ υι ; pluriel, δάκρ υα, δακρ ύων, δακρ ύσι ; duel, δάκρ υε, δακρ ύοιν ; et le mot μέθυ, vin, qui n'est guère usité qu'au nominatif et à l'accusatif du singulier.

NOMS EN ας, GÉNITIF ατος, αος, OU ως.

§ 36. Tous ces noms sont neutres. La plupart se contractent, après la suppression du τ, au génitif, au datif du sin-

---

1. Ce nom admet la contraction au nomin. pluriel, αἱ ἄρκυες ου ἄρκυς.

gulier, au génitif et aux trois cas semblables du pluriel, ainsi qu'au duel.

SINGULIER.	PLURIEL.
N. A. τὸ κέρας, la corne.	N. A. τὰ κέρατ α (κέραα), κέρα.
V. κέρας.	V. κέρατ α (κέραα), κέρα.
G. τοῦ κέρατ ος (κέραος), κέρως.	G. τῶν κεράτ ων (κεράων), κερῶν.
D. τῷ κέρατ ι (κέραϊ), κέρᾳ.	D. τοῖς κέρασι.

DUEL.

N. A. τὼ κέρατ ε (κέραε), κέρα.
G. D. τοῖν κεράτ οιν (κεράοιν), κερῶν.

Ainsi se décline : τὸ τέρας, le prodige.

Le mot κρέας, chair, n'est guère usité qu'avec la forme contracte. Il en est de même de γέρας, récompense, et de γῆρας, vieillesse.

Au contraire, le mot πέρας, terme, ne reçoit jamais de contraction et se décline sur σῶμα.

NOMS EN ω ET EN ως, GÉNITIF ους.

§ 37. La troisième déclinaison renferme enfin un petit nombre de mots en ω, tous féminins, et de noms en ως, dont les uns sont masculins, les autres féminins. Le génitif est en ους pour οος, le datif en οι pour οϊ, l'accusatif en ω pour οα, et le vocatif en οι. Ils sont pour la plupart privés du nombre pluriel et du duel. Ceux qui ont ces deux nombres en empruntent la forme à la deuxième déclinaison.

SINGULIER.	
N. ἡ πειθ ώ, la persuasion.	N. ἡ αἰδ ώς, la pudeur.
V. πειθ οῖ.	V. αἰδ οῖ.
G. τῆς πειθ οῦς -όος.	G. τῆς αἰδ οῦς -όος.
D. τῇ πειθ οῖ -όϊ.	D. τῇ αἰδ οῖ -όϊ.
A. τὴν πειθ ώ -όα.	A. τὴν αἰδ ῶ -όα.

DÉCLINEZ AINSI :

φειδώ,	économie.	ἠχώ,	écho.
Ἐνύω,	Bellone.	ἀπεστώ,	absence.
Θηλώ,	nourrice.	χρεώ,	besoin.
Διδώ,	Didon.	κερδώ,	renard.
Λητώ,	Latone.	ἠώς,	aurore.

VALEUR DES CAS.

§ 38. *Nominatif.* — On met au nominatif, en grec comme en latin, le sujet et l'attribut des verbes. Ex. : La terre tourne; Épaminondas était pauvre. *Terre* se met au nominatif, ἡ γῆ, comme sujet du verbe *tourne;* *Épaminondas* se met au nominatif comme sujet, Ἐπαμινώνδας, et *pauvre,* πένης, comme attribut du verbe *fut.*

Vocatif. — Le vocatif sert pour adresser la parole à quelqu'un. Exemple : Viens, enfant, παῖ. Seigneur, ayez pitié, Κύριε.

Génitif. — On met au génitif le nom qui sert de complément à un autre nom et qui est précédé en français de la préposition *de.* Ex. : Le livre de l'enfant, les livres des enfants : τὸ βιβλίον τοῦ παιδός, τὰ βιβλία τῶν παιδῶν.

Datif. — On met généralement au datif le complément indirect précédé en français de la préposition *à.* Exemple : Dieu a donné la raison à l'homme, aux hommes, τῷ ἀνθρώπῳ, τοῖς ἀνθρώποις.

Accusatif. — On met à l'accusatif le complément direct des verbes actifs. Ex. : Honore Dieu, τὸν Θεόν.

Apposition. — Quand deux noms désignent une seule et même personne, une seule et même chose, ces deux noms se mettent au même cas. On dit alors que le second est mis en apposition.

Ex. : *Philippe roi,* Φίλιππος βασιλεύς. Les Athéniens craignaient *Philippe, roi* des Macédoniens, Φίλιππον βασιλέα.

Les Athéniens donnèrent des otages *au roi Philippe,* τῷ βασιλεῖ Φιλίππῳ.

CHAPITRE TROISIÈME.

DE L'ADJECTIF.

§ 39. L'*Adjectif* est un mot que l'on ajoute au nom pour marquer la qualité, la manière d'être d'une personne ou d'une chose, comme : *bon* père, *bonne* mère, *beau* livre, *belle* image.

Les adjectifs se déclinent comme les substantifs, et ils ont comme eux les trois genres et les trois nombres. Mais ils ne peuvent pas se classer de même, parce qu'un adjectif, ayant les trois genres, peut appartenir à la fois à deux déclinaisons différentes.

On les divise en trois classes.

I. La première classe comprend :

1° Les adjectifs qui au masculin et au neutre sont de la deuxième déclinaison, et au féminin de la première, comme :

MASC.	FÉM.	NEUTRE.	
ἀγαθός,	ἀγαθή,	ἀγαθόν,	bon.
ἱερός,	ἱερά,	ἱερόν,	sacré.

2° Ceux qui aux trois genres sont de la deuxième déclinaison, comme :

ἔνδοξος,	ἔνδοξος,	ἔνδοξον,	illustre.
εὔγεως,	εὔγεως,	εὔγεων,	fertile.
εὔνους,	εὔνους,	εὔνουν,	bienveillant.

II. La deuxième classe comprend ceux qui se rapportent exclusivement à la troisième déclinaison, soit non contracte, comme :

εὐδαίμων,	εὐδαίμων,	εὐδαῖμον,	heureux.

soit contracte, comme :

ἀληθής,	ἀληθής,	ἀληθές,	vrai.

III. La troisième classe comprend ceux qui suivent la première déclinaison au féminin, mais la troisième au masculin et au neutre, comme :

| ἡδύς, | ἡδεῖα, | ἡδύ, | agréable. |
| μέλας, | μέλαινα, | μέλαν, | noir. |

ADJECTIFS DE LA PREMIÈRE CLASSE.

§ 40. I. Les adjectifs de la première classe ont le féminin en η, lorsque le radical est terminé par une consonne autre que ρ. Exemples :

ἀγαθ ός,	ἀγαθ ή,	ἀγαθ όν,	bon.
καλ ός,	καλ ή,	καλ όν,	beau.
σωματικ ός,	σωματικ ή,	σωματικ όν,	corporel.
ἐλεειν ός,	ἐλεειν ή,	ἐλεειν όν,	déplorable.

Ce féminin se décline sur κεφαλή.

DÉCLINAISON DE L'ADJECTIF ἀγαθός, ή, όν, bon.

	SINGULIER.				PLURIEL.		
	MASCULIN.	FÉMININ.	NEUTRE.		MASCULIN.	FÉMININ.	NEUTRE.
N.	ἀγαθ ός,	ἀγαθ ή,	ἀγαθ όν.	N.	ἀγαθ οί,	ἀγαθ αί,	ἀγαθ ά.
V.	ἀγαθ έ,	ἀγαθ ή,	ἀγαθ όν.	V.			
G.	ἀγαθ οῦ,	ἀγαθ ῆς,	ἀγαθ οῦ.	G.	ἀγαθ ῶν,	ἀγαθ ῶν,	ἀγαθ ῶν.
D.	ἀγαθ ῷ,	ἀγαθ ῇ,	ἀγαθ ῷ.	D.	ἀγαθ οῖς,	ἀγαθ αῖς,	ἀγαθ οῖς.
A.	ἀγαθ όν,	ἀγαθ ήν,	ἀγαθ όν.	A.	ἀγαθ ούς,	ἀγαθ άς,	ἀγαθ ά.

DUEL.

| N. V. A. | ἀγαθ ώ, | ἀγαθ ά, | ἀγαθ ώ. |
| G. D. | ἀγαθ οῖν, | ἀγαθ αῖν, | ἀγαθ οῖν. |

II. Ces adjectifs ont le féminin en α lorsque le radical est terminé par un ρ ou par une voyelle. Ex. :

ἅγι ος,	ἁγί α,	ἅγι ον,	saint.
θαρραλέ ος,	θαρραλέ α,	θαρραλέ ον,	hardi.
ἱερ ός,	ἱερ ά,	ἱερ όν,	sacré.
πατρῷ ος,	πατρῴ α,	πατρῷ ον,	paternel.

Ce féminin se décline sur οἰκία et sur θύρα.

DÉCLINAISON DE L'ADJECTIF ἅγιος, α, ον, saint.

SINGULIER.			PLURIEL.		
MASCULIN.	FÉMININ.	NEUTRE.	MASCULIN.	FÉMININ.	NEUTRE.
N. ἅγι ος,	ἁγί α,	ἅγι ον,	N.⎫		
V. ἅγι ε,	ἁγί α,	ἅγι ον.	V.⎬ ἅγι οι,	ἅγι αι,	ἅγι α.
G. ἁγί ου,	ἁγί ας,	ἁγί ου.	G. ἁγί ων,	ἁγι ῶν,	ἁγί ων.
D. ἁγί ῳ,	ἁγί ᾳ,	ἁγί ῳ.	D. ἁγί οις,	ἁγί αις,	ἁγί οις.
A. ἅγι ον,	ἁγί αν,	ἅγι ον.	A. ἁγί ους,	ἁγί ας,	ἅγι α.

DUEL.

N. V. A. ἁγί ω,   ἁγί α,   ἁγί ω.

G. D.   ἁγί οιν,   ἁγί αιν,   ἁγί οιν.

DÉCLINAISON DE L'ADJECTIF ἱερός, ά, όν, sacré.

SINGULIER.			PLURIEL.		
MASCULIN.	FÉMININ.	NEUTRE.	MASCULIN.	FÉMININ.	NEUTRE.
N. ἱερ ός,	ἱερ ά,	ἱερ όν.	N. ἱερ οί,	ἱερ αί,	ἱερ ά.
V. ἱερ έ,	ἱερ ά,	ἱερ όν.	V. ἱερ οί,	ἱερ αί,	ἱερ ά.
G. ἱερ οῦ,	ἱερ ᾶς,	ἱερ οῦ.	G. ἱερ ῶν,	ἱερ ῶν,	ἱερ ῶν.
D. ἱερ ῷ,	ἱερ ᾷ,	ἱερ ῷ.	D. ἱερ οῖς,	ἱερ αῖς,	ἱερ οῖς.
A. ἱερ όν,	ἱερ άν,	ἱερ όν.	A. ἱερ ούς,	ἱερ άς,	ἱερ ά.

DUEL.

N. V. A. ἱερ ώ,   ἱερ ά,   ἱερ ώ.

G. D.   ἱερ οῖν,   ἱερ αῖν,   ἱερ οῖν.

DÉCLINEZ DE MÊME :

Sur ἀγαθός :				Sur ἅγιος et ἱερός :			
θνητός,	ή,	όν,	mortel.	φανερός,	ά,	όν,	manifeste.
μανικός,	ή,	όν,	furieux.	αἰσχρός,	ά,	όν,	honteux.
ἀργός,	ή,	όν,	blanc.	φοβερός,	ά,	όν,	redoutable.
χαλεπός,	ή,	όν,	difficile.	δίκαιος,	α,	ον,	juste.
καλός,	ή,	όν,	beau.	ἐλεύθερος,	α,	ον,	libre.
κοινός,	ή,	όν,	commun.	βέβαιος,	α,	ον,	ferme.
καινός,	ή,	όν,	nouveau.	ἰσχυρός,	ά,	όν,	fort.
δῆλος,	η,	ον,	évident.	ἴδιος,	α,	ον,	particulier.
δεινός,	ή,	όν,	terrible.	πλούσιος,	α,	ον,	riche.

111. Un certain nombre d'adjectifs dérivés, et la plupart des adjectifs composés, font le féminin en ος comme le masculin.

Tels sont : διάφορος, différent, dérivé du substantif διαφορά, différence ; ἔνδοξος, glorieux, composé de la préposition ἐν, et du substantif δόξα, gloire ; ἄκαιρος, intempestif, composé de la particule négative ἀ et du substantif καιρός, temps.

L'usage seul peut faire connaître ces adjectifs.

DÉCLINAISON DE L'ADJECTIF COMPOSÉ ἔνδοξος, glorieux.

	SINGULIER.		PLURIEL.	
	MASC. ET FÉM.	NEUTRE.	MASC. ET FÉM.	NEUTRE.
N.	ἔνδοξ ος,	ἔνδοξ ον.	N.⎫ ἔνδοξ οι,	ἔνδοξ α.
V.	ἔνδοξ ε,	ἔνδοξ ον.	V.⎭	
G.	ἐνδόξ ου,	ἐνδόξ ου.	G. ἐνδόξ ων,	ἐνδόξ ων.
D.	ἐνδόξ ῳ,	ἐνδόξ ῳ.	D. ἐνδόξ οις,	ἐνδόξ οις.
A.	ἔνδοξ ον,	ἔνδοξ ον.	A. ἐνδόξ ους,	ἔνδοξ α.

DUEL.

MASC. FÉM. NEUTRE.

N. V. A.   ἐνδόξ ω.

G. D.   ἐνδόξ οιν.

DÉCLINEZ DE MÊME :

ἀργός,	ός, όν, désœuvré.	φιλόπονος,	ος, ον, laborieux.
βάρβαρος,	ος, ον, barbare.	ἄνανδρος,	ος, ον, lâche.
ἄθυμος,	ος, ον, découragé.	πρόθυμος,	ος, ον, zélé.
ἐφήμερος,	ος, ον, éphémère.	ἄμαχος,	ος, ον, invincible.
νόμιμος,	ος, ον, légitime.	ἄδικος,	ος, ον, injuste.
φιλάνθρωπος,	ος, ον, humain.	ἔμπειρος,	ος, ον, expérimenté.

Remarque. — Bon nombre d'adjectifs dérivés ou composés font néanmoins le féminin en η ou en α ; plusieurs aussi le font tantôt en ος, tantôt en η, comme :

Χρήσιμος, utile (du substantif χρῆσις, usage), qui fait à la fois χρήσιμος et χρησίμη ;

Μάχιμος, belliqueux (de μάχη, combat), qui fait μάχιμος et μαχίμη.

3·

L'usage et les bons dictionnaires sont les seuls guides à cet égard.

ADJECTIFS CONTRACTES DE LA PREMIÈRE CLASSE.

§ 41. De même qu'il y a des noms contractes à la première et à la deuxième déclinaison, de même il y a des adjectifs contractes appartenant à la première classe. Tels sont :

χρύσεος,	χρυσέα,	χρύσεον,	fait d'or.
ἀργύρεος,	ἀργυρέα,	ἀργύρεον,	fait d'argent.
χάλκεος,	χαλκέα,	χάλκεον,	fait de bronze.
σιδήρεος,	σιδηρέα,	σιδήρεον,	de fer.
κεράμεος,	κεραμέα,	κεράμεον,	fait d'argile.
ἁπλόος,	ἁπλόη,	ἁπλόον,	simple.
διπλόος,	διπλόη,	διπλόον,	double.

Dans ces adjectifs

εο,   εου,   } se contractent en ου.
οο,   οου,

εω,   οω,   —   en ω.

εοι,   οοι,   —   en οι.

εα,   οα (au pluriel neutre) en α.

οη,   se contracte en η.

εα,   (au sing. féminin) { en η,   si le radical finit par une consonne autre que ρ : χρυσέα, χρυσῆ.
                                 { en α,   si le radical se termine par un ρ ou une voyelle : ἀργυρέα, ἀργυρᾶ, σιδηρέα, σιδηρᾶ.

εαι,   οαι,   se contractent en αι.

I. ADJECTIFS CONTRACTES AYANT LE FÉMININ EN η.

SINGULIER.

	MASCULIN.	FÉMININ.	NEUTRE.
N.	χρυσ οῦς -εος,	χρυσ ῆ, -έα,	χρυσ οῦν -εον.
G.	χρυσ οῦ -έου,	χρυσ ῆς -έας,	χρυσ οῦ -έου.
D.	χρυσ ῷ -έῳ,	χρυσ ῇ -έᾳ,	χρυσ ῷ -έῳ,
A.	χρυσ οῦν -εον,	χρυσ ῆν -έαν,	χρυσ οῦν -εον.

PLURIEL.

N. V. χρυσ οῖ -εοι,   χρυσ αῖ -εαι,   χρυσ ᾶ - εα.

G. χρυσ ῶν -έων,   χρυσ ῶν -έων,   χρυσ ῶν -έων.

D. χρυσ οῖς -έοις,   χρυσ αῖς -έαις,   χρυσ οῖς -έοις.

A. χρυσ οῦς -έους,   χρυσ ᾶς -έας,   χρυσ ᾶ -έα.

DUEL.

N.V.A. χρυσ ῶ -έω,   χρυσ ᾶ -έα,   χρυσ ῶ -έω.

G.D. χρυσ οῖν -έοιν,   χρυσ αῖν -έαιν,   χρυσ οῖν -έοιν.

II. ADJECTIFS CONTRACTES AYANT LE FÉMININ EN ᾶ.

SINGULIER.

MASCULIN.	FÉMININ.	NEUTRE.
N. ἀργυρ οῦς -εος,	ἀργυρ ᾶ -έα,	ἀργυρ οῦν -εον.
G. ἀργυρ οῦ -έου,	ἀργυρ ᾶς -έας,	ἀργυρ οῦ -έου.
D. ἀργυρ ῷ -έῳ,	ἀργυρ ᾷ -έᾳ,	ἀργυρ ῷ -έῳ.
A. ἀργυρ οῦν -εον,	ἀργυρ ᾶν -έαν,	ἀργυρ οῦν -εον.

PLURIEL.

N. V. ἀργυρ οῖ -εοι,   ἀργυρ αῖ -εαι,   ἀργυρ ᾶ -εα.

DUEL.

N. V. A. ἀργυρ ῶ -έω,   ἀργυρ ᾶ -έα,   ἀργυρ ῶ -έω.

Remarque. — Le vocatif singulier de ces adjectifs paraît avoir été inusité toutes les fois qu'il n'est pas semblable au nominatif.

DÉCLINEZ DE MÊME :

MASCULIN.	FÉMININ.	NEUTRE.
χαλκ οῦς -εος,	χαλκ ῆ -έα,	χαλκ οῦν -εον.
σιδηρ οῦς - εος,	σιδηρ ᾶ -έα,	σιδηρ οῦν -εον.
κεραμ οῦς -εος,	κεραμ ῆ -έα,	κεραμ οῦν -εον.
μολιϐδ οῦς -εος,	μολιϐδ ῆ -έα,	μολιϐδ οῦν -εον.
πορφυρ οῦς -εος,	πορφυρ ᾶ -έα,	πορφυρ οῦν -εον.
ἐρε οῦς -εος,	ἐρε ᾶ -έα,	ἐρε οῦν -εον.
ἁπλ οῦς -όος,	ἁπλ ῆ -όη,	ἁπλ οῦν -όον.
διπλ οῦς -όος.	διπλ ῆ -όη.	διπλ οῦν -όον.

III. ADJECTIFS CONTRACTES AYANT LE FÉMININ SEMBLABLE AU MASCULIN.

Les composés de νοῦς, esprit, ῥοῦς, courant, χνοῦς, duvet, πλοῦς, navigation, πνοῦς, souffle, n'ont qu'une terminaison pour le masculin et le féminin, et suivent, par conséquent, l'analogie de ἔνδοξος. Exemple :

SINGULIER.

MASCULIN ET FÉMININ.		NEUTRE.		
N. εὔν	ους -οος,	εὔν ουν -οον.	bienveillant.
G. εὔν	ου -όου.		
D. εὔν	ῳ -όῳ.	Pour les trois genres.	
A. εὔν	ουν -οον.		

PLURIEL.

MASC. ET FÉM.		NEUTRE.	
N. V. εὔν	οι -οοι.	Inusité.	
G. εὔν	ων -όων.	Pour les trois genres.	
D. εὔν	οις -όοις.		
A. εὔν	ους -όους.	Inusité.	

DUEL.

N. V. A. εὔν ω -όω.

G. D. εὔν οιν -όοιν.

DÉCLINEZ AINSI :

κακόνους,	ουν, malveillant.	πολύχους,	ουν, abondant.
ποικιλόνους,	ουν, rusé.	ὁμόνους,	ουν, unanime.
ἄνους,	ουν, insensé.	σύννους,	ουν, pensif.
ὀρθόνους,	ουν, judicieux.	ἀγχίνους,	ουν, spirituel.
πολύρρους,	ουν, coulant à plein bord.	ἔμπνους,	ουν, animé.
ἄγνους,	ουν, imberbe.	ἄπνους,	ουν, inanimé.
ἐπίπλους,	ουν, bon voilier.	κρυψίνους,	ουν, dissimulé.

Enfin il y a quelques adjectifs de la première classe qui suivent la déclinaison des noms dits attiques; tels sont :

. εὔγεως, fertile.   ἐπίπλεως, plein.   εὔκερως, bien encorné.

Ils font ως au masculin et au féminin, ων au neutre. Ils se déclinent ainsi :

SINGULIER.		PLURIEL.	
MASC. ET FÉM.	NEUTRE.	MASC. ET FÉM.	NEUTRE.
N. V. ἵλ εως,	ἵλ εων, propice.	N. V. ἵλ εω,	ἵλ εω.
G. ἵλ εω,	ἵλ εω.	G. ἵλ εων,	ἵλ εων.
D. ἵλ εῳ,	ἵλ εῳ.	D. ἵλ εως,	ἵλ εως.
A. ἵλ εων,	ἵλ εων.	A. ἵλ εως,	ἵλ εω.

DUEL.

N. V. A. ἵλ εω.

G. D.   ἵλ εῳν.

Déclinez ainsi, outre les adjectifs susénoncés :

ἀξιόχρ εως, εων, solvable.	φιλόγελ ως, ων, qui aime à rire.
ἀγήρ ως, exempt de vieillesse.	ἄν εως, ων, silencieux.
ἄκρ εως, dépourvu de chair.	εὔν εως, ων, couvert de beaux navires.

ADJECTIFS DE LA DEUXIÈME CLASSE.

§ 42. La deuxième classe d'adjectifs comprend :

1° Les adjectifs qui suivent la troisième déclinaison non contracte : le féminin est semblable au masculin. Ex. :

MASC. ET FÉM.	NEUT.			
εὐδαίμων,	ον,	heureux,	g.	εὐδαίμον ος.
φιλόπατρις,	ι,	patriote,	g.	φιλοπάτριδ ος.
ἄπατρις,	ι,	sans patrie,	g.	ἀπάτριδ ος.
εὔχαρις,	ι,	gracieux,	g.	εὐχάριτ ος.
ἄρρην,	εν,	mâle,	g.	ἄρρεν ος.
ἄδακρυς,	υ,	exempt de larmes,	g.	ἀδάκρυ ος, etc.

SINGULIER.

MASCULIN ET FÉMININ.	NEUTRE.
N. εὐδαίμων,	εὐδαῖμον.
V. εὐδαῖμον,	
G. εὐδαίμον ος,	pour les 3 genr.
D. εὐδαίμον ι,	
A. εὐδαίμον α,	εὐδαῖμον.

PLURIEL.

MASCULIN ET FÉMININ.	NEUTRE.
N. V. εὐδαίμον ες,	εὐδαίμον α.
G. εὐδαιμόν ων,	
D. εὐδαίμο σι,	p. les 3 genres.
A. εὐδαίμον ας,	εὐδαίμον α.

DUEL.

N. V. A. εὐδαίμονε.

G. D.   εὐδαιμόνοιν.

DÉCLINEZ AINSI :

MASC. ET FÉM.	NEUT.		MASC. ET FÉM.	NEUT.	
ἐλεήμων,	ον,	miséricordieux.	πολυπράγμων,	ον,	affairé.
ἀπράγμων,	ον,	inactif.	σώφρων,	ον,	sage.
αἰδήμων,	ον,	pudique.	εὐγνώμων,	ον,	judicieux.
εὐσχήμων,	ον,	décent.	ἀγνώμων,	ον,	peu judicieux.
μεγαλαύχην,	εν,	altier.	g. μεγαλαύχεν ος.		
φίλερις,	ι,	chicaneur.	g. φιλέριδ ος.		
εὔελπις,	ι,	qui a bon espoir.	g. εὐέλπιδ ος.		
ἄχαρις,	ι,	désagréable.	g. ἀχάριτ ος.		
ἔπηλυς,	υ,	étranger.	g. ἐπήλυδ ος.		

2° Les adjectifs, beaucoup plus nombreux, qui suivent la troisième déclinaison contracte, terminés au masculin et au féminin en ης, comme τριήρης, et au neutre en ες.

SINGULIER.

MASC. ET FÉM.	NEUTRE.
N. ἀληθ ής,	ἀληθ ές, vrai.
V. ἀληθ ές,	
G. ἀληθ οῦς -έος,	p. les 3 genres.
D. ἀληθ εῖ -έϊ,	
A. ἀληθ ῆ -έα.	ἀληθ ές.

PLURIEL.

MASC. ET FÉM.	NEUTRE.
N. V. ἀληθ εῖς -έες,	ἀληθῆ, -έα.
G. ἀληθ ῶν -έων,	
D. ἀληθ έσι,	p. les 3 genres.
A. ἀληθ εῖς -έας,	ἀληθ ῆ, -έα.

DUEL.

N. V. A. ἀληθ ῆ -έε.

G. D.   ἀληθ οῖν -έοιν.

DÉCLINEZ DE MÊME :

ἀκριϐής,	ές,	exact.	ἀσθενής,	ές,	faible.
δαψιλής,	ές,	abondant.	πολυμαθής,	ές,	savant.
εὐμήκης,	ες,	très-long.	ὑγιής,	ές,	sain.
ἰοείδης,	ες,	violet.	ἀκριϐής,	ές,	exact.
ψευδής,	ές,	faux.	ἐπαχθής,	ές,	importun.
φιλομαθής,	ές,	studieux.	ἀϐαρής,	ές,	léger.
προπετής,	ές,	téméraire.	εὐγηθής,	ές,	agréable.
λυσιτελής,	ές,	utile.	πενθήρης,	ες,	lugubre.
πιμελής,	ές,	gras.	πλήρης,	ες,	plein.
σαφής,	ές,	clair.	ἀφανής,	ές,	invisible.
νωθής,	ές,	paresseux.	καταδεής,	ές,	incomplet.
εὐειδής,	ές,	beau.	ὑπερφυής,	ές,	surnaturel.

Remarque. — Les adjectifs dont le radical se termine par une voyelle, comme ὑγι ής, εὐφυ ής, ἐνδε ής, etc., contractent έα en ᾶ, et non pas en ῆ, à l'accusatif masculin singulier, au nominatif et à l'accusatif du pluriel neutre, et font :

ὑγι ής,   ὑγι ᾶ   pour ὑγι έα.
εὐφυ ής,   εὐφυ ᾶ   pour εὐφυ έα.
ἐνδε ής,   ἐνδε ᾶ   pour ἐνδε ές.

ADJECTIFS DE LA TROISIÈME CLASSE.

§ 43. La troisième classe comprend des adjectifs de deux espèces.

I. Les adjectifs qui ne subissent aucune contraction et suivent au masculin la déclinaison de ϑήρ, au féminin celle de μοῦσα, et au neutre celle de σῶμα. Tels sont :

MASC.	FÉM.	NEUTRE.	
πᾶς,	πᾶσα,	πᾶν,	tout ;
μέλας,	μέλαινα,	μέλαν,	noir ;
χαρίεις,	χαρίεσσα,	χάριεν,	gracieux.

DÉCLINAISON DE L'ADJECTIF πᾶς, tout.

SINGULIER.			PLURIEL.		
MASCULIN.	FÉMININ.	NEUTRE.	MASCULIN.	FÉMININ.	NEUTRE.
N. πᾶς,	πᾶσ α,	πᾶν.	N. πάντ ες,	πᾶσ αι,	πάντ α.
G. παντ ός,	πάσ ης,	παντ ός.	G. πάντ ων,	πασ ῶν,	πάντ ων.
D. παντ ί,	πάσ η,	παντ ί.	D. πᾶ σι,	πάσ αις,	πᾶ σι.
A. πάντ α,	πᾶσ αν,	πᾶν.	A. πάντ ας,	πάσ ας,	πάντ α.

DUEL.

N. A. πάντ ε, πάσ α, πάντ ε.
G. D. πάντ οιν, πάσ αιν, πάντ οιν.

DÉCLINAISON DE L'ADJECTIF μέλας, noir.

MASCULIN.	FÉMININ.	NEUTRE.	MASCULIN.	FÉMININ.	NEUTRE.
N. μέλας,	μέλαιν α,	μέλαν.	N.)		
V. μέλαν,	μέλαιν α,	μέλαν.	V.} μέλαν ες,	μέλαιν αι,	μέλαν α.
G. μέλαν ος,	μελαίν ης,	μέλαν ος.	G. μελάν ων,	μελαιν ῶν,	μελάν ων.
D. μέλαν ι,	μελαίν η,	μέλαν ι.	D. μέλα σι,	μελαίν αις,	μέλα σι.
A. μέλαν α,	μέλαιν αν,	μέλαν.	A. μέλαν ας,	μελαίν ας,	μέλαν α.

DUEL.

N. V. A. μέλαν ε, μελαίν α, μέλαν ε.
G. D. μελάν οιν, μελαίν αιν, μελάν οιν.

AINSI SE DÉCLINENT :

M.	F.	N.	M. et N.	F.	
ἑκ	ών, οῦσα, όν,		g. ἑκ όντος,	οὔσης,	consentant.
ἄκ	ων, ουσα, ον,		g. ἄκ οντος,	οὔσης,	contraint.
χαρί	εις, εσσα, εν,		g. χαρί εντος,	έσσης,	gracieux.
δενδρή	εις, εσσα, εν,		g. δενδρή εντος,	έσσης,	boisé.
δακρυό	εις, εσσα, εν,		g. δακρυό εντος,	έσσης,	éploré.
τιμή	εις, εσσα, εν,		g. τιμή εντος,	έσσης,	précieux.
μελιτό	εις, εσσα, εν,		g. μελιτό εντος,	έσσης,	fait de miel.
τέρ	ην, εινα, εν,		g. τέρ ενος,	είνης,	tendre.

Remarque. — Ces adjectifs ont le vocatif masculin semblable à celui du neutre : χάριεν, τέρεν.

Ἑκών, ἄκων, et πᾶς, n'ont pas de vocatif.

Le datif pluriel masculin et neutre des adjectifs en εις, peu usité d'ailleurs, fait εσι : χαρί εσι, δενδρή εσι, etc.

II. La troisième classe comprend aussi les adjectifs qui subissent une contraction à certains cas du masculin et du neutre, et qui suivent au masculin la déclinaison de πέλεκυς, au féminin celle de οἰκία, et au neutre celle de ἄστυ.

Tel est l'adjectif suivant.

DÉCLINAISON DE L'ADJECTIF ἡδύς, agréable.

	SINGULIER.				PLURIEL.		
	MASCULIN.	FÉMININ.	NEUTRE.		MASCULIN.	FÉMININ.	NEUTRE.
N.	ἡδ ύς,	ἡδ εῖα,	ἡδ ύ.	N.	ἡδ εῖς -έες,	ἡδ εῖαι,	ἡδ έα.
V.	ἡδ ύ,	ἡδ εῖα,	ἡδ ύ.	V.			
G.	ἡδ έος,	ἡδ είας,	ἡδ έος.	G.	ἡδ έων,	ἡδ ειῶν,	ἡδ έων.
D.	ἡδ εῖ -έϊ,	ἡδ εία,	ἡδ εῖ -έϊ.	D.	ἡδ έσι,	ἡδ είαις,	ἡδ έσι.
A.	ἡδ ύν,	ἡδ εῖαν,	ἡδ ύ.	A.	ἡδ εῖς -έας,	ἡδ είας,	ἡδ έα.

DUEL.

N. V. A.	ἡδ εε,	ἡδ εία,	ἡδ εε.
G. D.	ἡδ έοιν,	ἡδ είαιν,	ἡδ έοιν.

DÉCLINEZ SUR ἡδύς, ἡδεῖα, ἡδύ,

γλυκ ύς,	εῖα,	ύ,	doux.	βραδ ύς,	εῖα,	ύ,	lent.
βραχ ύς,	εῖα,	ύ,	bref.	τραχ ύς,	εῖα,	ύ,	rude.
ταχ ύς,	εῖα,	ύ,	prompt.	εὐρ ύς,	εῖα,	ύ,	large.
ὀξ ύς,	εῖα,	ύ,	vif.	βαρ ύς,	εῖα,	ύ,	lourd.
ἀμϐλ ύς,	εῖα,	ύ,	émoussé.	θρασ ύς,	εῖα,	ύ,	hardi.
πλατ ύς,	εῖα,	ύ,	large.	δασ ύς,	εῖα,	ύ,	fourré.
παχ ύς,	εῖα,	ύ,	épais.	εὐθ ύς,	εῖα,	ύ,	droit.

§ 44. Deux adjectifs, très-usités, appartiennent à la fois à la première classe et à la troisième : à la première par le génitif et le datif du singulier et par tous les cas du pluriel et du duel; à la troisième classe par le nominatif, le vocatif et l'accusatif singulier. Ce sont les adjectifs μέγας, grand, et πολύς, nombreux.

SINGULIER.

MASCULIN.	FÉMININ.	NEUTRE.		MASCULIN.	FÉMININ.	NEUTRE.
N. μέγας,	μεγάλ η,	μέγα.	N.	πολύς,	πολλ ή	πολύ.
V. μέγα,	μεγάλ η,	μέγα.	V.	INUSITÉ.		
G. μεγάλ ου,	μεγάλ ης,	μεγάλ ου.	G.	πολλ οῦ,	πολλ ῆς,	πολλ οῦ.
D. μεγάλ ῳ,	μεγάλ ῃ,	μεγάλ ῳ.	D.	πολλ ῷ,	πολλ ῇ,	πολλ ῷ.
A. μέγαν,	μεγάλ ην,	μέγα.	A.	πολ ύν,	πολλ ήν,	πολ ύ.

PLURIEL.

N. V. μεγάλ οι, μεγάλ αι, μεγάλ α. N. πολλ οί, πολλ αί, πολλ ά.

. . . .

DUEL.

N. V. A. μεγάλω, μεγάλα, μεγάλω.   N. A. πολλώ, πολλά, πολλώ.

G. D.   μεγάλοιν.   αιν,   etc.   G.   πολλοῖν,   αῖν,   etc.

RÈGLES D'ACCORD DES ADJECTIFS.

§ 45. I. L'adjectif se met au même genre, au même nombre, au même cas que le substantif auquel il se rapporte. Exemples :

Le bon père,
ὁ ἀγαθὸς πατήρ.

Du bon père,
τοῦ ἀγαθοῦ πατρός.

La bonne mère,
ἡ ἀγαθὴ μήτηρ.

De la bonne mère.
τῆς ἀγαθῆς μητρός.

Le beau livre.
τὸ καλὸν βιβλίον.

Du beau livre.
τοῦ καλοῦ βιβλίου.

Les bons pères,
οἱ ἀγαθοὶ πατέρες.

Des bons pères,
τῶν ἀγαθῶν πατέρων.

Les bonnes mères,
αἱ ἀγαθαὶ μητέρες.

Des bonnes mères,
τῶν ἀγαθῶν μητέρων.

Les beaux livres,
τὰ καλὰ βιβλία.

Des beaux livres.
τῶν καλῶν βιβλίων.

II. Toutes les fois qu'il y a un article avec l'adjectif et le substantif, l'article se met devant l'adjectif. Ainsi :

Les hommes illustres : οἱ ἔνδοξοι ἄνδρες, ou ἄνδρες οἱ ἔνδοξοι, et non pas οἱ ἄνδρες ἔνδοξοι.

Les adjectifs πᾶς et ὅλος font exception, et se construisent d'après le français. Ainsi :

Tous les hommes, πάντες οἱ ἄνθρωποι ; la Grèce entière, ὅλη ἡ Ἑλλάς.

III. Un grand nombre d'adjectifs peuvent recevoir un complément.

1° Il y en a qui le prennent au génitif. Exemple : Avide de louanges, ἐπιθυμητικὸς ἐπαίνων.

2° D'autres le veulent au datif. Exemple : Livre utile aux jeunes gens, βιβλίον χρήσιμον τοῖς νέοις.

3° Il y en a qui sont suivis de l'accusatif. Exemple : Habiles dans les arts, δεινοὶ τὰς τέχνας.

Le Dictionnaire fait connaître le cas gouverné par chaque adjectif.

ADJECTIFS PRIS SUBSTANTIVEMENT.

§ 46. Beaucoup d'adjectifs peuvent se prendre substantivement au masculin par l'ellipse de ἄνθρωπος ou de ἀνήρ au singulier, de ἄνθρωποι ou ἄνδρες au pluriel. Ὁ ἀγαθός, l'honnête *homme* ; οἱ ἀγαθοί, les honnêtes *gens* ; οἱ εὐδαίμονες, les heureux ; οἱ κακοί, les méchants, etc.

Ils peuvent aussi se prendre substantivement au neutre singulier et au neutre pluriel : τὸ ἀγαθόν, le bien ; τὰ καλά, les belles choses, τὸ ἡδύ, l'agréable ; πάντα τὰ χρήσιμα, toutes les choses utiles.

Tous ces neutres renferment en eux-mêmes l'idée exprimée en français par le mot *chose*, comme en latin *utile*, l'utile, *bonum*, le bon.

COMPARATIF ET SUPERLATIF DES ADJECTIFS.

§ 47. En grec, comme en latin et en français, on distingue dans les adjectifs trois degrés de signification : le *positif*, le *comparatif* et le *superlatif*.

Le *positif* n'est autre chose que l'adjectif lui-même :

Ἅγιος, saint ; εὐδαίμων, heureux ; εὐρύς, large, etc.

Le *comparatif* exprime la qualité de saint, d'heureux, de large, etc., portée à un *plus* haut degré.

Le *superlatif* exprime la qualité portée à un *très*-haut degré, ou bien au degré *le plus* élevé : dans le premier cas, il est dit *superlatif absolu;* dans le second, *superlatif relatif.*

RÈGLES DE FORMATION DES COMPARATIFS ET DES SUPERLATIFS.

Le comparatif et le superlatif se forment, dans les adjectifs terminés en ος, en changeant la désinence ος :

1° En ώτερος, ώτατος (par un ω), lorsque la dernière syllabe du radical est brève. Exemples :

ἄγι ος,	saint.	μάχιμ ος,	belliqueux.
ἀγι ώτερος,	plus saint.	μαχιμ ώτερος,	plus belliqueux.
ἀγι ώτατος,	très-saint.	μαχιμ ώτατος,	très-belliqueux.
ἱερ ός,	sacré.	ἄτοπ ος,	déplacé.
ἱερ -ώτερος,	plus sacré.	ἀτοπ ώτερος,	plus déplacé.
ἱερ ώτατος,	très-sacré.	ἀτοπ ώτατος,	très-déplacé.

2° En ότερος, ότατος (par un ο), lorsque la dernière syllabe du radical est longue. Exemples :

λυπηρ ός,	affligeant.	φαῦλ ος,	vil.
λυπηρ ότερος,	plus affligeant.	φαυλ ότερος,	plus vil.
λυπηρ ότατος,	très-affligeant.	φαυλ ότατος,	très-vil.
λεπτ ός,	mince.	ἔνδοξ ος,	illustre.
λεπτ ότερος,	plus mince.	ἐνδοξ ότερος,	plus illustre.
λεπτ ότατος,	très-mince.	ἐνδοξ ότατος,	très-illustre.

Remarque importante. — I. La dernière syllabe du radical est longue lorsqu'elle renferme η, ω, ou une diphthongue, αι, ει, οι, αυ, ευ, ου, ou deux consonnes de suite, comme γρ, πτ, σσ, etc., ou enfin une consonne double, ζ, ξ, ψ.

II. Au lieu de ώτερος ou ότερος, ώτατος ou ότατος, on ajoute simplement τερος, τέρα, τερον ; τατος, τάτη, τατον,

1° Au masculin des adjectifs de la première classe :

ἁπλοῦς, simple.　　εὔνους, bienveillant.
ἁπλούσ τερος, plus simple.　εὐνούσ τερος, plus bienveillant.
ἁπλούσ τατος, très-simple.　εὐνούσ τατος, très-bienveillant.

2° Au neutre des adjectifs en ής, ές, de la deuxième classe :

ἀληθές, n. de ἀληθής, vrai.　　ὑγιές, n. de ὑγιής, sain.
ἀληθέσ τερος, plus vrai.　　ὑγιέσ τερος, plus sain.
ἀληθέσ τατος, très-vrai.　　ὑγιέσ τατος, très-sain.

3° Au neutre des adjectifs en ας et en υς de la troisième classe :

μέλαν, n. de μέλας, noir.　　εὐρύ, n. de εὐρύς, vaste.
μελάν τερος, plus noir.　　εὐρύ τερος, plus vaste.
μελάν τατος, très-noir.　　εὐρύ τατος, très-vaste.

III. On ajoute la terminaison έστερος, έστατος :

1° Au neutre des adjectifs en ων de la deuxième classe :

εὐδαῖμον, n. de εὐδαίμων, heureux. σῶφρον, n. de σώφρων, sage.
εὐδαιμον έστερος, plus heureux. σωφρον έστερος, plus sage.
εὐδαιμον έστατος, très-heureux. σωφρον έστατος, très-sage.

2° Au radical des adjectifs en εις, εσσα, εν de la troisième classe :

χαρί εις, gracieux,
χαρι έστερος, plus gracieux.
χαρι έστατος, très-gracieux.

IV. Un petit nombre d'adjectifs que l'usage apprendra, forment leur comparatif en ajoutant ίων, et leur superlatif, en ajoutant ιστος au radical. Tel est :

ἡδ ύς, agréable, ἡδ ίων, plus agr., ἥδ ιστος, très-agr.

V. Sept adjectifs des plus usités forment leur comparatif et leur superlatif d'une manière plus ou moins irrégulière. Ce sont :

καλός,   beau,   καλλίων,   plus beau,   κάλλιστος,   très-beau.

μέγας,   grand,   μείζων,   plus grand,   μέγιστος,   très-grand.

πολύς,   nombreux, πλείων,   plus nombreux, πλεῖστος,   très-nombreux.

κακός,   mauvais, $\begin{cases}\text{κακίων,}\\\text{χείρων,}\end{cases}$ pire, $\begin{cases}\text{κάκιστος,}\\\text{χείριστος,}\end{cases}$ très-mauvais.

ἀγαθός,   bon, $\begin{cases}\text{βελτίων,}\\\text{ἀμείνων,}\\\text{κρείσσων,}\end{cases}$ meilleur, $\begin{cases}\text{βέλτιστος,}\\\text{ἄριστος,}\\\text{κράτιστος,}\end{cases}$ très-bon.

μικρύς,   petit, $\begin{cases}\text{ἥσσων,}\\\text{ἐλάσσων,}\end{cases}$ moindre.

ὀλίγος,   peu nom- $\begin{cases}\\\text{μείων,}\end{cases}$ moins nombreux. $\Big\}$ ἐλάχιστος, très-petit.
breux.

DÉCLINAISON DES COMPARATIFS ET DES SUPERLATIFS.

§ 48. Les comparatifs en τερος se déclinent sur ἱερός, ά, όν.

Les superlatifs en τατος et en ιστος se déclinent sur ἀγαθός, ή, όν.

Les comparatifs en ιων se déclinent comme εὐδαίμων. Seulement ils peuvent subir à l'accusatif singulier du masculin et du féminin, au nominatif et à l'accusatif pluriel des trois genres, la syncope du ν, et par suite une contraction. Ainsi :

ἡδίονα devient ἡδίοα, et par contraction ἡδίω.

ἡδίονες — ἡδίοες.   —   ἡδίους.

ἡδίονας — ἡδίοας.   —   ἡδίους.

SINGULIER.		PLURIEL.	
MASC. ET FÉM.	NEUTRE.	MASC. ET FÉM.	NEUTRE.
N. ἡδίων,	ἥδιον.	N. ἡδίονες ou ἡδίους, ἡδίονα ou ἡδίω.	
V. ἥδιον,		V.	
G. ἡδίονος,	p. les 3 genres.	G. ἡδιόνων,	pour les trois genres.
D. ἡδίονι,		D. ἡδίοσι.	
A. ἡδίονα ou ἡδίω.	ἥδιον.	A. ἡδίονας ou ἡδίους, ἡδίονα ou ἡδίω.	

DUEL.

N. V. A. ἡδίονε.

G. D.   ἡδιόνοιν.

§ 49. TABLEAU RÉSUMÉ DES COMPARATIFS ET SUPERLATIFS.

I.

ώτερος, ώτατος; ότερος, ότατος.

πλούσι ος,	riche.	ἱερ ός,	sacré.
πλουσι ώτερος,	plus riche.	ἱερ ώτερος,	plus sacré.
πλουσι ώτατος,	très-riche.	ἱερ ώτατος,	très-sacré.
δίκαι ος,	juste.	ὠμ. ός,	cru.
δικαι ότερος,	plus juste.	ὠμ. ότερος,	plus cru.
δικαι ότατος,	très-juste.	ὠμ. ότατος,	très-cru.

II.

τερος, α, ον; τατος, η, ον.

ἁπλοῦς,	simple.	ἀληθές, n. de ἀληθ ής,	vrai.
ἁπλούσ τερος,	plus simple.	ἀληθέσ τερος,	plus vrai.
ἁπλούσ τατος,	très-simple.	ἀληθέσ τατος,	très-vrai.
μέλαν, n. de μέλας,	noir.	εὐρύ, n. de εὐρύς,	large.
μελάν τερος,	plus noir.	εὐρύ τερος,	plus large.
μελάν τατος,	très-noir.	εὐρύ τατος,	très-large.

III.

έστερος, α, ον; έστατος, η, ον.

εὔφρον, n. de εὔφρων,	sensé.	χαρί εις,	gracieux.
εὔφρον έστερος,	plus sensé.	χαρι έστερος,	plus gracieux.
εὔφρον έστατος,	très-sensé.	χαρι έστατος.	très-gracieux.

IV.

ίων, ιστος.

ἡδ ύς   ἡδ ίων, ων, ον; ἡδ ιστος, η, ον.

V.

FORMATIONS IRRÉGULIÈRES.

καλ ός,	καλλ ίων,	ων,	ον,	κάλλ ιστος,	η,	ον.
μέγ ας,	μείζ ων,	ων,	ον,	μέγ ιστος,	η,	ον.
πολ ύς,	πλεί ων,			πλεῖ στος,	η,	ον.

ἀγαθ ός.	{ ἀμείν ων,		ἄρ ιστος.
	βελτ ίων.		βέλτ ιστος.
	κρείσσ ων,		κράτ ιστος.

κακός.	{ κακί ων.		κάκ ιστος.
	χείρ ων,		χείρ ιστος.

μικρ ός,	{ μεί ων.		
ὀλίγ ος.	ἐλάσσ ων.		ἐλάχ ιστος.
	ἧσσ ων,		

§ 50. COMPLÉMENT DES COMPARATIFS.

Le nom qui sert de complément au comparatif se met, en grec, au génitif sans exprimer *que*. Exemple :

Le soleil (est) plus grand *que* la terre : ὁ ἥλιος (ἐστὶ) μείζων τῆς γῆς.

On peut aussi, quoique plus rarement, exprimer *que* par ἤ, et mettre après le même cas que devant. Exemple :

La terre (est) plus petite que le soleil : ἡ γῆ μείων (ἐστὶν) ἢ ὁ ἥλιος.

COMPLÉMENT DES SUPERLATIFS.

Quand le superlatif grec joue le rôle de superlatif relatif. et qu'il a pour complément un nom pluriel, on met, comme en latin, ce nom au génitif. et le superlatif s'accorde en genre avec ce nom. Ex. :

Le cèdre (est) le plus haut des arbres : κέδρος (ἐστὶ) δένδρων ὑψηλότατον. Ὑψηλότατον au neutre, parce que δένδρον est un nom neutre; c'est comme s'il y avait κέδρος (ἐστὶ) δένδρον ὑψηλότατον δένδρων.

CHAPITRE QUATRIÈME.

ADJECTIFS NUMÉRAUX, DÉMONSTRATIFS, etc.

Outre les adjectifs dont nous venons de parler, et qu'on appelle particulièrement *adjectifs qualificatifs*, il en existe en grec, comme en latin et en français, plusieurs autres sortes, qui n'ont en général ni comparatif ni superlatif.

Les uns indiquent la quantité des choses et servent à les compter, comme : *un* homme, *six* semaines, *vingt* soldats. On les appelle *adjectifs numéraux* ou *noms de nombre*.

D'autres servent à indiquer, à montrer les personnes et les choses, comme : *ce* livre, *cet* homme, *ces* soldats; ou à marquer la possession, comme : *mon* livre, *tes* amis, *nos* ouvrages. Les premiers s'appellent *adjectifs démonstratifs*, et les seconds *adjectifs possessifs;* mais, comme ils s'emploient aussi en qualité de pronoms, il n'en sera parlé que dans le chapitre suivant.

ADJECTIFS NUMÉRAUX CARDINAUX.

§ 51. Il y a plusieurs sortes d'adjectifs numéraux. Nous parlerons d'abord de ceux qui expriment simplement le nombre, la quantité des choses, comme *un, deux, trois, quatre, dix, cent, mille*. On les appelle adjectifs numéraux *cardinaux*.

4

Les quatre premiers se déclinent.

I.

MASC.   FÉM.   NEUTRE.

N. εἷς, μία, ἕν,   un, une, un.

G. ἑνός, μιᾶς, ἑνός.

D. ἑνί, μιᾷ, ἑνί.

A. ἕνα, μίαν, ἕν.

II.

N. A. δύο ou δύω, } deux,

G. D. δυοῖν ou δυεῖν, } p. les 3 genres.

III.

MASC. et FÉM.   NEUTRE.

N. A. τρεῖς,   τρία, trois.

G. τρίων, } pour les trois genres.

D. τρισί, }

IV.

MASC. et FÉM.   NEUTRE.

N. τέσσαρες, τέσσαρα, quatre.

G. τεσσάρων, }

D. τέσσαρσι, } p. les 3 genres.

A. τέσσαρας, τέσσαρα [1].

Les adjectifs numéraux cardinaux depuis *cinq* jusqu'à *dix*, et ceux qui expriment les unités de dizaine, comme *vingt*, *trente*, etc., jusqu'à *cent* inclusivement, sont indéclinables.

En voici la liste :

Cinq,	πέντε.	Neuf,	ἐννέα.
Six,	ἕξ.	Dix,	δέκα.
Sept,	ἑπτά.	Onze,	ἕνδεκα.
Huit,	ὀκτώ.	Douze,	δώδεκα.

Treize,	τρεισκαίδεκα, τριακαίδεκα.
Quatorze,	τεσσαρεσκαίδεκα, τεσσαρακαίδεκα.
Quinze,	πεντεκαίδεκα.
Seize,	ἑκκαίδεκα.
Dix-sept,	ἑπτακαίδεκα.
Dix-huit,	ὀκτωκαίδεκα.
Dix-neuf,	ἐννεακαίδεκα.
Vingt,	εἴκοσι.
Trente,	τριάκοντα.
Quarante,	τεσσαράκοντα ou τετταράκοντα.
Cinquante,	πεντήκοντα.
Soixante,	ἑξήκοντα.

1. On dit aussi τέτταρες, τεττάρων, τέτταρσι, etc.

Soixante-dix,   ἑβδομήκοντα.

Quatre-vingts,   ὀγδοήκοντα.

Quatre-vingt-dix, ἐνενήκοντα.

Cent.   ἑκατόν.

A partir de *deux cents* inclusivement, toutes les unités de centaine sont exprimées par un adjectif numéral déclinable, qui se décline sur le pluriel de ἅγιος, α, ον.

Deux cents,	διακόσιοι.	Six cents,	ἑξακόσιοι.
Trois cents,	τριακόσιοι.	Sept cents,	ἑπτακόσιοι.
Quatre cents,	τετρακόσιοι.	Huit cents,	ὀκτακόσιοι.
Cinq cents,	πεντακόσιοι.	Neuf cents,	ἐννακόσιοι.

De *mille* à *dix mille*, les adjectifs numéraux sont également déclinables. Le nombre qui précède *mille* s'exprime en grec par un adverbe numéral signifiant *deux fois, trois fois*, etc.

	Mille,	χίλιοι.	
Deux mille,	δισχίλιοι.	Six mille,	ἑξακισχίλιοι.
Trois mille,	τρισχίλιοι.	Sept mille,	ἑπτακισχίλιοι.
Quatre mille,	τετρακισχίλιοι.	Huit mille,	ὀκτακισχίλιοι.
Cinq mille,	πεντακισχίλιοι.	Neuf mille,	ἐννακισχίλιοι.

A partir de *dix mille*, les Grecs avaient une nouvelle série d'unités. Ainsi, au lieu de dire δεκακισχίλιοι, ils disaient ordinairement μύριοι, αι, α. De là :

Onze mille,	μύριοι καὶ χίλιοι (les deux adj. se déclinent).
Douze mille,	μύριοι καὶ δισχίλιοι.
Treize mille,	μύριοι καὶ τρισχίλιοι.
Dix-neuf-mille,	μύριοι καὶ ἐννακισχίλιοι.

A partir de *vingt mille*, ils avaient deux manières de compter. Ou bien ils disaient, en suivant l'analogie des unités de mille : δισμύριοι, c'est-à-dire deux fois dix mille, τρισμύριοι, trois fois dix mille, etc.; ou bien ils employaient le substantif numéral μυριάς, g. μυριάδος, dizaine de mille, myriade, et ils disaient δύο μυριάδες, τρεῖς, τέσσαρες μυριάδες, etc.

Vingt mille,	δισμύριοι, αι, α, ou δύο μυριάδες.
Trente mille,	τρισμύριοι, ou τρεῖς μυριάδες.
Quarante mille,	τετρακισμύριοι, ou τέσσαρες μυριάδες.
Cinquante mille,	πεντακισμύριοι, ou πέντε μυριάδες.
Cent mille,	δεκακισμύριοι, ou δέκα μυριάδες.
Cent dix mille,	ἑνδεκακισμύριοι, ou ἕνδεκα μυριάδες.
Cent vingt mille,	δωδεκακισμύριοι, ou δώδεκα μυριάδες.
Cent cinquante mille,	πεντακισκαιδεκακισμύριοι, ou πέντε καὶ δέκα μυριάδες.
Deux cent mille,	εἰκοσακισμύριοι, ou εἴκοσι μυριάδες.
Six cent mille,	ἑξηκοντακισμύριοι, ou ἑξήκοντα μυριάδες.
Un million,	ἑκατοντακισμύριοι, ou ἑκατὸν μυριάδες.
Deux millions,	διακοσιακισμύριοι, ou διακόσιαι μυριάδες.
Dix millions,	χιλιακισμύριοι ou χίλιαι μυριάδες.
Cent millions,	μυριακισμύριοι, ou μύριαι μυριάδες.
Deux cents millions,	δισμυριακισμύριοι, ou δισμύριαι μυριάδες.
Un milliard,	δεκακισμυριακισμύριοι, ou δεκακισμύριαι μυριάδες.

Remarque. — De 20 à 1000, lorsqu'une unité simple ou une unité de dizaine s'ajoute à un adjectif numéral, on suit l'ordre du français, en intercalant seulement la conjonction καί (et) entre chaque adjectif numéral; ainsi **21, 22, 23** se disent εἴκοσι καὶ εἷς, μία, ἕν ; εἴκοσι καὶ δύω, εἴκοσι καὶ τρεῖς, τρία; trente-cinq, τριάκοντα καὶ πέντε; quarante-six, τεσσαράκοντα καὶ ἕξ; cent sept, ἑκατὸν καὶ ἑπτά; deux cent huit, διακόσιοι, αι, α, καὶ ὀκτώ; trois cent neuf, τριακόσιοι, αι, α, καὶ ἐννέα; quatre cent cinquante, τετρακόσιοι, αι, α, καὶ πεντήκοντα; huit cent soixante-cinq, τετρακόσιοι, αι, α, καὶ ἑξήκοντα καὶ πέντε, etc.

Cependant, de 20 à 100 on peut mettre aussi le plus petit nombre le premier; par exemple : εἷς, μία, ἓν καὶ ἑξήκοντα, soixante et un; δύο καὶ ἑβδομήκοντα, soixante-douze; ἑπτὰ καὶ ἐνενήκοντα, quatre-vingt-dix-sept; etc.

RÈGLES D'ACCORD DES ADJECTIFS NUMÉRAUX CARDINAUX.

§ 52. Tous ceux qui se déclinent suivent les règles d'accord indiquées plus haut pour les adjectifs qualificatifs.

Lorsqu'on emploie le mot μυριάδες, le nom qui suit se met au génitif. Ex. : Sept cent mille soldats, ἑϐδομήκοντα μυριάδες στρατιωτῶν; mais avec μύριοι il faut dire ἑϐδομηκοντάκις μύριοι στρατιῶται. La première manière est plus élégante.

L'adjectif μύριοι s'emploie très-souvent pour exprimer un nombre très-grand d'une manière vague, comme en français *cent, mille*. Ainsi : j'ai trouvé *cent* occasions, se dit en grec : j'ai trouvé *dix mille* occasions, μυρίους καιρούς. Il y avait là des *milliers* de personnes, se dit en grec : *dix mille* personnes, μύριοι ἄνθρωποι.

ADJECTIFS NUMÉRAUX ORDINAUX.

§ 53. Ces adjectifs servent à marquer le rang ou l'ordre, comme *premier, second, troisième*. A l'exception du premier, ils se tirent tous des nombres cardinaux. Ils se déclinent tous sur les adjectifs de la première classe.

Premier entre plusieurs,	πρῶτος, η, ον,	*primus, a, um*.
Premier entre deux,	πρότερος, α, ον,	*prior, prius*.
Second, deuxième,	δεύτερος, α, ον.	
Troisième,	τρίτος, η, ον.	
Quatrième,	τέταρτος, η, ον.	
Cinquième,	πέμπτος, η, ον.	
Sixième,	ἕκτος, η, ον.	
Septième,	ἕϐδομος, η, ον.	
Huitième,	ὄγδοος, η, ον.	
Neuvième,	ἔνατος, η, ον.	
Dixième,	δέκατος, η, ον.	
Onzième,	ἑνδέκατος, η, ον.	

Douzième,   δωδέκατος, η, ον.
Treizième,   τρισκαιδέκατος, η, ον.
Quatorzième,   τεσσαρακαιδέκατος, η, ον.
Vingtième,   εἰκοστός, ή, όν.
Centième,   ἑκατοστός, ή, όν.
Deux centième,   διακοσιοστός, ή, όν.
Millième,   χιλιοστός, ή, όν.
Six millième,   ἑξακισχιλιοστός, ή, όν.
Dix millième,   μυριοστός, ή, όν.
Cent millième,   δεκακισμυριοστός, ή, όν.

Observation importante. — En français, lorsque plusieurs nombres ordinaux se suivent, la terminaison *ième* ne s'ajoute qu'au dernier ; ainsi on dit : cent trente-troisième. En grec, il faut dire centième trentième troisième : ἑκατοστὸς τριακοστὸς τρίτος.

Souvent même, en français, la terminaison du nombre ordinal est supprimée, et l'on dit par exemple : Philippe *cinq*, Alexandre *deux*, Ptolémée *douze*, au lieu de *cinquième*, *deuxième*, etc. En grec, on doit toujours mettre dans ce cas le nombre ordinal : Φίλιππος ὁ πέμπτος, Ἀλέξανδρος ὁ δεύτερος, Πτολεμαῖος ὁ δωδέκατος.

De même, l'an cinq *cent quarante-deux* se dira τὸ πεντακοσιοστὸν τεσσαρακοστὸν δεύτερον ἔτος.

Le *dix* du mois, c'est-à-dire le *dixième* (jour), ἡ δεκάτη τοῦ μηνός.

Il était *quatre* heures, c'est-à-dire c'était la *quatrième* heure, ἡ τετάρτη ὥρα.

AUTRES ADJECTIFS MARQUANT LE NOMBRE.

§ 54. On peut compter parmi les adjectifs numéraux certains adjectifs qui indiquent le nombre, la quantité des personnes ou des choses, non pas d'une manière précise comme *un, dix, cent, mille, premier, deuxième, millième,* mais d'une manière générale, indéterminée. Ce sont les mots πᾶς, tout,

toute; σύμπας, tout entier; πολύς, nombreux, ὀλίγος, peu nombreux, avec leurs degrés de comparaison; ἔσχατος, dernier, et
autres analogues.

COMPLÉMENT DES ADJECTIFS NUMÉRAUX.

Quand ces adjectifs sont pris dans un sens partitif, ils
prennent un complément qui se construit comme celui des
superlatifs. Exemples :

Un des soldats,   εἷς τῶν στρατιωτῶν.
Le premier des rois,   ὁ πρῶτος τῶν βασιλέων.

Un grand nombre des Grecs,   πολλοὶ τῶν Ἑλλήνων.
Un petit nombre d'entre les Grecs, ὀλίγοι τῶν Ἑλλήνων.
Le dernier des Grecs,   ἔσχατος τῶν Ἑλλήνων.

CHAPITRE CINQUIÈME.

QUATRIÈME ESPÈCE DE MOTS.

LE PRONOM.

§ 55. Le pronom est un mot qui tient la place d'un nom précédemment exprimé.

Il y a trois pronoms :

1° Celui de la première personne, c'est-à-dire celui qui représente le nom de la personne qui parle, comme *je, moi,* en grec ἐγώ;

2° Le pronom de la deuxième personne, c'est-à-dire celui qui représente le nom de la personne à qui l'on parle, comme *tu, toi,* en grec σύ;

3° Le pronom de la troisième personne, c'est-à-dire celui qui représente le nom de la personne dont on parle, comme en français *il, elle, lui.* Ce pronom s'exprime en grec de différentes manières qui seront indiquées plus bas.

Ces trois pronoms s'appellent pronoms personnels.

PRONOM PERSONNEL DE LA PREMIÈRE PERSONNE.

SINGULIER.			PLURIEL.	
N.	ἐγώ,	*je ou* moi.	ἡμεῖς,	nous.
G.	ἐμοῦ, μοῦ,	de moi.	ἡμῶν,	de nous.
D.	ἐμοί, μοί,	me, à moi.	ἡμῖν,	nous, à nous.
A.	ἐμέ, μέ,	me. moi.	ἡμᾶς,	nous.

DUEL.		
N. A.	νώ,	nous deux.
G. D.	νῷν,	de nous deux. à nous deux.

On voit que le génitif, le datif et l'accusatif singulier ont deux formes : ἐμοῦ, μοῦ; ἐμοί, μοί, etc.

Ἐμοῦ, ἐμοί, ἐμέ, se mettent indifféremment au commencement, au milieu, ou à la fin d'une phrase ; μοῦ, μοί, μέ, ne se mettent jamais au commencement.

Le duel νώ, νῶν, a une grande analogie avec le latin *nos*. Νώ est pour νῶϊ, νῶν pour νῶϊν.

PRONOM PERSONNEL DE LA DEUXIÈME PERSONNE.

	SINGULIER.		PLURIEL.	
N. V.	σύ,	tu, toi.	ὑμεῖς,	vous.
G.	σοῦ,	de toi.	ὑμῶν,	de vous.
D.	σοί,	te, à toi.	ὑμῖν,	vous, à vous.
A.	σέ,	te, toi.	ὑμᾶς,	vous.

DUEL.

N. A.	σφώ,	vous deux.
G. D.	σφῶν,	de vous deux.

Le duel de ce pronom n'est pas sans analogie avec le pronom latin *vos*. Σφώ est pour σφῶϊ, σφῶν pour σφῶϊν.

Au singulier, σύ, σοῦ, etc., répond aussi au français *vous*, employé par déférence ou par politesse en parlant à une seule personne.

Les pronoms personnels se sous-entendent le plus souvent au nominatif, comme en latin. Voy. chap. VI, II.

Ils prennent toujours le genre du nom dont ils tiennent la place. Ainsi un homme dira : moi malheureux, ἐγὼ ἄθλιος, ἐγὼ τάλας ; une femme dira au contraire : moi malheureuse, ἐγὼ ἀθλία, ἐγὼ τάλαινα.

De même : vous, malheureux, ὑμεῖς ἄθλιοι ; vous, malheureuses, ὑμεῖς ἀθλίαι, ὑμεῖς τάλαιναι.

PRONOM PERSONNEL DE LA TROISIÈME PERSONNE.

Les Grecs n'ont pas, à proprement parler, de pronom personnel de la troisième personne, comme notre pronom *il*, *elle, lui, eux, elles.* Quand ils ont besoin de l'exprimer, ils emploient :

1° L'un des pronoms démonstratifs οὗτος, celui-ci, ἐκεῖνος, celui-là, qu'on verra plus loin ;

2° Ou bien l'article ὁ, ἡ, τό, accompagné des particules adverbiales μέν, δέ, γέ ;

3° Ou bien le pronom αὐτός, αὐτή, αὐτό.

Toutefois, ce dernier pronom ne signifie pas seulement *lui, elle ;* il a souvent aussi la valeur du latin *ipse, ipsa, ipsum, lui-même, elle-même.*

Au génitif, au datif et à l'accusatif des trois nombres, αὐτός répond très-souvent au latin *ejus, eorum, earum; ei, eis; eum, eam, id; eos, eas, ea.*

Ce pronom se décline absolument comme l'adjectif ἀγαθός, si ce n'est qu'il fait αὐτό au nominatif et à l'accusatif neutre.

DÉCLINAISON DU PRONOM αὐτός.

SINGULIER.

N. αὐτός, αὐτή, αὐτό, lui, lui-même, elle, elle-même.
G. αὐτοῦ, αὐτῆς, αὐτοῦ, de lui, de lui-même, etc.
D. αὐτῷ, αὐτῇ, αὐτῷ, à lui, à lui-même, etc.
A. αὐτόν, αὐτήν, αὐτό, le, lui, lui-même, etc.

PLURIEL.

N. αὐτοί, αὐταί, αὐτά, eux, eux-mêmes, elles, elles-mêmes, etc.

DUEL.

N. A. αὐτώ, αὐτά, αὐτώ, eux deux, elles deux, etc.

Remarque. — Lorsque le pronom αὐτός, αὐτή, αὐτό, est employé comme adjectif dans le sens du français *même* avec un substantif accompagné de l'article, il faut bien observer quelle est la place de l'article.

1° Si l'article est placé devant le substantif, comme dans *le roi même, les femmes mêmes,* il se met également en grec devant le substantif : ὁ βασιλεὺς αὐτός, αἱ γυναῖκες αὐταί ; ou bien, αὐτὸς ὁ βασιλεύς, αὐταὶ αἱ γυναῖκες.

Dans ce cas αὐτός correspond au latin *ipse*.

2° Si, au contraire, l'article est placé devant l'adjectif *même : le même roi, les mêmes femmes,* il se met également en grec devant l'adjectif αὐτός, de cette manière : ὁ αὐτὸς βασιλεύς, αἱ αὐταὶ γυναῖκες.

Ὁ αὐτὸς, ἡ αὐτή, τὸ αὐτό ou ταὐτὸ, correspond au latin *idem, eadem, idem.*

PRONOMS PERSONNELS RÉFLÉCHIS.

§ 56. Avec le génitif, le datif, l'accusatif de αὐτός, αὐτή, αὐτό, et le génitif des pronoms ἐγώ et σύ, on forme des pronoms personnels composés, de la deuxième et de la troisième personne, qui ont le sens réfléchi. Celui de la première personne est ἐμαυτοῦ, celui de la deuxième σεαυτοῦ. Ils se déclinent comme αὐτός. Seulement ils n'ont jamais de nominatif, parce qu'ils s'emploient toujours comme compléments.

PRONOM RÉFLÉCHI DE LA PREMIÈRE PERSONNE.

SINGULIER.

G.	ἐμαυτοῦ,,	ἐμαυτῆς,	ἐμαυτοῦ,	de moi-même.
D.	ἐμαυτῷ,	ἐμαυτῇ,	ἐμαυτῷ,	à moi-même.
A.	ἐμαυτόν,	ἐμαυτήν,	ἐμαυτό.	moi-même.

PLURIEL.

G.	ἡμῶν αὐτῶν,	pour les 3 genres,		de nous-mêmes.
D.	ἡμῖν αὐτοῖς,	αἷς,	οἷς,	à nous-mêmes.
A.	ἡμᾶς αὐτούς,	άς,	ά,	nous-mêmes.

DUEL.

G. D.	νῷν αὐτοῖν,	αἷν,	οἷν.	de nous-mêmes, à nous-mêmes.
A.	νὼ αὐτώ,	ά,	ώ.	nous-mêmes.

PRONOM RÉFLÉCHI DE LA DEUXIÈME PERSONNE.

SINGULIER.

G. σεαυτοῦ *ou* σαυτοῦ, ῆς, οῦ,   de toi-même.
D. σεαυτῷ *ou* σαυτῷ, ῇ, ῷ,   à toi-même.
A. σεαυτόν *ou* σαυτόν, ήν, ό.   toi-même.

PLURIEL.

G. ὑμῶν αὐτῶν, pour les 3 genres,   de vous-mêmes.
D. ὑμῖν αὐτοῖς,   αἷς, οἷς,   à vous-mêmes.
A. ὑμᾶς αὐτούς.   άς ά.   vous-mêmes.

DUEL.

A. σφὼ αὐτώ,   ά, ώ,   vous-mêmes.
G. D. σφῶν αὐτοῖν.   αῖν, οῖν,   de vous-mêmes.

PRONOM RÉFLÉCHI DE LA TROISIÈME PERSONNE.

SINGULIER.

G. ἑαυτοῦ, ἑαυτῆς, ἑαυτοῦ, de soi-même, de lui-même, d'elle-même.
D. ἑαυτῷ, ἑαυτῇ, ἑαυτῷ, à soi-même, à lui-même, à elle-même.
A. ἑαυτόν, ἑαυτήν, ἑαυτό, soi-même, lui-même, elle-même.

PLURIEL.

G. ἑαυτῶν (pour les 3 genres), d'eux-mêmes, d'elles-mêmes.
D. ἑαυτοῖς, ἑαυταῖς, ἑαυτοῖς, à eux-mêmes, à elles-mêmes.
A. ἑαυτούς, ἑαυτάς, ἑαυτά, eux-mêmes, elles-mêmes.

DUEL.

A. ἑαυτώ, ἑαυτά, ἑαυτώ, eux-mêmes, se, soi.
G. D. ἑαυτοῖν, ἑαυταῖν, ἑαυτοῖν, d'eux-mêmes, à eux-mêmes, etc.

Remarques. — **1.** On dit aussi, en retranchant ε : αὑτοῦ,
αὑτῆς, αὑτοῦ, etc.; αὑτῶν, etc. La diphthongue αυ porte alors
un esprit rude, qui empêche de confondre ce pronom avec le
pronom αὐτός, qui a un esprit doux :

αὐτοῦ, *illius* ou *ipsius*.   αὐτούς, *illos* ou *ipsos*.
αὑτοῦ, *sui ipsius*.   αὑτούς, *seipsos*.

2. Le pronom réfléchi de la troisième personne est formé de αὐτός, ή, ό, et du génitif singulier d'un ancien pronom, οὗ, οἷ, ἕ, au pluriel σφῶν, σφισί, σφᾶς, correspondant à *sui, sibi, se;* duel σφώ, σφωίν.

Aussi au pluriel emploie-t-on quelquefois :

σφῶν	αὐτῶν	pour ἑαυτῶν,
σφισὶν	αὐτοῖς, αἷς, οἷς,	pour ἑαυτοῖς, αἷς, οἷς,
σφᾶς	αὐτούς, άς,	pour ἑαυτούς, άς.

PRONOM RÉCIPROQUE.

Outre les pronoms réfléchis, la langue grecque possède un pronom qu'on appelle *réciproque*, parce qu'il s'emploie pour exprimer la réciprocité, la mutualité. Comme eux, il n'a que le génitif, le datif, l'accusatif. Il se décline sur ἑαυτῶν.

G. ἀλλήλων,   l'un de l'autre, les uns des autres.
D. ἀλλήλοις, αις, οις,   l'un à l'autre, les uns aux autres.
A. ἀλλήλους, ας, α,   l'un l'autre, les uns les autres.

Le duel ἀλλήλω, ἀλλήλοιν, est rare.

RÈGLE D'ACCORD DES PRONOMS.

Les pronoms personnels et les pronoms réfléchis se mettent au cas exigé par le nom ou l'adjectif dont ils sont les compléments. Exemples :

> Récompense agréable à vous et à moi ;
> γέρας   ἡδύ   σοι καὶ ἐμοί.

> Indulgent aux autres, sévère à lui-même ;
> ἐπιεικὴς τοῖς ἄλλοις, χαλεπὸς ἑαυτῷ.

> Utiles l'un à l'autre ;
> λυσιτελεῖς ἀλλήλοις.

ADJECTIFS PRONOMINAUX POSSESSIFS.

§ 57. On appelle ainsi des adjectifs qui expriment la

possession et qui sont dérivés des pronoms personnels de chaque personne.

Ils correspondent aux mots français *mon, ton, son, mien, tien, sien,* etc., et au latin *meus, tuus, suus,* etc. Ce sont :

1° Pour la première personne :

SINGULIER.

ἐμός,   ἐμή,   ἐμόν,   mon, ma, mien, mienne.

PLURIEL.

ἐμοί,   ἐμαί,   ἐμά,   mes, miens, miennes.

SINGULIER.

ἡμέτερος, ἡμετέρα, ἡμέτερον, notre, nôtre.

PLURIEL.

ἡμέτεροι, ἡμέτεραι, ἡμέτερα, nos, nôtres.

2° Pour la deuxième personne :

SINGULIER.

σός,   σή,   σόν,   ton, ta, tien, tienne.

PLURIEL.

σοί,   σαί,   σά,   tes, tiens, tiennes.

SINGULIER.

ὑμέτερος, ὑμετέρα, ὑμέτερον, votre, vôtre.

PLURIEL.

ὑμέτεροι, ὑμέτεραι, ὑμέτερα, vos, vôtres.

3° A la troisième personne, l'adjectif pronominal possessif, *son, sa, ses,* se rend par le génitif du pronom αὐτός, ή, ό : αὐτοῦ, αὐτῆς, αὐτοῦ, lorsqu'en latin il faut mettre *ejus;* et l'adjectif *leur, leurs,* par le génitif pluriel du même pronom, αὐτῶν, lorsqu'en latin il faut mettre *eorum, earum.* Exemples :

J'admire sa vertu,   τὴν ἀρετὴν αὐτοῦ, *virtutem ejus.*
J'admire leurs vertus,   τὰς ἀρετὰς αὐτῶν, *virtutes eorum.*

Son, sa, ses, se rend par le génitif du pronom réfléchi, ἑαυτοῦ, ῆς, οῦ; *leur, leurs,* par le génitif pluriel du même pronom, ἑαυτῶν, lorsqu'en latin il faut mettre *suus, sua, suum.* Exemples :

Il me confie ses affaires ,   τὰ ἑαυτοῦ πράγματα, *negotia sua:*
Ils me confient leurs affaires, τὰ ἑαυτῶν πράγματα, *negotia sua.*

Au reste, pour la première et la deuxième personne, on emploie très-souvent, au lieu de l'adjectif possessif, le génitif des pronoms personnels.

Ainsi on dit indifféremment :

O notre père.   ὦ πάτερ ἡμέτερε, ὦ πάτερ ἡμῶν.
O ma mère,   ὦ μῆτερ ἐμή, ὦ μῆτέρ μου.
Tes ancêtres,   οἱ σοὶ πρόγονοι , οἱ πρόγονοί σου.
Vos ancêtres,   οἱ ὑμέτεροι πρόγονοι, οἱ πρόγονοι ὑμῶν.

En français, les mots *mien, tien, sien, notre, votre, leur, leurs,* employés avec l'article et sans aucun nom exprimé, sont des *pronoms possessifs;* ils se rendent en grec par ὁ ἐμός, ὁ σός, ὁ ἡμέτερος, etc. Exemples :

J'ai perdu *mon* livre, τὸ βιβλίον μου. Prête-moi *le tien,* τὸ σόν. Il m'a prêté *le sien,* τὸ ἑαυτοῦ.

OBSERVATION GÉNÉRALE. — Quand on emploie l'article avec l'adjectif possessif ou avec un pronom réfléchi, cet article doit toujours être placé devant le possessif ou devant le pronom, et non pas devant le nom : ὁ ἐμὸς πατήρ, ὁ ἡμέτερος πατήρ, τοὺς ἑαυτῆς φίλους.

Avec le génitif des pronoms personnels, la place de l'article est toujours devant le nom : ὁ πατήρ μου, ἐμοῦ ὁ πατήρ, ἡ μήτηρ αὐτῶν, αὐτῶν οἱ ἀδελφοί.

ADJECTIFS ET PRONOMS DÉMONSTRATIFS.

§ 58. Les adjectifs démonstratifs servent à montrer une personne ou un objet quelconque, soit rapproché, soit éloigné.

Lorsque ces adjectifs sont employés avec un nom, ils correspondent au français *ce, cette, ces,* comme *cet homme, cette femme, ces personnes;* employés seuls, ils représentent un nom et correspondent au français *celui, celle, ceux, celles.* Ce double rôle fait qu'on les appelle quelquefois *pronoms adjectifs* ou *adjectifs pronominaux.*

5.

Il y a en grec trois adjectifs ou pronoms démonstratifs. Ce sont :

I. Ὅδε, ἥδε, τόδε, qui correspond, comme adjectif, à *ce, cet, ceux, celles,* suivis de la particule adverbiale *ci* : *cet* homme-*ci*, *ces* femmes-*ci*; et, comme pronom, à *celui-ci, celle-ci, ceci, ceux-ci, celles-ci* : en latin *hicce, hæcce, hocce.*

Il se décline absolument comme l'article, et la particule δε reste invariable, comme *que* en latin dans *quisque.*

SINGULIER.			PLURIEL.		
MASC.	FÉM.	NEUTRE.	MASC.	FÉM.	NEUTRE.
N. ὅδε,	ἥδε,	τόδε.	N. οἵδε,	αἵδε,	τάδε.
G. τοῦδε,	τῆσδε,	τοῦδε, etc.	G. τῶνδε, pour les 3 genres, etc.		

DUEL.

N. A. τώδε, τάδε *ou* τώδε, τώδε.

G. D. τοῖνδε, ταῖνδε *ou* τοῖνδε, τοῖνδε.

II. Οὗτος, αὕτη, τοῦτο, qui correspond au français *ce, celui, celui-ci; cette, celle, celle-ci; ce, ceci,* et au latin *hic,* quelquefois aussi à *iste.* Il se décline ainsi :

SINGULIER.			PLURIEL.		
N. οὗτος,	αὕτη,	τοῦτο.	N. οὗτοι,	αὗται,	ταῦτα.
G. τούτου,	ταύτης,	τούτου.	G. τούτων. p. les 3 genres.		
D. τούτῳ,	ταύτῃ,	τούτῳ.	D. τούτοις,	ταύταις,	τούτοις.
A. τοῦτον,	ταύτην,	τοῦτο.	A. τούτους,	ταύτας,	ταῦτα.

DUEL.

N. A. τούτω, ταῦτα *ou* τούτω. τούτω.

G. D. τούτοιν, ταύταιν *ou* τούτοιν, τούτοιν.

Remarques. — 1° Le neutre singulier, comme celui de l'article et du pronom αὐτός, n'a point de ν : τοῦτο.

2° Ce pronom commence par un τ à tous les cas où l'article en prend un.

3° Au nominatif singulier et pluriel du masculin et du féminin, ce mot commence toujours par une diphthongue qui est surmontée de l'esprit rude : οὗτος, οὗτοι; αὕτη, αὗται.

Cet esprit rude sert à distinguer le féminin des deux nombres de celui du pronom αὐτός. Ainsi :

αὕτη, αὗται, hæc, hæ, *celle, celles, celle-ci, celles-ci.*

αὐτή, αὐταί, ipsa, ipsæ, *elle, elles, elle-même, elles-mêmes.*

De plus, αὕτη, αὗται venant de οὗτος ont, avec l'esprit rude, un accent sur la diphthongue αὐ; au lieu que αὐτή, αὐταί venant de αὐτός ont toujours un accent sur la dernière syllabe.

4° Le génitif pluriel τούτων sert, comme l'article τῶν, pour les trois genres.

5° Le nominatif et l'accusatif neutre pluriel ont toujours la diphthongue αὐ : ταῦτα.

Sur οὗτος se déclinent les adjectifs suivants :

SINGULIER.

1   N. τοιοῦτος,   τοιαύτη,   τοιοῦτο,   tel, telle.

     G. τοιούτου,   τοιαύτης,   τοιούτου, etc.

PLURIEL.

     N. τοιοῦτοι,   τοιαῦται,   τοιαῦτα, etc., tels, telles.

SINGULIER.

2   N. τοσοῦτος,   τοσαύτη,   τοσοῦτο,   si grand.

     G. τοσούτου,   τοσαύτης,   τοσούτου, etc.

PLURIEL.

     N. τοσοῦτοι,   τοσαῦται,   τοσαῦτα, etc., si nombreux.

SINGULIER.

3   N. τηλικοῦτος, τηλικαύτη, τηλικοῦτο,   si grand, si âgé.

     G. τηλικούτου, τηλικαύτης, τηλικούτου, etc.

PLURIEL.

     N. τηλικοῦτοι, τηλικαῦται, τηλικαῦτα,   si grands, si âgés.

Au génitif pluriel, ces adjectifs n'ont qu'une forme pour les trois genres :

τοιούτων,   τοσούτων,   τηλικούτων.

On ne dit jamais τοιαύτων, τοσαύτων, etc., de même qu'on ne dit jamais ταύτων.

Au neutre singulier on dit : τοιοῦτο et τοιοῦτον, τοσοῦτο et τοσοῦτον, etc.

III. Ἐκεῖνος, η, ο, qui correspond au français *ce*, *celui*, *celui-là; cette, celle, celle-là; ce, cela*, et au latin *ille, illa, illud*. Il se décline comme αὐτός.

Le neutre singulier est privé de ν : ἐκεῖνο, comme τό, αὐτό, τόδε, τοῦτο.

Ἐκεῖνος s'emploie quelquefois comme pronom personnel, dans le sens de *lui, elle, eux, elles*.

CONSTRUCTION DES ADJECTIFS DÉMONSTRATIFS.

Ces trois mots, ὅδε, οὗτος, ἐκεῖνος, lorsqu'ils sont accompagnés d'un nom, exigent l'emploi de l'article devant ce nom.

Exemples :

Cet homme-ci.	Cette femme-ci,	Ce livre-ci,
ὅδε ὁ ἀνήρ.	ἥδε ἡ γυνή.	τόδε τὸ βιβλίον.
Ces hommes,	Ces femmes.	Ces livres,
οὗτοι οἱ ἄνδρες.	αὗται αἱ γυναῖκες.	ταῦτα τὰ βιβλία.
De cet homme-là,	De ces femmes-là,	De ces livres-là,
ἐκείνου τοῦ ἀνδρός.	ἐκείνων τῶν γυναικῶν.	ἐκείνων τῶν βιβλίων.

L'article doit toujours être placé devant le nom, jamais devant l'adjectif démonstratif. C'est le contraire de ce qui a lieu pour l'adjectif qualificatif et pour l'adjectif possessif.

Remarque. — Il faut bien faire attention au sens très-différent des mots :

αὗται αἱ γυναῖκες, ces femmes-ci.
αὐταὶ αἱ γυναῖκες, les femmes mêmes *ou* elles-mêmes.
αἱ αὐταὶ γυναῖκες, les mêmes femmes.

PRONOMS OU ADJECTIFS INTERROGATIFS.

§ 59. Le principal est τίς; Comme pronom il signifie *qui? lequel? laquelle?* comme adjectif, *quel? quelle?* Il se décline sur les adjectifs de la deuxième classe.

SINGULIER.

	M.	F.	N.	
N.	τίς;	τίς;	τί;	qui? quel? quelle? lequel? quoi?
G.	τίνος;⎫ pour les			de qui? de quel? de quelle? etc.
D.	τίνι;⎬ trois genres.			à qui? à quel? à quelle? etc.
A.	τίνα;	τίνα;	τί;	qui? quel? quelle? lequel? que?

PLURIEL.

	M.	F.	N.	
N.	τίνες;	τίνες;	τίνα;	qui? quels? quelles? lesquels?
G.	τίνων;⎫ pour les			de qui? de quels? de quelles?
D.	τίσι;⎬ trois genres.			à qui? à quels? à quelles? etc.
A.	τίνας;	τίνας;	τίνα;	qui? quels? quelles? lesquels?

DUEL.

N. A. τίνε ; qui? lesquels? etc.

G. D. τίνοιν; de qui? etc.

RÈGLES D'ACCORD DES PRONOMS OU ADJECTIFS INTERROGATIFS.

I. Τίς suit les règles des adjectifs : il s'accorde en genre, en nombre et en cas avec le nom auquel il est joint s'il est adjectif, ou avec le nom qu'il représente s'il est pronom. Ex. :

Quel homme?	τίς ἀνήρ;
Quelle femme?	τίς γυνή;
Quel livre?	τί βιβλίον;

II. Au neutre, τί s'emploie très-souvent d'une manière absolue pour signifier quelle chose? quoi? que? Quelle chose faites-vous? τί; que dites-vous? τί; quoi de plus beau? τί;

III. Employé comme partitif, τίς; τί; suit la règle des superlatifs et des noms de nombre : le mot qui le suit comme complément se met au génitif. Ex. :

Qui de nous?	τίς ἡμῶν;
Qui de vous?	τίς ὑμῶν;
Lequel de tous ces livres?	τί πάντων τούτων τῶν βιβλίων;

AUTRES ADJECTIFS INTERROGATIFS.

I. Πότερος, α, ον;

§ 60. Lorsque l'interrogatif *qui?* désigne une personne ou une chose sur deux seulement, il s'exprime par πότερος, α, ον; en latin *uter, utra, utrum?* qui des deux? lequel, laquelle des deux?

Πότερος se décline sur ἱερός (§ 40, II).

II. Ποῖος, ποία, ποῖον; quel? quelle? lequel? laquelle?

Cet interrogatif se décline sur ἅγιος (§ 40, II). Il répond au latin *qualis, quale?* et signifie proprement : *de quelle nature, de quelle qualité, de quelle espèce?*

III. Πόσος, η, ον; combien grand, combien grande?

Cet adjectif se décline sur ἀγαθός, ή, όν (§ 40, I).

Au singulier il répond à l'interrogatif latin *quantus, quanta, quantum?*

Au pluriel, πόσοι, αι, α; il répond à l'interrogatif latin *quot?* et signifie *combien nombreux? en quel nombre? en quelle quantité? combien?*

IV. Πηλίκος, η, ον; âgé de combien? de quel âge?

Ces quatre interrogatifs suivent les mêmes règles d'accord que τίς;

ADJECTIFS ET PRONOMS INDÉFINIS.

§ 61. Nous rangeons sous ce titre tous les pronoms et adjectifs qui désignent les personnes et les choses d'une manière vague, générale, indéterminée. Tels sont :

I. Τὶς, τὶς, τὶ, quelque, un, un certain, quelqu'un, quelque chose.

Τινές, τινές, τινά, quelques, certains, quelques-uns, certaines choses, ou quelques choses.

Ce mot se décline absolument comme l'interrogatif τίς. Il en diffère seulement par le sens et par l'accentuation.

Τίς interrogatif a toujours un accent aigu sur la première syllabe, τίνος, τίνι, τίνα, τίνες, τίνων, τίσι, τίνας;

Τις indéfini est ordinairement sans accent. Au génitif et autres cas qui s'en forment il n'a jamais d'accent sur la première syllabe : τινός, τινί, τινά, τινές, etc.

Il répond aux adjectifs latins *quidam, quispiam, quisquam, aliquis, nonnullus*.

II. Ἕκαστος, η, ον, chaque, chacun, en latin *quisque*.

III. Ἑκάτερος, α, ον, chacun (des deux), en latin *uterque*.

IV. Ἄλλος, η, ο, autre, en latin *alius, alia, aliud*. Remarquez l'absence du ν au neutre, comme dans τό, αὐτό, τόδε, τοῦτο, ἐκεῖνο.

V. Ἕτερος, α, ον, autre, surtout quand il s'agit de deux. Avec l'article, ὁ ἕτερος, ἡ ἑτέρα, τὸ ἕτερον, il signifie :

1° L'autre (en parlant de deux), l'un des deux, en latin *alter, altera, alterum;*

2° L'un ou l'autre, en latin *alteruter*.

VI. Οὔτις, οὔτι, etc., et son synonyme οὐδείς, οὐδεμία, οὐδέν, correspondent au français *nul, aucun* (accompagné d'une négation), au latin *nullus, non ullus*.

Employés comme pronoms, ils signifient *personne... ne; on... ne;* et correspondent au latin *nemo* ou *non quisquam; nihil* ou *non quidquam.*

On n'est pas ⎫
Personne n'est ⎬ parfait. — Οὐδεὶς, οὔτις (ἐστὶν) ἀναμάρτητος.

Remarque. — Les mots *personne, on, rien,* employés sans négation, s'expriment par τις, τι. Ex. :

On appelle,	καλεῖ τις.
Est-il personne qui?	Ἔστι τις, ὅς;...
Est-il rien de plus beau?	Ἐστί τι κάλλιον;

VII. Οὐδέτερος, α, ον, ni l'un ni l'autre, en latin *neuter, neutra, neutrum*.

ADJECTIFS CONJONCTIFS OU PRONOMS RELATIFS.

§ 62. L'adjectif conjonctif ou pronom relatif sert à joindre le verbe qui le suit à un nom ou pronom précédemment exprimé et qu'on appelle *antécédent*. Ce pronom est en français *qui, que, dont; lequel, laquelle, lesquels, lesquelles*; en grec ὅς, ἥ, ὅ, qui se décline comme αὐτός et ἐκεῖνος.

SINGULIER.

N. ὅς, ἥ, ὅ,   qui, lequel, laquelle.

G. οὗ, ἧς, οὗ,   de qui, dont, duquel, de laquelle.

D. ᾧ, ᾗ, ᾧ,   à qui, auquel, à laquelle.

A. ὅν, ἥν, ὅ,   que, lequel, laquelle.

PLURIEL.

N. οἵ, αἵ, ἅ,   qui, lesquels, lesquelles.

G. ὧν, ὧν, ὧν,   de qui, dont, desquels, desquelles.

D. οἷς, αἷς, οἷς, à qui, auxquels, auxquelles.

A. οὕς, ἅς, ἅ,   que, lesquels, lesquelles.

DUEL.

N. A. ὥ, ἅ, ὥ,   qui, que, lesquels, lesquelles.

G. D. οἷν, αἷν, οἷν,   de qui, desquels, à qui, auxquels, etc.

RÈGLES D'ACCORD DU PRONOM RELATIF.

Le pronom relatif ou adjectif conjonctif s'accorde en genre, en nombre et en personne avec son antécédent. Exemples :

Moi qui,	ἐγὼ ὅς, ἐγὼ ἥ.	Nous qui.	ἡμεῖς οἵ, ἡμεῖς αἵ.
Toi qui.	σὺ ὅς, σὺ ἥ.	Vous qui,	ὑμεῖς οἵ, ὑμεῖς αἵ.
Le père qui,	ὁ πατὴρ ὅς.	La mère qui.	ἡ μήτηρ ἥ.
Le livre qui.	τὸ βιϐλίον ὅ.	Les livres qui,	τὰ βιϐλία ἅ.

Le pronom relatif suit les mêmes règles que les noms, et se met au cas voulu par le rôle qu'il joue dans la phrase. Exemples :

Dieu qui est tout-puissant,   Θεὸς ὅς....

Dieu dont la bonté est infinie,   Θεὸς οὗ ἡ χρηστότης...

Dieu à qui nous obéissons,   Θεὸς ᾧ....

Dieu que nous adorons,   Θεὸς ὅν....

COMPOSÉS DE ὅς.

§ 63. I. Avec le pronom ὅς et le pronom τις, on forme le pronom composé ὅστις, ἥτις, ὅ τι, qui correspond au latin *quicumque, quisquis,* et a un sens plus général et plus vague que le simple pronom ὅς. Il se décline ainsi :

SINGULIER.

N. ὅστις,   ἥτις,   ὅ τι,   qui, quiconque.

G. οὗτινος, ἧστινος, οὗτινος,   de qui.

D. ᾧτινι,   ᾗτινι,   ᾧτινι,   à qui.

A. ὅντινα,   ἥντινα,   ὅ τι,   que, quiconque.

PLURIEL.

N. οἵτινες,   αἵτινες,   ἅτινα,   qui.

G. ὧντινων, pour les 3 genres, de qui.

D. οἷστισι,   αἷστισι, οἷστισι, à qui.

A. οὕστινας, ἅστινας, ἅτινα,   que.

DUEL.

N. A. ᾧτινε,   ἅτινε,   ᾧτινε.

G. D. οἷντινοιν, αἷντινοιν, οἷντινοιν.

Le duel est très-peu usité.

II. En ajoutant à ce pronom la particule οὖν ou δήποτε, on a deux adjectifs ou pronoms indéfinis, ὁστισοῦν, ὁστισδήποτε, qui correspondent au latin *quilibet, quivis,* et au français *quelconque, n'importe qui* ou *quel,* etc. Il se décline ainsi :

SINGULIER.

N. ὁστισοῦν,	ἡτισοῦν,	ὁτιοῦν,	quelconque, n'importe qui ou quoi, qui que ce soit, quoi que ce soit.
G. οὑτινοσοῦν,	ἡστινοσοῦν,	οὑτινοσοῦν,	
D. ᾧτινιοῦν,	ᾗτινιοῦν,	ᾧτινιοῦν.	
A. ὁντιναοῦν,	ἡντιναοῦν.	ὁτιοῦν.	

PLURIEL.

N. οἱτινεσοῦν, αἱτινεσοῦν. ἁτιναοῦν, etc.

Ces deux mots suivent les mêmes règles que les adjectifs qualificatifs. Ex. :

Donnez-moi un homme quelconque, ἄνδρα ὁντιναοῦν.

Un livre quelconque, βιβλίον ὁτιοῦν, ὁτιδήποτε.

§ 64. TABLEAU RÉSUMÉ

DE TOUS LES NOMS, ADJECTIFS, PRONOMS, ET DE LEURS RÈGLES ESSENTIELLES.

NOM SUBSTANTIF.

1ʳᵉ DÉCLIN.
τιμή, honneur ; πέτρα, pierre ; γλῶσσα, langue.
στρατιώτης, soldat ; ταμίας, intendant.

2ᵉ DÉCLIN.
ἰατρός, médecin ; νῆσος, île ; ἔργον, œuvre.
πλοῦς, navigation ; ὀστοῦν, os.
λεώς, peuple ; ἀνώγεων, chambre haute.

3ᵉ DÉCLIN.
Ἕλλην, Grec ; φλόξ, flamme ; μέλι, miel.
τριήρης, trirème ; τεῖχος, rempart.
πόλις, ville ; ἱππεύς, cavalier.
ἰχθύς, poisson ; πέλεκυς, hache ; ἄστυ, ville.
κέρας, corne.
πειθώ, persuasion ; ἠώς, aurore.

ARTICLE.

Servant à marquer que les noms sont pris dans un sens déterminé, ὁ, ἡ, τό.

ADJECTIF *de qualité.*

Soldat courageux,	— plus courageux,	— très-courageux,
στρατιώτης ἀνδρεῖος,	ἀνδρειότερος,	ἀνδρειότατος.
Nations heureuses,	— plus heureuses,	— très-heureuses,
ἔθνη εὐδαίμονα,	εὐδαιμονέστερα,	εὐδαιμονέστατα.
Paroles simples,	— plus simples,	— très-simples,
λόγοι ἁπλοῖ,	ἁπλούστεροι,	ἁπλούστατοι.
Maison agréable,	— plus agréable,	— très-agréable.
οἶκος ἡδύς,	ἡδίων,	ἥδιστος.

ADJECTIF *de nombre.*

Mille soldats.   χίλιοι στρατιῶται.
Dix mille vers,   μύρια ἔπη.

ADJECTIF *d'ordre.*

Dixième soldat,   δέκατος στρατιώτης.
Dix millième vers, μυριοστὸν ἔπος.

ADJECTIF *démonstratif.*

Cet homme-ci,	⎧ ὅδε ὁ ἄνθρωπος. ⎨ οὗτος ὁ ἄνθρωπος.
Cet homme-là,	ἐκεῖνος ὁ ἄνθρωπος.
Le même homme,	ὁ αὐτὸς ἄνθρωπος.
L'homme même,	⎧ ὁ ἄνθρωπος αὐτός. ⎨ αὐτὸς ὁ ἄνθρωπος.
Homme tel,	ἄνθρωπος τοιοῦτος.
Vertu si grande,	ἀρετὴ τοσαύτη.
Affaires si nombreuses,	πράγματα τοσαῦτα.

PRONOMS *personnels.*

Ἐγώ, σύ, αὐτός, ή, όν.

PRONOMS *réfléchis.*

Ἐμαυτοῦ, σεαυτοῦ, ἑαυτοῦ (οὗ).

PRONOM *réciproque.*

Ἀλλήλων, οις, ους.

ADJECTIFS PRONOMINAUX *possessifs.*

Mon père, ὁ ἐμὸς πατήρ.   Ta mère, ἡ σὴ μήτηρ.
Vos livres, τὰ ὑμέτερα βιβλία.

ADJECTIFS PRONOMINAUX *interrogatifs*.

Quel homme ?   Τίς ἄνθρωπος ;
Quel genre d'ouvrage ? Ποῖον ἔργον ;

ADJECTIFS PRONOMINAUX *indéfinis*.

Un homme,
Un certain homme.   } ἄνθρωπός τις.
Nul homme,   οὐδείς, οὔτις ἀνήρ.
Nulle femme,   οὐδεμία, οὔτις γυνή.
Chaque homme.   ἕκαστος ἄνθρωπος.
Autre homme.   ἄλλος, ἕτερος ἄνθρωπος.

PRONOMS *conjonctifs ou relatifs*.

L'homme qui ,   ὁ ἀνὴρ ὅς.
L'homme que ,   ὁ ἀνὴρ ὅν.
Les hommes à qui ,   οἱ ἄνδρες οἷς.

Composés de ὅς.

Homme quelconque,   ἀνὴρ ὁστισοῦν, ὁστισδήποτε.
Femme quelconque,   γυνὴ ἡτισοῦν.
Affaire quelconque,   πρᾶγμα ὁτιοῦν.

CHAPITRE SIXIÈME.

CINQUIÈME ESPÈCE DE MOTS.

LE VERBE.

§ 65. Le mot dont on se sert pour exprimer que l'on est ou que l'on fait quelque chose s'appelle *verbe*. Ainsi, dans cette phrase : *Dieu est bon*, le mot *est*, par lequel on affirme la bonté de Dieu, est un verbe. De même, dans la phrase *Dieu aime les hommes*, le mot *aime*, par lequel on affirme que Dieu fait l'action d'aimer les hommes, est encore un verbe.

Il y a cinq choses à considérer dans les verbes : le *nombre*, les *personnes*, les *temps*, les *modes* et les *voix*.

I.

NOMBRES.

Il y a trois nombres dans les verbes grecs : le singulier, le pluriel et le duel.

II.

PERSONNES.

Il y a trois personnes aux trois nombres; mais souvent la première manque au duel.

Lorsqu'en français le sujet d'un verbe est marqué par l'un des pronoms personnels *je, tu, il, elle, nous, vous, ils, elles*, ce sujet le plus souvent ne s'exprime pas en grec, la terminaison du verbe suffisant, comme en latin, pour marquer à quelle personne il est employé.

III.

TEMPS.

Il y a sept temps dans les verbes grecs : le présent,

l'imparfait, le futur, l'aoriste, le parfait, le plus-que-parfait, le futur passé ou antérieur.

Le PRÉSENT marque que la chose est ou se fait actuellement : je *suis*, je *lis*.

L'IMPARFAIT marque une action qui durait encore lorsqu'une autre action se faisait, comme : je *lisais* quand vous *êtes entré*.

Le FUTUR marque que la chose se fera plus tard, comme : je *lirai*.

L'AORISTE est un temps particulier au grec : il répond à la fois à notre passé défini, je *fus*, je *lus*, à notre passé indéfini, j'*ai été*, j'*ai lu*, et à notre passé antérieur, j'*eus été*, j'*eus lu*.

Ainsi, dans ces trois phrases : Les Barbares du Nord *détruisirent* l'empire romain ; l'empire romain *a été détruit* par les Barbares du Nord ; lorsque les Barbares du Nord *eurent détruit* l'empire romain, le verbe devra se mettre en grec à l'aoriste.

Le PARFAIT est un temps qui correspond à notre passé indéfini, comme dans ces phrases : j'*ai achevé* mon ouvrage ; j'*ai fini* ma journée ; nous *sommes arrivés* au but de nos efforts. Il exprime une action passée, mais qui, par ses suites, se prolonge encore dans le moment actuel.

Le PLUS-QUE-PARFAIT marque une action passée actuellement et qui déjà était passée lorsqu'une autre action a eu lieu. comme : j'*avais fini* lorsque vous *êtes entré* ; j'*avais gagné* mon procès lorsque vous *vintes* m'offrir vos conseils.

Le FUTUR ANTÉRIEUR OU FUTUR PASSÉ marque que l'action n'est pas accomplie au moment où l'on parle, mais qu'elle sera accomplie au moment où une action future se fera, comme : j'*aurai terminé* toutes mes affaires quand vous *viendrez*. Aussi ce temps participe-t-il en grec, par sa forme, et du futur et du parfait.

TEMPS PRINCIPAUX ET TEMPS SECONDAIRES.

Les temps de la conjugaison grecque se divisent en deux classes : les *temps principaux* et les *temps secondaires*.

Temps principaux : PRÉSENT, FUTUR, PARFAIT.

Temps secondaires : IMPARFAIT, AORISTE, PLUS-QUE-PARF.

Quant au FUTUR ANTÉRIEUR, qui tient à la fois du futur et du parfait, il suit naturellement dans sa conjugaison l'analogie des temps principaux.

AUGMENT ET REDOUBLEMENT.

§ 66. 1° *Augment syllabique.* — Tout verbe commençant par une consonne prend avant le radical de l'imparfait et de l'aoriste, au mode indicatif seulement, la voyelle ε; c'est ce qu'on appelle *augment syllabique.*

Ainsi, le verbe πιστεύω, je confie, fait à l'imparfait ἐ πίσ-τευον, à l'aoriste ἐ πίστευσα.

Si le verbe commence par ῥ, ce ῥ se redouble après l'augment :

ῥίπτω, je jette ; imparfait, ἔῤῥιπτον; aoriste, ἔῤῥιψα.

2° *Redoublement.* — Au parfait, devant cet augment syllabique, on répète la consonne initiale du radical : βεβασίλευκα. C'est ce qu'on appelle *redoublement.*

Si le verbe commence par une aspirée, le redoublement se fait, non par cette aspirée, mais par la forte correspondante. Ainsi,

Φυτεύω, je plante,   πεφύτευκα, et non pas φεφύτευκα;
Χηλεύω, je tisse,   κεχήλευκα, et non pas χεχήλευκα;
Θύω,   je sacrifie, τέθυκα,   et non pas θέθυκα.

Au plus-que-parfait on ajoute un nouvel augment syllabique devant ce redoublement : ἐ βεβασιλεύκειν, ἐ πεφυτεύκειν, etc.

Les verbes qui commencent par ῥ n'ont que l'augment syllabique au parfait et au plus-que-parfait :

ῥίπτω,   parf. ἔῤῥιφα, plus-que-parf. ἐῤῥίφειν.
ῥαίω, je casse;   parf. ἔῤῥαικα, plus-que-parf. ἐῤῥαίκειν.

Il en est de même de ceux qui commencent par ζ, ξ, ψ, ou par deux consonnes :

Ζητέω, je cherche; parf. ἐζήτηκα, plus-que-parf. ἐζητήκειν.
Σπάω, je tire; parf. ἔσπακα, plus-que-parf. ἐσπάκειν.

3° *Augment temporel.* — Si le verbe commence par une voyelle, l'augment se contracte avec cette voyelle et prend le nom d'*augment temporel*.

I. S'il commence par α, l'augment est en η. Ex. :

Présent,	ἀρτύω,	j'adapte.
Imparfait,	ἤρτυον,	j'adaptais.
Aoriste,	ἤρτυσα,	j'adaptai.

II. S'il commence par ε, il est habituellement en η :

Présent,	ἐρύω,	je traîne.
Imparfait,	ἤρυον,	je traînais.
Aoriste,	ἤρυσα,	je traînai.

III. S'il commence par ο, l'augment est en ω :

Présent,	ὀρέγω,	je présente.
Imparfait,	ὤρεγον,	je présentais.
Aoriste,	ὤρεξα,	je présentai.

IV. S'il commence par αι, l'augment est en η :

Présent,	αἰκίζω,	je maltraite.
Imparfait,	ᾔκιζον,	je maltraitais.
Aoriste,	ᾔκισα,	je maltraitai.

V. S'il commence par οι, l'augment est en ῳ :

Présent,	οἰκίζω,	j'établis.
Imparfait,	ᾤκιζον,	j'établissais.
Aoriste,	ᾤκισα,	j'établis.

VI. S'il commence par αυ, l'augment est en ηυ :

Présent,	αὐλακίζω,	je sillonne.
Imparfait,	ηὐλάκιζον,	je sillonnais.
Aoriste,	ηὐλάκισα,	je sillonnai.

VII. Les verbes qui ont l'augment temporel n'ont point de redoublement; cet augment en tient lieu :

Parfait, ἤρτυκα, ἤρυκα, ὤρεχα, ἤκικα, etc.
Plus-que-p. ἠρτύκειν, ἠρύκειν, ὠρέχειν, ἠκίκειν, etc.

VIII. Les verbes qui commencent par les voyelles η, ω, ι, υ, et les diphthongues ει, ευ, ου, n'ont ni augment ni redoublement, et conservent à l'imparfait, à l'aoriste, au parfait et au plus-que-parfait la même voyelle initiale qu'au présent. Ainsi on dit :

Présent,	ἡνιάζω,	je bride,		ὠρύω,	je hurle,
Imparfait,	ἡνίαζον,	je bridais,		ὤρυον,	je hurlais,
Aoriste,	ἡνίασα,	je bridai,		ὤρυσα,	je hurlai,
Parfait,	ἡνίακα,	j'ai bridé,		ὤρυκα,	j'ai hurlé,
Plus-q.-p.	ἡνιάκειν,	j'avais bridé;		ὠρύκειν,	j'avais hurlé;
Présent,	ἱκετεύω,	je supplie,		εἰκάζω,	j'imagine,
Imparfait,	ἱκέτευον,	je suppliais,		εἴκαζον,	j'imaginais,
Aoriste,	ἱκέτευσα,	je suppliai,		εἴκασα,	j'imaginai,
Parfait,	ἱκέτευκα,	j'ai supplié,		εἴκακα,	j'ai imaginé,
Plus-q.-p.	ἱκετεύκειν,	j'avais supplié;		εἰκάκειν,	j'avais imaginé;
Présent,	ὑβρίζω,	j'outrage,		εὐθύνω,	je dirige,
Imparfait,	ὕβριζον,	j'outrageais,		εὔθυνον,	je dirigeais,
Aoriste,	ὕβρισα,	j'outrageai.		εὔθυνα,	je dirigeai, etc.

IX. Neuf verbes commençant par ε font l'augment temporel en ει :

Présent.		Imparfait.	Aoriste.
Ἐῶ,	je permets,	εἴων,	εἴασα.
Ἐθίζω,	j'habitue,	εἴθιζον,	εἴθισα.
Ἑλίττω,	je roule,	εἴλιττον,	εἴλιξα.
Ἕλκω,	je tire,	εἷλκον,	εἵλκυσα.
Ἕρπω,	je rampe,	εἷρπον,	εἵρπυσα.
Ἐργάζομαι,	je travaille,	εἰργαζόμην,	εἰργασάμην.
Ἑστιῶ,	je festoie,	εἱστίων,	εἱστίασα.
Ἕπομαι,	je suis,	εἱπόμην.	
Ἔχω,	j'ai,	εἶχον.	

6

Remarque. — Lorsqu'une préposition, comme ἀπό, ἀμφί, ἐπί, κατά, ὑπέρ, περί, σύν, ὑπό, etc., entre dans la composition d'un verbe, l'augment et le redoublement se mettent toujours après la préposition. Exemples :

Κατα-λύω,	je détruis,	Συν-αρτύω,	j'accommode,
κατ -έλυον,	je détruisais,	συν-ήρτυον,	j'accommodais,
κατ -έλυσα,	je détruisis,	συν-ήρτυσα,	j'accommodai,
κατα-λέλυκα,	j'ai détruit.	συν-ήρτυκα,	j'ai accommodé.
Ὑπερ-έχω,	je surpasse,	Ἀπο-βαίνω,	je m'en vais,
ὑπερ -εῖχον,	je surpassais.	ἀπ -έβαινον,	je m'en allais [1].

MODES.

§ 67. Les *modes* sont les formes particulières que prend le verbe selon la manière dont il présente l'action ou l'état qu'il exprime.

Il y a en grec quatre *modes personnels*, et deux *modes impersonnels*.

I. Les quatre modes personnels sont :

1° L'INDICATIF, qui affirme ou indique simplement que la chose se fait, s'est faite ou se fera, comme *je lis, je lisais, je lus, j'ai lu, j'eus lu, j'avais lu, je lirai, j'aurai lu.*

L'indicatif embrasse les sept temps énumérés plus haut.

2° L'IMPÉRATIF, qui exprime qu'on commande de faire la chose, comme *lis, lisez, étudions, étudiez.*

L'impératif grec comprend trois temps : le présent, l'aoriste et le parfait.

3° Le SUBJONCTIF, qui exprime une action éventuelle, incertaine, toujours avec rapport à l'avenir. Voulez-vous que *nous partions?* Je crains qu'*il ne pleure;* je lui écris afin qu'*il vienne.*

Le subjonctif grec comprend, comme l'impératif. le présent, l'aoriste et le parfait.

---

1. On donnera sur ce sujet plus de détails en traitant des Prépositions, chapitre VIII, page 236.

4° L'OPTATIF, mode spécial aux verbes grecs, et qui exprime le vœu, comme : *Puisse-t-il réussir ! Plût à Dieu qu'il fût sauvé ! Me préserve* le ciel d'un tel malheur !

L'optatif comprend le présent, le futur, l'aoriste, le parfait, le futur passé.

Outre sa valeur optative, ce mode s'emploie encore :

Au présent, comme notre imparfait du subjonctif dans afin que, avant que *je vinsse ;*

Au futur, comme notre conditionnel présent : il me promettait qu'*il viendrait ;*

A l'aoriste et au parfait, comme notre plus-que-parfait du subjonctif : avant que *j'eusse lu,* afin que tout *fût terminé* [1].

II. Les deux modes impersonnels sont :

1° L'INFINITIF, qui exprime l'action ou l'état en général et sans nombre ni personne, comme *lire, faire, écrire, être.*

L'infinitif grec comprend cinq temps : le présent, le futur, l'aoriste, le parfait, le futur passé.

2° Le PARTICIPE. Ce mode, comme en français et en latin, tient de l'adjectif, en ce qu'il se décline et qu'il est susceptible des trois genres ; il tient du verbe, en ce que sa forme varie suivant qu'il se rapporte au présent, au futur, à l'aoriste, au parfait, comme *lisant, devant lire, ayant lu.*

Le tableau suivant fera voir comment les temps et les modes se combinent dans les verbes grecs.

1. Le subjonctif et l'optatif ont encore d'autres emplois que ceux qui sont indiqués ici. La syntaxe et l'usage les feront connaître. Voy. pages 255 et suiv.

TABLEAU :

MODES.					
INDICATIF.	IMPÉRATIF.	SUBJONCTIF.	OPTATIF.	INFINITIF.	PARTICIPE.
Présent.	Présent.	Présent.	Présent.	Présent.	Présent.
Imparfait.					
Futur.			Futur.	Futur.	Futur.
Aoriste.	Aoriste.	Aoriste.	Aoriste.	Aoriste.	Aoriste.
Parfait.	Parfait.	Parfait.	Parfait.	Parfait.	Parfait.
Pl.-q.-parf.					
Fut. passé.			F. passé.	F. passé.	F. passé.

TEMPS. (indiqué verticalement à gauche du tableau)

VOIX.

§ 68. Les voix sont les formes particulières que prend le verbe selon que le sujet *fait* l'action ou la *souffre,* ou bien la *fait* et la *souffre* tout à la fois.

Ainsi, dans les exemples suivants :

1° Le brave *défend* l'opprimé, le verbe est à la *voix active;*

2° L'opprimé *est défendu* par le brave, le verbe est à la *voix passive;*

3° Le brave *se prépare* une renommée glorieuse, le verbe est à la *voix moyenne.*

La voix moyenne est ainsi appelée, parce que dans ce cas le verbe tient, en grec, le milieu entre la voix active et la voix passive : il se rapproche de la première par le sens, mais il est presque identique à la seconde par la forme.

CONJUGAISON.

Énoncer de suite les différentes formes d'un verbe qui caractérisent les personnes, les nombres, les temps, les modes, les voix, cela s'appelle *conjuguer*.

RADICAL ET TERMINAISONS.

Dans la conjugaison comme dans la déclinaison, il faut savoir bien distinguer le radical et les terminaisons. Le radical est invariable de sa nature dans toute l'étendue de la conjugaison, au lieu que les terminaisons varient suivant les personnes, les nombres, les temps, les modes et les voix.

VERBE SUBSTANTIF ET VERBES ATTRIBUTIFS.

§ 69. En grec, comme en latin et en français, on distingue le verbe substantif, ou verbe par excellence, et les verbes attributifs.

Le verbe substantif est εἰμί, *sum*, je suis.

Les verbes attributifs sont ceux qui renferment en eux-mêmes l'idée du verbe εἰμί et celle d'un attribut, qui n'est autre que leur propre participe.

Ainsi : je *lis*, nous *écoutons*, vous *rirez*, sont équivalents de : je *suis lisant*, nous *sommes écoutant*, vous *serez riant*; *j'aurai lu* est équivalent de *je serai ayant lu*.

VERBE SUBSTANTIF.

Il convient de commencer par faire connaître la conjugaison du verbe εἰμί, quoiqu'il soit irrégulier et incomplet, parce qu'il est le plus important de tous, et qu'il aide parfois à la conjugaison de certains temps des verbes attributifs.

Le verbe εἰμί n'a que trois temps, le présent, l'imparfait, le futur. L'usage apprendra les moyens de suppléer les temps qui font défaut.

§ 70.   CONJUGAISON

INDICATIF.	IMPÉRATIF.	SUBJONCTIF.
PRÉSENT. je suis.	sois.	que je sois.
S. 1 p. εἰμί,		ὦ,
2 p. εἶς ou mieux εἶ,	ἴσθι,	ᾖς,
3 p. ἐστί,	ἔστω,	ᾖ,
P. 1 p. ἐσμέν,		ὦμεν,
2 p. ἐστέ,	ἔστε,	ᾖτε,
3 p. εἰσί,	ἔστωσαν,	ὦσι,
DUEL.		
2 p. ἐστόν,	ἔστον,	ᾖτον,
3 p. ἐστόν.	ἔστων.	ᾖτον.
IMPARFAIT. j'étais.		
S. 1 p. ἦν,		
2 p. ἦς ou mieux ἦσθα,		
3 p. ἦ ou mieux ἦν,		
P. 1 p. ἦμεν,		
2 p. ἦτε ou ἦστε,		
3 p. ἦσαν,		
DUEL.		
2 p. ἦτον ou ἦστον,		
3 p. ἤτην ou ἤστην.		
FUTUR. je serai.		
S. 1 p. ἔσομαι,		
2 p. ἔσῃ,		
3 p. ἔσται pour ἔσεται,		
P. 1 p. ἐσόμεθα,		
2 p. ἔσεσθε,		
3 p. ἔσονται,		
D. 1 p. ἐσόμεθον.		
2 p. ἔσεσθον,		
3 p. ἔσεσθον.		

DU VERBE SUBSTANTIF E'IMI′, JE SUIS.

OPTATIF.	INFINITIF.	PARTICIPES.
que je fusse *ou* puissé-je être !	être.	étant.
εἴην,	εἶναι.	SINGULIER.
εἴης,		ὤν, οὖσα, ὄν,
εἴη,		ὄντος, οὔσης, ὄντος.
εἴημεν,		PLURIEL.
εἴητε,		ὄντες, οὖσαι, ὄντα,
εἴησαν *ou* εἶεν,		ὄντων, οὐσῶν, ὄντων.
		DUEL.
εἴητον,		ὄντε, οὖσα, ὄντε,
εἰήτην.		ὄντοιν, οὔσαιν, ὄντοιν.
que je dusse être.	devoir être.	devant être.
ἐσοίμην,	ἔσεσθαι.	SINGULIER.
ἔσοιο,		ἐσόμενος, η, ον,
ἔσοιτο,		ἐσομένου, ης, ου.
ἐσοίμεθα,		PLURIEL.
ἔσοισθε,		ἐσόμενοι, αι, α,
ἔσοιντο,		ἐσομένων, ων, ων.
ἐσοίμεθον,		DUEL.
ἔσοισθον,		ἐσομένω, α, ω,
ἐσοίσθην.		ἐσομένοιν, αιν, οιν.

Remarques. — 1° La première personne manque au duel du présent à tous les modes, et à l'imparfait. Il en sera de même pour tous les temps des verbes attributifs qui ont une forme active. On y supplée par la première du pluriel.

2° Le futur, dans tous ses modes, prête sa terminaison σομαι, σοίμην, σεσθαι, σόμενος, au futur de la voix moyenne des verbes attributifs.

A la troisième personne du singulier de ce temps, ἔσεται est très-peu usité.

3° Sauf la deuxième personne du singulier ἴσθι, la terminaison de l'impératif τω, τε, τωσαν, τον, των, sert de modèle à tous les temps de ce mode qui ont une forme active.

Pour exprimer *soyons,* on a recours à la première personne du pluriel du subjonctif, ὦμεν.

4° Le subjonctif sert de terminaison à tous les subjonctifs de la voix active, et au subjonctif aoriste de la voix passive.

5° L'optatif sert de terminaison à tous les optatifs de l'aoriste passif.

6° Le participe présent ὤν, οὖσα, ὄν, sert de terminaison à tous les participes du présent et du futur actifs de tous les verbes en ω.

Il se décline sur les adjectifs de la troisième classe. Le datif pluriel, masculin et neutre, se forme d'après la règle indiquée au § 28, remarque IV, 5°.

7° Pour suppléer au conditionnel présent français, *je serais,* qui manque à la conjugaison grecque, on ajoute la particule adverbiale ἄν à toutes les personnes de l'imparfait de l'indicatif ou du présent de l'optatif. Ainsi :

ἦν ἄν.	εἴην ἄν,		je serais.	
ἦσθα ἄν,	εἴης ἄν.		tu serais,	
ἦν ἄν,	εἴη ἄν,		il, elle serait.	
ἦμεν ἄν,	εἴημεν ἄν,		nous serions, etc.	

La syntaxe expliquera la différence de l'emploi de l'imparfait et de celui de l'optatif avec ἄν; mais les commençants n'ont pas à s'en inquiéter.

CONJUGUER SUR εἰμί LES COMPOSÉS SUIVANTS :

ἄπειμι,	*absum*,	je suis absent, éloigné de.
περίειμι,	*supersum*,	je suis au-dessus de, je survis à.
μέτειμι,	*intersum*,	je suis parmi.
πάρειμι,	*adsum*,	je suis auprès de, je suis présent, j'assiste à.
πρόσειμι,	*adsum, accedo,*	je suis ajouté, joint à.
σύνειμι,	*conversor*,	je suis, je me trouve, je vis avec *ou* parmi.
ὕπειμι,	*subsum,*	je suis au-dessous de, je suis soumis à.
ἔπειμι,		je suis (élevé) sur, je domine sur.

RÈGLE GÉNÉRALE POUR TOUS LES VERBES.

ACCORD DU VERBE AVEC LE SUJET.

§ 71. Le sujet de tout verbe à un mode personnel se met au nominatif, et le verbe s'accorde en nombre et en personne avec ce sujet exprimé ou sous-entendu. Exemples :

Je suis.	Tu es.
Ἐγώ εἰμι, ou simplement εἰμί.	Σὺ εἶ, ou simplement εἶ.
Cet homme est grand.	Ces femmes sont belles.
Οὗτος ὁ ἀνὴρ μέγας ἐστί.	Αὗται αἱ γυναῖκες καλαί εἰσι.

RÈGLE PARTICULIÈRE AU VERBE εἰμί.

Le nom ou l'adjectif qui accompagne le verbe εἰμί et qui sert d'attribut se met au même cas que le sujet exprimé ou sous-entendu. Exemples :

Alexandre était roi.	Sois sage, tu seras heureux.
Ἀλέξανδρος ἦν βασιλεύς.	Ἴσθι σώφρων, εὐδαίμων ἔσῃ.
Cicéron était orateur.	Soyez sages, vous serez heureux.
Κικέρων ἦν ῥήτωρ.	Σώφρονες ἔστε, εὐδαίμονες ἔσεσθε.

Parmi les composés du verbe εἰμί ci-dessus énumérés, lorsqu'ils sont suivis d'un complément, les deux premiers, ἄπειμι, περίειμι, veulent ce complément au génitif. Exemples :

Ils sont absents de la maison.

Ἄπεισι τῆς οἰκίας.

Jupiter était au-dessus des autres dieux.

Ζεὺς περιῆν τῶν ἄλλων θεῶν.

Tous les autres composés de εἰμί veulent leur complément au datif. Exemples :

Romulus était au nombre des immortels.

Ῥώμυλος μετῆν τοῖς ἀθανάτοις.

Nous assisterons à l'assemblée.

Παρεσόμεθα τῇ ἐκκλησίᾳ.

VERBES ATTRIBUTIFS.

§ 72. Les verbes attributifs se divisent en grec en deux grandes catégories : 1° les verbes en ω ; 2° les verbes en μι.

Les verbes en ω se subdivisent eux-mêmes :

1° En verbes dont l'ω final est précédé d'une voyelle[1] ;

2° En verbes dont l'ω final est précédé d'une consonne.

VERBES DONT L'ω FINAL EST PRÉCÉDÉ D'UNE VOYELLE.

Les verbes dont l'ω final est précédé d'une voyelle se subdivisent à leur tour :

1. On les appelle souvent verbes *en ω pur*.

1° En verbes *non contractes,* terminés en ίω, ύω, ώω, αίω, είω, αύω, εύω, ούω, comme : τίω, j'honore ; λύω, je délie ; κναίω, je carde ; κλείω, j'enferme ; παύω, je fais cesser ; κρούω, je heurte ; βασιλεύω, je règne ; πλώω, je navigue, etc.;

2° En verbes *contractes,* terminés en άω, έω, όω, comme τιμάω, j'honore ; φιλέω, j'aime ; δηλόω, je montre.

	INDICATIF.	IMPÉRATIF.	SUBJONCTIF.
PRÉSENT.	je délie. S. λύ ω, λύ εις, λύ ει, P. λύ ομεν, λύ ετε, λύ ουσι, D. λύ ετον, λύ ετον.	délie. λύ ε ou λῦ ε, λυ έτω, λύ ετε, λυ έτωσαν, λύ ετον, λυ έτων.	que je délie. λύ ω, λύ ης, λύ ῃ, λύ ωμεν, λύ ητε, λύ ωσι, λύ ητον, λύ ητον.
IMPARFAIT.	je déliais. S. ἔλυ ον, ἔλυ ες, ἔλυ ε, P. ἐλύ ομεν, ἐλύ ετε, ἔλυ ον, D. ἐλύ ετον, ἐλυ έτην.		
FUTUR.	je délierai. S. λύ σω, λύ σεις, λύ σει, P. λύ σομεν, λύ σετε, λύ σουσι, D. λύ σετον, λύ σετον.		
AORISTE.	je déliai, j'ai délié. S. ἔλυ σα, ἔλυ σας, ἔλυ σε, P. ἐλύ σαμεν, ἐλύ σατε, ἔλυ σαν, D. ἐλύ σατον, ἐλυ σάτην.	aie délié, délie. λῦ σον, λυ σάτω. λύ σατε, λυ σάτωσαν, λύ σατον, λυ σάτων.	que j'aie délié. λύ σω, λύ σῃς, λύ σῃ, λύ σωμεν, λύ σητε, λύ σωσι, λύ σητον, λύ σητον.

OPTATIF.	INFINITIF.	PARTICIPES.
que je déliasse [1].	délier.	déliant.
λύ οιμι,	λύ ειν.	S. λύ ων, ουσα, ον,
λύ οις,		λύ οντος, ούσης, οντος.
λύ οι,		
λύ οιμεν,		P. λύ οντες, οῦσαι, οντα,
λύ οιτε,		λυ όντων, ουσῶν, όντων.
λύ οιεν,		
		D. λύ οντε, ούσα, οντε,
λύ οιτον,		λυ όντοιν, ούσαιν, όντοιν.
λυ οίτην.		
que je dusse délier.	devoir délier.	devant délier.
λύ σοιμι,	λύ σειν.	S. λύ σων, σουσα, σον,
λύ σοις,		λύ σοντος, σούσης, σοντος.
λύ σοι,		
λύ σοιμεν,		P. λύ σοντες, σουσαι, σοντα,
λύ σοιτε,		λυ σόντων, σουσῶν, σόντων.
λύ σοιεν,		
		D. λύ σοντε, σούσα, σοντε,
λύ σοιτον,		λυ σόντοιν, σούσαιν, σόντοιν.
λυ σοίτην.		
que j'eusse délié [2].	avoir délié.	ayant délié.
λύ σαιμι,	λῦ σαι.	S. λύ σας, σασα, σαν,
λύ σαις ou λύ σειας,		λύ σαντος, σάσης, σαντος.
λύ σαι ou λύ σειε,		
λύ σαιμεν,		P. λύ σαντες, σασαι, σαντα,
λύ σαιτε,		λυ σάντων, σασῶν, σάντων.
λύ σαιεν ou λύ σειαν,		
		D. λύ σαντε, σάσα, σαντε,
λύ σαιτον,		λυ σάντοιν, σάσαιν, σάντοιν.
λυ σαίτην.		

1. *Ou puissé-je délier!*   2. *Ou eussé-je pu délier!*

	INDICATIF.	IMPÉRATIF.	SUBJONCTIF.
PARFAIT.	j'ai délié. S. λέλυ κα, λέλυ κας, λέλυ κε, P. λελύ κᾳμεν, λελύ κατε, λελύ κασι, D. - λελύ κατον, λελύ κατον.	aie délié. λέλυ κε, λελύ κέτω, λελύ κετε, λελύ κέτωσαν, λελύ κετον, λελύ κέτων.	que j'aie délié. λελύ κω, λελύ κῃς, λελύ κῃ, λελύ κωμεν, λελύ κητε, λελύ κωσι, λελύ κητον, λελύ κητον.
PLUS-QUE-PARFAIT.	j'avais délié. S. ἐλελύ κειν, ἐλελύ κεις, ἐλελύ κει, P. ἐλελύ κειμεν, ἐλελύ κειτε, ἐλελύ κεισαν ou κεσαν. D. ἐλελύ κειτον, ἐλελύ κείτην.		
FUTUR PASSÉ.	j'aurai délié. S. λελυ κὼς { ἔσομαι, ἔσῃ, ἔσται, P. λελυ κότες { ἐσόμεθα, ἔσεσθε, ἔσονται, D. λελυ κότε { ἐσόμεθον, ἔσεσθον, ἔσεσθον.		

§ 73. REMARQUES SUR LES DIFFÉRENTS MODES.

INDICATIF. — 1° Le présent de l'indicatif se compose du radical, qui est ici λυ, et de la terminaison ω, εις, ει.

2° L'imparfait se forme du présent en ajoutant l'augment devant le radical λυ, et en changeant ω en ον : λύω, ἔλυον.

3° Le futur se forme du présent en intercalant la lettre σ,

OPTATIF.	INFINITIF.	PARTICIPES.
que j'eusse délié [1].	avoir délié.	ayant délié.
λελύ κοιμι,	λελυ κέναι.	S. λελυ κώς, κυῖα, κός,
λελύ κοις,		λελυ κότος, κυίας, κότος.
λελύ κοι,		
λελύ κοιμεν,		P. λελυ κότες, κυῖαι, κότα,
λελύ κοιτε,		λελυ κότων, κυιῶν, κότων.
λελύ κοιεν,		
		D. λελυ κότε, κυία, κότε,
λελύ κοιτον,		λελυ κότοιν, κυίαιν, κότοιν.
λελύ κοίτην.		

qui caractérise ce temps, entre le radical et la terminaison : λύ ω, λύ σω; λύ εις, λύ σεις, etc.

4° L'aoriste se forme du futur en changeant les terminaisons σω, σει, etc., en σα, σας, σε, etc., et en ajoutant l'augment devant le radical : λύσω, ἔλυσα.

1. Ou puissé-je avoir délié !

Remarque. — Cet augment, étant particulier à l'indicatif, ne passe point aux cinq autres modes.

5° Le parfait se forme du futur en changeant σω, σεις, σει, etc., en κα, κας, κε, etc., et en ajoutant le redoublement devant le radical : λύ σω, λέλυ κα.

Remarque. — Ce redoublement n'est pas, comme l'augment, spécial à l'indicatif; il passe aux cinq autres modes.

6° Le plus-que-parfait se forme du parfait en changeant la terminaison κα, κας, κε, etc., en κειν, κεις, κει, et en ajoutant l'augment devant le redoublement : λέλυκα, λέλυκας ; ἐλελύκειν, ἐλελύκεις, etc.

7° Le futur antérieur ou futur passé est formé, par circonlocution, du participe parfait de λύω et du futur du verbe εἰμί : λελυκὼς ἔσομαι, et signifie, par conséquent, je serai ayant délié, c'est-à-dire, j'aurai délié. Si c'est une femme qui parle, elle dira : λελυκυῖα ἔσομαι ; si l'on s'adresse à une femme, on dira : λελυκυῖα ἔσῃ, etc. A la voix active, ce temps est usité surtout à l'indicatif. On trouve aussi l'optatif λελυκὼς ἐσοίμην.

IMPÉRATIF. — 8° L'*impératif* se forme :

Au *présent,* en ajoutant au radical les terminaisons ε, έτω, ετε, έτωσαν, ετον, έτων : λύε, etc.;

Au *parfait,* en ajoutant au radical λελυ les terminaisons κε, κέτω, κετε, κέτωσαν, κετον, κέτων : λέλυκε, etc. Les deuxièmes personnes sont peu usitées;

A l'*aoriste,* en retranchant l'augment et en ajoutant au radical λυ les terminaisons σον, σάτω, σατε, σάτωσαν, σατον, σάτων : λῦ σον, λυ σάτω, etc.

SUBJONCTIF. — 9° Le *subjonctif* se forme :

Au *présent,* en ajoutant au radical la terminaison ω, ῃς, ῃ, qui n'est autre chose que le présent du subjonctif du verbe εἰμί;

A l'*aoriste,* en supprimant l'augment de l'indicatif, et en changeant σα, σας, σε, etc., en σω, σῃς, σῃ, etc.;

Au *parfait,* en changeant κα, κας, κε, de l'indicatif, en κω, κῃς, κῃ, etc., et en conservant le redoublement.

Optatif. — 10° L'*optatif* se forme au présent et au futur en changeant ω, et au parfait en changeant α, en οιμι : λύ ω, λύ οιμι; λύσ ω, λύσ οιμι; λέλυκ α, λελύκ οιμι; et à l'aoriste en changeant α en αιμι et en retranchant l'augment : ἔλυσα, λύσαιμι, etc.

Remarque. — A l'*optatif aoriste,* la 2ᵉ personne λύσαις est quelquefois remplacée par λύσειας, la 3ᵉ du singulier λύσαι très-souvent par λύσειε, et la 3ᵉ du pluriel λύσαιεν par λύσειαν.

Infinitif. — 11° L'*infinitif* est terminé en ειν au présent : λύειν; en σειν au futur : λύσειν; en σαι à l'aoriste : λῦσαι; en κέναι au parfait : λελυκέναι.

Participe. — 12° Les quatre *participes* appartiennent, quant à la déclinaison, à la troisième classe d'adjectifs; l'aoriste se décline tout à fait comme l'adjectif πᾶς, πᾶσα, πᾶν.

§ 74. REMARQUES SUR LES TROISIÈMES PERSONNES DU PLURIEL ET DU DUEL.

1° A tous les temps principaux, la troisième personne du pluriel est terminée par σι : λύουσι, λύσουσι, λελύκασι; la troisième personne du duel, en τον : λύετον, λύσετον, λελύκατον.

2° A tous les temps secondaires, la troisième personne du pluriel est terminée par ν (ον, αν) : ἔλυον, ἔλυσαν, ἐλελύκεισαν ou κεσαν; la troisième personne du duel est terminée en την : ἐλυέτην, ἐλυσάτην, ἐλελυκείτην.

3° Au subjonctif, dont tous les temps, même l'aoriste, sont considérés comme temps principaux par rapport à ceux de l'optatif, la 3ᵉ personne du pluriel est toujours terminée en σι : λύωσι, λύσωσι, λελύκωσι. La troisième personne du duel est en τον : λύητον, λύσητον, λελύκητον.

4° A l'optatif, dont tous les temps, même le présent, le futur et le parfait, sont considérés comme temps secondaires par rapport à ceux du subjonctif, la troisième personne du pluriel est toujours terminée par ν : λύοιεν, λύσοιεν, λύσαιεν *ou* λύσειαν, λελύκοιεν. La troisième du duel est invariablement terminée en την : λυοίτην, λυσοίτην, λυσαίτην, λελυκοίτην.

5° A l'impératif, la 3ᵉ personne du duel est toujours en των : λυέτων, λυσάτων, λελυκέτων.

Nota. A tous les modes, la première personne du duel manque dans la conjugaison active. On y supplée par la première du pluriel.

§ 75. MANIÈRE D'EXPRIMER LE CONDITIONNEL.

Pour suppléer au conditionnel présent, on ajoute la particule adverbiale ἄν, soit à l'imparfait de l'indicatif, soit au présent de l'optatif : ἔλυον ἄν, λύοιμι ἄν, je délierais.

Pour suppléer au conditionnel passé, on ajoute ἄν à l'aoriste indicatif ou optatif et au plus-que-parfait : ἔλυσα ἄν, λύσαιμι ἄν, ἐλελύκειν ἄν, j'aurais ou j'eusse délié.

Cette observation s'étend à tous les verbes de la conjugaison grecque sans exception.

OBSERVATION SUR LE N EUPHONIQUE.

§ 76. Le ν *euphonique,* ainsi appelé (de εὖ, *bien,* et φωνή, *voix, son*) parce qu'il sert à éviter l'hiatus produit par la rencontre de deux voyelles, s'ajoute dans les verbes grecs :

1° A toutes les troisièmes personnes du singulier terminées en ε, comme ἔλυε, ἔλυσε, λέλυκε, λύσειε (pour λύσαι). Exemples :

　　Il nous déliait,　ἔλυεν ἡμᾶς, et non pas　ἔλυε.
　　Il vous délia,　ἔλυσεν ὑμᾶς, et non pas　ἔλυσε.

2° A toutes les troisièmes personnes du pluriel terminées en σι, comme λύουσι, λύσουσι, λελύκασι, λύωσι, λύσωσι, λελύκωσι. Exemples :

　　Ils les ont déliés, λελύκασιν αὐτούς, et non λελύκασι.
　　Qu'ils se délient les uns les autres, λύωσιν ἀλλήλους.

Cette observation s'étend :

1° A la troisième personne du singulier et du pluriel de l'indicatif présent et à la troisième du pluriel du subjonctif du verbe εἰμί : ἐστὶν ἀγαθός, εἰσὶν ἀγαθοί, ὦσιν ἀγαθοί;

2° A tous les datifs du pluriel en σι des noms, des adjectifs, des pronoms, des participes, et à l'adjectif numéral εἴκοσι. Exemples :

Aux hommes nobles,	τοῖς εὐγενέσιν ἀνδράσι.
Vingt héros,	εἴκοσιν ἥρωες.
Utiles à eux-mêmes,	χρήσιμοι σφίσιν αὐτοῖς.

Le ν euphonique s'emploie même devant un point.

CONJUGUEZ SUR λύω :

λούω,	je lave.
παιδεύω,	j'instruis.
βασιλεύω,	je règne.
τίω,	j'honore.
πιστεύω,	je confie.
θύω,	je sacrifie.

§ 77. TABLEAU DES TERMINAISONS DE LA VOIX ACTIVE.

MODES.

TEMPS :	INDICATIF.	IMPÉRATIF.	SUBJONCTIF.	OPTATIF.	INF.	PARTICIPES.
PRÉSENT.	ω, εις, ει, ομεν, ετε, ουσι, — ετον, ετον.	—, ε, ἐτω, —, ετε, ἐτωσαν, — ετον, ἐτων.	ω, ης, η, ωμεν, ητε, ωσι, — ητον, ητον.	οιμι, οις, οι, οιμεν, οιτε, οιεν, — οιτον, οίτην.	ειν.	ων, οὖσα, ον. οντος, οὔσης, οντος.
IMPARFAIT.	ον, ες, ε, ομεν, ετε, ον, — ετον, ἐτην.					
FUTUR.	σω, σεις, σει, σομεν, σετε, σουσι, — σετον, σετον.		σω, σης, ση, σωμεν, σητε, σωσι, — σητον, σητον.	σοιμι, σοις, σοι, σοιμεν, σοιτε, σοιεν, — σοιτον, σοίτην.	σειν.	σων, σοῦσα, σον. σοντος, σούσης, σοντος.
AORISTE.	σα, σας, σε, σαμεν, σατε, σαν, — σατον, σάτην.	—, σον, σάτω, —, σατε, σάτωσαν, σάτον. σάτων.	σω, σης, ση, σωμεν, σητε, σωσι, σητον, σητον.	σαιμι, σαις[1], σαι, σαιμεν, σαιτε[2], σαιεν[3], — σαιτον, σαίτην.	σαι.	σας, σᾶσα, σαν. σαντος, σάσης, σαντος.
PARFAIT.	κα, κας, κε, καμεν, κατε, κασι, — κατον, κατον.	—, κε, κέτω, —, κετε, κέτωσαν, κέτον, κέτων.	κω, κης, κη, κωμεν, κητε, κωσι, — κητον, κητον.	κοιμι, κοις, κοι, κοιμεν, κοιτε, κοιεν, — κοιτον, κοίτην.	κέναι.	κώς, κυῖα, κος. κοτος, κυίας, κοτος.
PLUS-QUE-PARFAIT.	κειν, κεις, κει, κειμεν, κειτε, κεισαν, — κειτον, κείτην.					

1. Ou σειας.   2. Ou σειε.   3. Ou σειαν.

§ 78. COMPLÉMENTS DES VERBES ACTIFS.

Les verbes actifs prennent leur complément direct à l'accusatif. Exemples :

Nous instruisons les jeunes gens.

Παιδεύομεν τοὺς νέους.

Agamemnon sacrifia Iphigénie.

Ἀγαμέμνων ἔθυσεν Ἰφιγένειαν.

Nous bâtirons un temple.

Ἱδρύσομεν ναόν ou νεών.

Le complément indirect marqué par la préposition *à* se met en général au datif. Exemples :

J'ai donné un vêtement *au pauvre.*

Δέδωκα ἐσθῆτα τῷ πένητι.

Philippe confia Alexandre *à Aristote.*

Φίλιππος ἐπίστευσεν Ἀλέξανδρον Ἀριστοτέλει.

Je *vous* le conseille.

Ἐγὼ ὑμῖν τοῦτο συμβουλεύω.

En grec, comme en français et en latin, beaucoup de verbes prennent pour complément un autre verbe à l'infinitif. Exemple :

Je veux écrire, θέλω γράφειν.

	INDICATIF.	IMPÉRATIF.	SUBJONCTIF.
PRÉSENT.	je suis délié.	sois délié.	que je sois délié.
	S. λύ ομαι,		λύ ωμαι,
	λύ η,	λύ ου,	λύ η,
	λύ εται,	λυ έσθω,	λύ ηται,
	P. λυ όμεθα,		λυ ώμεθα,
	λύ εσθε,	λύ εσθε,	λύ ησθε,
	λύ ονται,	λυ έσθωσαν,	λύ ωνται,
	D. λυ όμεθον,		λυ ώμεθον,
	λύ εσθον,	λύ εσθον,	λύ ησθον,
	λύ εσθον.	λυ έσθων.	λύ ησθον.
IMPARFAIT.	j'étais délié.		
	S. ἐλυ όμην,		
	ἐλύ ου,		
	ἐλύ ετο,		
	P. ἐλυ όμεθα,		
	ἐλύ εσθε,		
	ἐλύ οντο,		
	D. ἐλυ όμεθον,		
	ἐλύ εσθον,		
	ἐλυ έσθην.		
FUTUR.	je serai délié.		
	S. λυ θήσομαι,		
	λυ θήσῃ,		
	λυ θήσεται,		
	P. λυ θησόμεθα,		
	λυ θήσεσθε,		
	λυ θήσονται,		
	D. λυ θησόμεθον,		
	λυ θήσεσθον,		
	λυ θήσεσθον.		
AORISTE.	je fus délié.	sois délié.	que j'aie été délié.
	S. ἐλύ θην,		λυ θῶ,
	ἐλύ θης,	λύ θητι,	λυ θῇς,
	ἐλύ θη,	λυ θήτω,	λυ θῇ,
	P. ἐλύ θημεν,		λυ θῶμεν,
	ἐλύ θητε,	λύ θητε,	λυ θῆτε,
	ἐλύ θησαν,	λυ θήτωσαν,	λυ θῶσι,
	D.		
	ἐλύ θητον,	λύ θητον,	λυ θῆτον.
	ἐλύ θήτην.	λυ θήτων.	λυ θῆτον.

OPTATIF.	INFINITIF.	PARTICIPES.
que je fusse délié [1].	être délié.	étant délié.
λυ οίμην,	λύ εσθαι.	S. λυ όμενος, η, ον,
λύ οιο,		ου, ης, ου.
λύ οιτο,		
λυ οίμεθα,		P. λυ όμενοι, αι, α,
λύ οισθε,		ων, ων, ων.
λύ οιντο,		
λυ οίμεθον,		D. λυ ομένω, α, ω,
λύ οισθον,		οιν, αιν, οιν.
λυ οίσθην.		
que je dusse être délié.	devoir être délié	devant être délié.
λυ θησοίμην,	λυ θήσεσθαι.	S. λυ θησόμενος, η, ον,
λυ θήσοιο,		ου, ης, ου.
λυ θήσοιτο,		
λυ θησοίμεθα,		P. λυ θησόμενοι, αι, α,
λυ θήσοισθε,		ων, ων, ων.
λυ θήσοιντο,		
λυ θησοίμεθον,		D. λυ θησομένω, α, ω,
λυ θήσοισθον,		οιν, αιν, οιν.
λυ θησοίσθην.		
que j'eusse été délié [2].	avoir été délié.	ayant été délié.
λυ θείην,	λυ θῆναι.	S. λυ θείς, λυ θεῖσα, λυ θέν.
λυ θείης,		θέντος, θείσης, θέντος.
λυ θείη,		
λυ θείημεν,		P. λυ θέντες, λυ θεῖσαι, λυ θέντα,
λυ θείητε,		θέντων, θεισῶν, θέντων.
λυ θείησαν ou λυ θεῖεν,		
		D. λυ θέντε, λυ θεῖσα, λυ θέντε,
λυ θείητον,		θέντοιν, θείσαιν, θέντοιν.
λυ θειήτην.		

1. *Ou* puissé-je être délié!   2. *Ou* eussé-je pu être délié!

INDICATIF.	IMPÉRATIF.	SUBJONCTIF.
j'ai été, je suis délié.	sois délié [1].	que je sois, q. j'aie été délié.
S. λέλυ μαι,		λελυμένος ὦ,
λέλυ σαι,	λέλυ σο,	λελυμένος ᾖς,
λέλυ ται,	λελύ σθω,	λελυμένος ᾖ,
P. λελύ μεθα,		λελυμένοι ὦμεν,
λέλυ σθε,	λέλυ σθε,	λελυμένοι ἦτε,
λέλυ νται,	λελύ σθωσαν,	λελυμένοι ὦσι,
D. λελύ μεθον,		
λέλυ σθον,	λέλυ σθον,	λελυμένω ἦτον,
λέλυ σθον.	λελύ σθων.	λελυμένω ἦτον.
j'avais été, j'étais délié.		
S. ἐλελύ μην,		
ἐλέλυ σο,		
ἐλέλυ το,		
P. ἐλελύ μεθα,		
ἐλέλυ σθε,		
ἐλέλυ ντο,		
D. ἐλελύ μεθον,		
ἐλέλυ σθον,		
ἐλελύ σθην.		
j'aurai été délié.		
S. λελύ σομαι,		
λελύ σῃ,		
λελύ σεται,		
P. λελυ σόμεθα,		
λελύ σεσθε,		
λελύ σονται,		
D. λελυ σόμεθον,		
λελύ σεσθον,		
λελύ σεσθον.		

(colonne de gauche : PARFAIT. ; PLUS-QUE-PARFAIT. ; FUTUR PASSÉ.)

REMARQUES SUR LA VOIX PASSIVE.

On voit par ce tableau :

1° Que tous les temps principaux sont terminés en μαι : indicatif présent, λύομαι; subjonctif présent, λύωμαι; indicatif futur, λυθήσομαι; parfait, λέλυμαι; futur passé, λελύσομαι;

1. C'est-à-dire *reste délié.*

ÖPTATIF.	INFINITIF.	PARTICIPES.
que j'eusse été délié.	avoir été, être délié.	délié.
λελυμένος εἴην,	λελύσθαι.	λελυμένος, μένη, μένον,
λελυμένος εἴης,		ου, ης, ου.
λελυμένος εἴη,		
λελυμένοι εἴημεν,		λελυμένοι, μέναι, μένα,
λελυμένοι εἴητε,		ων, ων, ων.
λελυμένοι εἴησαν,		
		λελυμένω, μένα, μένω,
λελυμένω εἴητον,		οιν, αιν, οιν.
λελυμένω εἰήτην.		
que j'eusse dû être délié.	avoir dû être délié.	ayant dû être délié.
λελυσοίμην,	λελύσεσθαι.	λελυσόμενος, η, ον,
λελύσοιο,		ου, ης, ου.
λελύσοιτο,		
λελυσοίμεθα,		λελυσόμενοι, αι, α,
λελύσοισθε,		ων, ων, ων.
λελύσοιντο,		
λελυσοίμεθον,		λελυσομένω, α, ω,
λελύσοισθον,		οιν, αιν, οιν.
λελυσοίσθην.		

2° Que tous les temps secondaires sont terminés en μην :
imparfait, ἐλυόμην; optatif présent, λυοίμην; optatif futur, λυ-
θησοίμην; plus-que-parfait, ἐλελύμην.

3° L'aoriste, à tous ses modes, se rapproche beaucoup de
la conjugaison du verbe εἰμί : ainsi, les terminaisons de l'indicatif ἐλύθην, ης, η, etc., ont une grande analogie avec l'imparfait de εἰμί; celles du subjonctif λυθῶ sont tout à fait sem-

blables au subjonctif ὦ, ῇς, ῇ, etc., et celles de l'optatif λυθείην,
à l'optatif εἴην, εἴης, etc.

§ 80.   FORMATION DES TEMPS DU PASSIF.

1. TEMPS PRINCIPAUX DE L'INDICATIF.

Tous les temps de l'indicatif terminés en ομαι se forment
d'un temps de l'actif terminé en ω. Ainsi,

Le *présent* se forme de l'actif en changeant ω en ομαι :
λύ ω, λύ ομαι.

Le *futur*, en changeant σω en θήσομαι : λύ σω, λυ θήσομαι.

Le *parfait* se forme de celui de l'actif en changeant κα
en μαι : parfait actif, λέλυ κα; parfait passif, λέλυ μαι.

Le *futur passé*, λελύ σομαι, est formé comme si on avait dit
à l'actif λελύ σω.

Observez que dans ce temps la terminaison σομαι marque
le futur, et le redoublement λε, signe du parfait, marque le
passé.

2. TEMPS DU SUBJONCTIF.

Au *subjonctif présent* on change ω de l'actif en ωμαι :
   Actif, λύ ω;   passif, λύ ωμαι.

Toutes les personnes de ce temps commencent, comme à
l'actif, par une voyelle longue :

> λύ ωμαι,   λύ η,   λύ ηται.
> λυ ώμεθα, λύ ησθε, λύ ωνται.
> λυ ώμεθον, λύ ησθον, λύ ησθον.

Le *subjonctif aoriste* se forme de l'indicatif en changeant
θην en θῶ et en supprimant l'augment : ἐλύ θην, λυ θῶ.

Le *subjonctif parfait* se forme, par circonlocution, du participe de ce temps et du subjonctif du verbe εἰμί :

> λελυμένος, λελυμένη ὦ,   ῇς,   ῇ,
> λελυμένοι, λελυμέναι ὦμεν, ῆτε, ὦσι,
> λελυμένω, λελυμένα [1]   ῆτον, ῆτον.

---

1. Peu usité.

3. TEMPS SECONDAIRES DE L'INDICATIF.

Les *temps secondaires* du passif se forment de la manière suivante :

L'*imparfait* en changeant μαι du présent en μην et ajoutant l'augment : λύο μαι, ἐλυό μην.

L'*aoriste* en changeant θήσομαι du futur en θην, θης, θη, et préposant l'augment : λυ θήσομαι, ἐλύ θην.

Le *plus-que-parfait* en changeant μαι du parfait en μην et ajoutant l'augment devant le redoublement : λέλυ μαι, ἐλελύ μην.

4. TEMPS DE L'OPTATIF.

Les *temps de l'optatif* sont en οίμην, quand l'indicatif est en ομαι :

Présent indicatif, λύ ομαι;   présent optatif, λυ οίμην.
Futur indicatif,   λυ θήσομαι; futur optatif,   λυ θησοίμην.
Futur passé indic., λε λύσομαι; futur passé opt., λε λυσοίμην.

L'*aoriste optatif* change ην de l'indicatif en είην et rejette l'augment :

Indicatif, ἐλύθην;   optatif, λυθείην.

Au pluriel on dit souvent λυθεῖμεν, λυθεῖτε pour λυθείημεν, λυθείητε.

Le *parfait optatif* se compose, par circonlocution, du participe parfait et de l'optatif présent du verbe εἰμί :

λελυμένος, λελυμένη εἴην,   εἴης,   εἴη,
λελυμένοι, λελυμέναι εἴημεν, εἴητε, εἴησαν *ou* εἶεν.

5. TEMPS DE L'IMPÉRATIF.

L'*impératif présent* se forme de la deuxième personne de l'imparfait en retranchant l'augment :

Imparfait, ἐλύ ου;   impératif, λύ ου.

L'*impératif aoriste* est en θητι, θήτω, etc., et se forme de la deuxième personne de l'indicatif en changeant θης en θητι, et en retranchant l'augment :

ἐλύ θης,   λύ θητι, etc.

L'*impératif parfait* est en σο, σθω, σθε, σθωσαν, etc., et se forme de la deuxième personne du plus-que-parfait en retranchant l'augment : plus-que-parfait, ἐλέλυσο ; impératif parfait, λέλυσο, λελύσθω, etc.

6. TEMPS DE L'INFINITIF.

Tous les temps qui ont ομαι à l'indicatif, comme le *présent*, le *futur*, le *futur passé*, font l'infinitif en εσθαι :

$$\lambda \acute{\upsilon} \quad ομαι, \qquad \lambda \acute{\upsilon} \quad εσθαι;$$
$$\lambda \upsilon \quad θήσομαι, \qquad \lambda \upsilon \quad θήσεσθαι;$$
$$\lambda ελύ \quad σομαι, \qquad \lambda ελύ \quad σεσθαι.$$

Le *parfait*, qui fait μαι à l'indicatif, fait simplement σθαι à l'infinitif : λέλυ μαι, λελύ σθαι.

L'*aoriste* est en θῆναι : ἐλύ θην, λυ θῆναι.

7. TEMPS DU PARTICIPE.

Le *présent*, le *futur*, le *parfait*, le *futur antérieur du participe*, se forment de l'indicatif en changeant μαι en μενος :

Présent :	λύ ομαι,	λυ όμενος.
Futur :	λυ θήσομαι,	λυ θησόμενος.
Parfait :	λέλυ μαι,	λελυ μένος.
Futur passé :	λελύ σομαι,	λελυ σόμενος.

L'*aoriste* change ην de l'indicatif en είς, εῖσα, έν, après la suppression de l'augment : indicatif, ἐλύθην ; participe, λυθείς.

Remarques. — Tous les participes en ος, η, ον, se déclinent sur ἀγαθός, ή, όν.

Tout participe en είς, εῖσα, έν, se décline sur les adjectifs de la troisième classe. Le vocatif masculin singulier est en έν : λυθέν. Le datif pluriel masculin et neutre est en εῖσι, et reçoit le ν euphonique devant une voyelle : αὐτοῖς λυθεῖσιν ὑπὸ τῶν φίλων, à eux ayant été délivrés par leurs amis.

Le duel féminin est très-peu usité.

REMARQUES SUR LES DEUXIÈMES PERSONNES DU SINGULIER.

§ 81. 1. La deuxième personne du singulier, dans les temps principaux, est en η. Cette terminaison est une contraction de εαι à l'indicatif, de ηαι au subjonctif; ainsi : λύη, λυθήσῃ, λελύσῃ, sont pour λύεαι, λυθήσεαι, λελύσεαι, formes fréquemment employées chez les poëtes.

Au subjonctif, λύῃ est pour λύηαι, également usité en poésie.

2. La deuxième personne du singulier de *l'imparfait de l'indicatif* et du *présent de l'impératif* est en ου, contracté de εο : ἐλύου est donc pour ἐλύεο; λύου pour λύεο. La forme non contracte est très-usitée en poésie.

3. Au *parfait de l'indicatif*, la deuxième personne est en σαι : λέλυ σαι.

4. Au *plus-que-parfait* elle est en σο : ἐλέλυ σο.

Elle est également en σο à *l'impératif du parfait : λέλυ σο.*

5. *Aux temps de l'optatif* en οίμην, elle est toujours en οιο : λύ οιο, λυθήσ οιο, λελύσ οιο.

Ainsi, à la voix passive, le σ ne caractérise la deuxième personne du singulier qu'au parfait et au plus-que-parfait.

REMARQUES SUR LES TROISIÈMES PERSONNES DU PLURIEL ET DU DUEL.

§ 82. Tous les temps principaux (présent, futur, parfait, futur passé) ont la troisième personne du pluriel terminée en νται : λύονται, λύωνται, λυθήσονται, λέλυνται, λελύσονται.

Tous les temps secondaires ont la troisième personne du pluriel terminée en ντο : ἐλύοντο, λύοιντο, λυθήσοιντο, ἐλέλυντο.

Au duel, la troisième personne des temps principaux est en σθον, comme la deuxième : λύεσθον, λύησθον, λυθήσεσθον, λέλυσθον, λελύσεσθον.

Celle des temps secondaires est en σθην : ἐλύεσθην, λυοίσθην, λυθησοίσθην, ἐλελύσθην.

Celle des temps de l'impératif est en σθων : λυέσθων, λυθήτων, λελύσθων.

REMARQUES SUR L'AUGMENT ET LE REDOUBLEMENT.

§ 83. L'augment et le redoublement suivent au passif les mêmes règles qu'à la voix active.

L'augment caractérise, comme à l'actif, les temps secondaires : ἐλυόμην, ἐλύθην, ἐλελύμην. Il ne sort pas de l'indicatif.

Le redoublement caractérise le parfait, le plus-que-parfait et le futur passé : λέλυμαι, ἐλελύμην, λελύσομαι. Il passe à tous les modes.

MANIÈRE DE SUPPLÉER AU CONDITIONNEL PASSIF.

§ 84. La particule ἄν ajoutée à l'imparfait de l'indicatif et au présent de l'optatif donne à ces deux temps la valeur du conditionnel présent : ἐλυόμην ἄν, λυοίμην ἄν, je serais délié, ou on me délierait.

Ajoutée à l'aoriste indicatif et optatif, à l'optatif du parfait et au plus-que-parfait, elle donne à ces quatre temps la valeur du conditionnel passé : ἐλύθην ἄν, λυθείην ἄν, λελυμένος ἂν εἴην, ἐλελύμην ἄν, j'aurais été délié.

§ 85. — TABLEAU DES DÉSINENCES DE LA VOIX PASSIVE.

MODES.

TEMPS.	INDICATIF.	IMPÉRATIF.	SUBJONCTIF.	OPTATIF.	INF.	PARTICIPE.
PRÉSENT.	ομαι, η, εται, / όμεθα, εσθε, ονται, / όμεθον, εσθον, εσθον.	ου, εσθω, / εσθε, εσθωσαν, / εσθον, εσθων.	ωμαι, η, ηται, / ώμεθα, ησθε, ωνται, / ώμεθον, ησθον, ησθον.	οίμην, οιο, οιτο, / οίμεθα, οισθε, οιντο, / οίμεθον, οισθον, οίσθην.	εσθαι.	όμενος, ομένη, όμενον, / ομένου, ομένης, ομένου.
IMPARF.	όμην, ου, ετο, / όμεθα, εσθε, οντο, / όμεθον, εσθον, έσθην.					
FUTUR.	θήσομαι, θήση, θήσεται, / θησόμεθα, θήσεσθε, θήσονται, / θησόμεθον, θήσεσθον, θήσεσθον.			θησοίμην, θήσοιο, θήσοιτο, / θησοίμεθα, θήσοισθε, θήσοιντο, / θησοίμεθον, θήσοισθον, θησοίσθην.	θήσεσθαι.	θησόμενος, θησομένη, θησόμενον, / θησομένου, θησομένης, θησομένου.
AORISTE.	θην, θης, θη, / θημεν, θητε, θησαν, / θητον, θήτην.	θητι, θήτω, / θητε, θήτωσαν, / θητον, θήτων.	θῶ, θῆς, θῇ, / θῶμεν, θῆτε, θῶσι, / — θῆτον, θῆτον.	θείην, θείης, θείη, / θείημεν, θείητε, θείησαν, / — θείητον, θειήτην.	θῆναι.	θείς, θεῖσα, θέν, / θέντος, θείσης, θέντος.
PARFAIT.	μαι, σαι, ται, / μεθα, σθε, νται, / μεθον, σθον, σθον.	σο, σθω, / σθε, σθωσαν, / σθον, σθων.	μένος ὦ, ῇς, ῇ, / μένοι ὦμεν, ἦτε, ὦσι, / μένω — ἦτον, ἦτον.	μένος εἴην, εἴης, εἴη, / μένοι εἴημεν, εἴητε, εἴησαν, / μένω — εἴητον, εἰήτην.	σθαι.	μένος, μένη, μένον, / μένου, μένης, μένου.
P.-Q.-PARF.	μην, σο, το, / μεθα, σθε, ντο, / μεθον, σθον, σθην.					
FUT. ANT.	σομαι, ση, σεται, / σόμεθα, σεσθε, σονται, / σόμεθον, σεσθον, σεσθον.			σοίμην, σοιο, σοιτο, / σοίμεθα, σοισθε, σοιντο, / σοίμεθον, σοισθον, σοίσθην.	σεσθαι.	σόμενος, σομένη, σόμενον, / σομένου, σομένης, σομένου.

§ 86. REMARQUES SUR LA SIGNIFICATION DU PASSIF.

1. Dans les verbes passifs français, le présent a souvent le sens d'un passé, c'est-à-dire qu'il exprime non pas seulement une action qui se fait au moment même où on en parle, comme le présent de l'actif, mais encore une action tout à fait accomplie. Ainsi, cette phrase : Le prisonnier est délié, peut signifier, 1° qu'on le délie en ce moment, et elle se traduit en grec par le présent : ὁ δεσμώτης λύεται; 2° qu'on a fini de le délier, qu'il a été entièrement délié ; et on emploie en grec le parfait : ὁ δεσμώτης λέλυται.

De même notre imparfait passif a souvent le sens d'un plus-que-parfait. Ainsi, cette phrase : Les prisonniers étaient déliés, peut signifier, 1° qu'on était en train de les délier à l'époque que l'on mentionne, et il faut mettre en grec l'imparfait : οἱ δεσμῶται ἐλύοντο; 2° qu'on avait fini de les délier, qu'ils avaient été entièrement déliés, et il faut dire avec le plus-que-parfait : οἱ δεσμῶται ἐλέλυντο.

La même observation s'applique encore au futur passif français. Les prisonniers seront délivrés, peut signifier : 1° on délivrera les prisonniers, et il faut mettre en grec le futur ; 2° ils auront été, ils se trouveront entièrement délivrés ; et dans ce cas on dit par le futur passé : οἱ δεσμῶται λελύσονται.

La syntaxe donnera de plus amples développements sur ce point essentiel.

Il résulte des observations qui précèdent, que le passif grec est généralement traduit en français avec plus de netteté par le verbe actif ayant *on* pour sujet; ainsi λύομαι signifie réellement *on me délie*. De même ἐλυόμην, *on me déliait;* ἐλύου, *on te déliait,* etc. De même encore λυθησόμεθα, *on nous déliera;* λυθήσονται, *on les déliera,* etc.

11. Le participe futur λυθησόμενος n'a aucun rapport de sens avec le participe passif latin en *dus, a, um,* et ne correspond en rien au mot *solvendus.* Λυθησόμενος exprime simplement un fait à venir, sans aucune idée de nécessité, d'obligation, de devoir : il signifie *qui sera délié, qu'on déliera.*

Pour exprimer l'idée du participe latin en *dus, a, um*, il y a une forme verbale particulière, qui consiste à ajouter τέος, α, ον, au radical du verbe tel qu'il se trouve au participe aoriste passif. Ainsi, pour dire : Il faut délier le prisonnier, on dit en grec : ὁ δεσμώτης λυτέος ἐστί, et non pas λυθησόμενός ἐστι, qui serait synonyme de λυθήσεται. (Voyez chap. VII, ADJECTIFS VERBAUX.)

III. Quelquefois le passif grec doit se rendre en français par la forme pronominale ou réfléchie. Ainsi, ἡ χιὼν διαλύεται, la neige se dissout; ὁ δεσμὸς ἐλύθη, la chaîne s'est déliée *ou* se délia. Réciproquement, lorsqu'un verbe pronominal français est employé pour un passif, il se traduit par un passif en grec. Exemples :

L'or, l'argent se pèse.	La guerre s'apaisait.
Ὁ χρυσός, ὁ ἄργυρος σταθεύεται.	Ὁ πόλεμος ἐπαύετο.

§ 87.   COMPLÉMENT DES VERBES PASSIFS.

De ou *par*, après un verbe passif, s'exprime par la préposition ὑπό, en mettant le nom suivant au génitif. Exemples :

Le prisonnier est délié par les gardes.

Ὁ δεσμώτης λύεται   ὑπὸ τῶν φυλάκων.

La neige est dissoute par le soleil.

Ἡ χιὼν   διαλύεται   ὑπὸ τοῦ ἡλίου.

Les jeunes gens sont instruits par les maîtres.

Οἱ   νέοι   παιδεύονται   ὑπὸ τῶν διδασκάλων.

Quelquefois aussi on met simplement au datif le nom suivant, sans aucune préposition, surtout si le complément est un nom de chose. Exemples :

Je suis pressé par la faim.

Πιέζομαι   τῷ   λιμῷ.

La terre est arrosée de nos   larmes.

Ἡ   γῆ   δεύεται   τοῖς ἡμετέροις δάκρυσι.

8*

	INDICATIF.	IMPÉRATIF.	SUBJONCTIF.
PRÉSENT.	λύ ομαι [1].	λύ ου.	λύ ωμαι.
IMPARF.	ἐλυ όμην.		
FUTUR.	S. λύ σομαι, λύ ση, λύ σεται, P. λυ σόμεθα, λύ σεσθε, λύ σονται, D. λυ σόμεθον, λύ σεσθον, λύ σεσθον.		
AORISTE.	S. ἐλυ σάμην, ἐλύ σω, ἐλύ σατο, P. ἐλυ σάμεθα, ἐλύ σασθε, ἐλύ σαντο, D. ἐλυ σάμεθον, ἐλύ σασθον, ἐλυ σάσθην.	λῦ σαι, λυ σάσθω. λύ σασθε, λυ σάσθωσαν. λύ σασθον, λυ σάσθων.	λύ σωμαι, λύ ση, λύ σηται, λυ σώμεθα. λύ σησθε. λύ σωνται. λυ σώμεθον, λύ σησθον. λύ σησθον.
PARFAIT.	λέλυ μαι.	λέλυ σο.	λελυ μένος ὦ.
PL.-Q.-P.	ἐλελύ μην.		

1. Nous ne donnerons pas la traduction des temps de la voix moyenne, parce qu'il est impossible d'en donner une qui ne soit pas équivoque, comme on le verra par les remarques qui suivent ce tableau, § 89, 3°.

OPTATIF.	INFINITIF.	PARTICIPES.
λυ οίμην.	λύ εσθαι.	λυ όμενος.
λυ σοίμην, λύ σοιο, λύ σοιτο, λυ σοίμεθα, λύ σοισθε, λύ σοιντο, λυ σοίμεθον, λύ σοισθον, λυ σοίσθην.	λύ σεσθαι.	S. λυ σόμενος, η, ον, ου, ης, ου. P. λυ σόμενοι, αι, α, ων, ων, ων. D. λυ σομένω, α, ω, οιν, αιν, οιν.
λυ σαίμην, λύ σαιο, λύ σαιτο, λυ σαίμεθα, λύ σαισθε, λύ σαιντο, λυ σαίμεθον, λύ σαισθον, λυ σαίσθην.	λύ σασθαι.	S. λυ σάμενος, η, ον, ου, ης, ου. P. λυ σάμενοι, αι, α, ων, ων, ων. D. λυ σαμένω, α, ω, οιν, αιν, οιν.
λελυ μένος είην.	λελύ σθαι.	λελυ μένος, η, ον.

§ 89.   REMARQUES SUR LA CONJUGAISON

ET SUR LA SIGNIFICATION DE LA VOIX MOYENNE.

1° On voit par ce tableau que les formes de la voix moyenne sont presque entièrement les mêmes que celles de la voix passive, et qu'elles ne diffèrent de celles-ci qu'au futur et à l'aoriste.

Le futur se forme du futur actif en changeant ω en ομαι : λύσω, λύσομαι.

L'aoriste se forme de l'aoriste actif en ajoutant la syllabe μην : ἔλυσα, ἐλυσάμην.

La deuxième personne ἐλύσω est contractée de ἐλύσαο, forme plus ancienne et très-usitée chez les poëtes.

La deuxième personne du singulier de l'impératif λῦσαι est semblable à l'aoriste infinitif actif, et, sauf l'accent, à la troisième personne du singulier de l'aoriste optatif actif, λύσαι. Le sens de la phrase et la réflexion empêcheront d'ailleurs de confondre ces trois modes.

2° Pour exprimer le conditionnel, soit présent, soit passé, on ajoute ἄν de la même manière qui a été indiquée pour l'actif et pour le passif.

3° La voix moyenne, comme il a été dit plus haut (§ 68), a un sens réfléchi; mais elle ne correspond pas à tous nos verbes pronominaux. Elle correspond surtout à ceux dont le pronom complément est complément indirect.

Ainsi, dans ces phrases :

Je *me* procure les moyens de vivre, πορίζομαι βίοτον,

Ils se ménagent d'utiles alliés, παρασκευάζονται συμμάχους χρησίμους,

Πορίζομαι équivaut à πορίζω ἐμαυτῷ, je procure à moi-même; παρασκευάζονται équivaut à παρασκευάζουσιν ἑαυτοῖς, ils ménagent à eux-mêmes.

Par conséquent, λύομαι, ἐλυόμην, λύσομαι, ἐλυσάμην, etc., ne signifient pas : je me délie, je me déliais, je me délierai, je me déliai, *me solvo, me solvebam, me solvam, me solvi,* ce qui se dit en grec : λύω ἐμαυτόν, ἔλυον ἐμαυτόν, λύσω ἐμαυτόν, ἔλυσα ἐμαυτόν; mais je délie *à moi, pour moi,* etc., *mihi* solvo. *mihi* solvebam, etc.

Si, par exemple, un père apprend que son fils est tombé entre les mains de l'ennemi, et qu'il se propose de le tirer de captivité, il dira : λύσομαι τὸν υἱόν, je *me rachèterai* le fils, c'est-à-dire, je *rachèterai mon* fils.

Πρίαμος Ἕκτορα τὸν υἱὸν ἐλύσατο signifie : Priam *racheta son* fils Hector.

De là : Je *mets mon* habit, ἐνδύομαι τὴν ἐσθῆτα.

Je *me lave* le corps, λούομαι τὸ σῶμα.

L'usage et les règles qui seront exposées dans la Syntaxe, achèveront de faire connaître les diverses nuances de la voix moyenne.

§ 90.   FORMES EXCEPTIONNELLES.

FUTURS ET AORISTES PASSIFS en σθήσομαι, σθην;

PARFAITS ET PLUS-QUE-PARFAITS PASSIFS (ET MOYENS)

en σμαι, σμην.

Un certain nombre de verbes, se conjuguant d'ailleurs entièrement sur le modèle de λύω, prennent un σ devant la terminaison du futur, de l'aoriste, du parfait et du plus-que-parfait. Tels sont :

Présent.		Futur passif.	Aoriste passif.
Χρίω,	je frotte,	χρισθήσομαι,	ἐχρίσθην.
Παίω,	je frappe,	παισθήσομαι,	ἐπαίσθην.
Κλείω,	je ferme,	κλεισθήσομαι,	ἐκλείσθην.
Σείω,	je secoue,	σεισθήσομαι,	ἐσείσθην.
Θραύω,	je brise,	θραυσθήσομαι,	ἐθραύσθην.
Λεύω,	je lapide,	λευσθήσομαι,	ἐλεύσθην.
Κελεύω,	j'invite,	κελευσθήσομαι,	ἐκελεύσθην.
Ἀκούω,	j'entends,	ἀκουσθήσομαι,	ἠκούσθην.
Πτύω,	je crache,	πτυσθήσομαι,	ἐπτύσθην.
Βύω,	je bouche,	βυσθήσομαι,	ἐβύσθην.

Le parfait et le plus-que-parfait se conjuguent d'après le modèle suivant :

MODES.	PARFAIT.	PLUS-QUE-PARFAIT.
INDICATIF.	S. πέπαι σμαι, j'ai été frappé. πέπαι σαι, πέπαι σται, P. πεπαί σμεθα, πέπαι σθε, πεπαι σμένοι εἰσί, D. πεπαί σμεθον, πέπαι σθον, πέπαι σθον.	ἐπεπαί σμην, j'avais été ἐπέπαι σο, [frappé. ἐπέπαι στο. ἐπεπαί σμεθα, ἐπέπαι σθε, πεπαι σμένοι ἦσαν, ἐπέπαι σμεθον, ἐπέπαι σθον. ἐπεπαί σθην.
IMPÉRATIF.	S. πέπαι σο, πεπαί σθω, P. πέπαι σθε, πεπαί σθωσαν, D. πέπαι σθον, πεπαί σθων.	
SUBJ.	πεπαι σμένος ὦ, ῃς, ῃ, etc.	
OPT.	πεπαι σμένος εἴην, εἴης, εἴη. etc.	
INF.	πεπαί σθαι.	
PART.	πεπαι σμένος, η, ον.	

Remarque. — A la troisième personne du pluriel du parfait et du plus-que-parfait, on devrait dire πέπαι σνται. ἐπέπαι-
σντο ; mais le concours de ces trois consonnes σ, ν, τ, forme
un son trop dur ; et on dit au parfait, en recourant à la circonlocution du participe parfait et de la troisième personne
pluriel du présent d'εἰμί : πέπαι σμένοι εἰσί ; au plus-que-parfait, en employant le participe parfait avec la troisième personne du pluriel de l'imparfait d'εἰμί : πεπαι σμένοι ἦσαν. C'est
ainsi qu'on dit en latin *verberatus sum, verberatus eram*, etc.

§ 91.   VERBES EN ΆΩ, ΈΩ, ΌΩ.
OU VERBES CONTRACTES.

On appelle verbes contractes les verbes dont la terminaison ω du présent de l'indicatif est précédée des voyelles α, ε, ο,
comme τιμάω, ἀσκέω, πληρόω.

Ces verbes subissent à tous les modes du présent et à l'imparfait la contraction de la voyelle α, ε, ω, avec la voyelle initiale de la terminaison : ainsi, ἀσκῶ, j'exerce, pour ἀσκέω ; ἀσκοῦμεν, nous exerçons, pour ἀσκέομεν ; τιμᾶν, honorer, pour τιμάειν ; ἐπλήρουν, je remplissais, pour ἐπλήροον, etc.

Au futur, à l'aoriste, au parfait et au plus-que-parfait, les voyelles α, ε, ο, s'allongent ordinairement, α et ε en η, ο en ω. Ainsi :

Τιμῶ -άω[1], j'honore, τιμήσω, ἐτίμησα, τετίμηκα, ἐτετιμήκειν.

Ἀσκῶ -έω, j'exerce, ἀσκήσω, ἤσκησα, ἤσκηκα, ἠσκήκειν.

Ποιῶ -έω, je fais, ποιήσω, ἐποίησα, πεποίηκα, ἐπεποιήκειν.

Πληρῶ-όω, je remplis, πληρώσω, ἐπλήρωσα, πεπλήρωκα, etc.

NOTA. Nous donnerons d'abord, comme nous l'avons fait pour les déclinaisons, la forme contracte, la seule qui soit d'usage en prose, et nous mettrons à côté la forme non contracte, afin de montrer qu'avant la contraction les terminaisons de ces verbes sont tout à fait semblables à celles du verbe λύω.

La conjugaison du futur, de l'aoriste, du parfait, du plus-que-parfait et du futur passé étant semblables en tout à celle de λύω, nous n'indiquerons que la première personne de ces temps, et ne donnerons le tableau complet de la conjugaison qu'au présent et à l'imparfait.

§ 92. VERBES EN ᾺΩ.

RÈGLES DE CONTRACTION APPLICABLES AUX TROIS VOIX.

Il n'y a dans ces verbes que deux sortes de contraction, l'une en α long, l'autre en ω. Ainsi :

αε, άη, se contractent en α : τίμαε, α; τιμάητε, ᾶτε.

άει, αη, — en α : τιμάεις, ᾷς; τιμάῃ, ᾷ.

αο, άω, άου, — en ω : τιμάω, ῶ, τιμάομαι, ῶμαι; ἐτιμάου, ἐτιμῶ.

άοι, — en ῳ : τιμαοίμην, ῴμην.

On voit par là que, quand l'α qui précède la terminaison ω, εις, ει, ομαι, η, εται, etc., est suivi d'un ε ou d'un η, la contraction se fait en α; et que, quand il est suivi d'ο ou d'ω, elle se fait en ω.

1. Le tiret signifie *pour*.

	INDICATIF.	IMPÉRATIF.	SUBJONCTIF.
PRÉSENT.	j'attache [1].	attache.	que j'attache.
	S. ἀρτ ῶ -άω,		ἀρτ ῶ -άω,
	ἀρτ ᾷς -άεις,	ἄρτ α -αε,	ἀρτ ᾷς -άῃς,
	ἀρτ ᾷ -άει,	ἀρτ άτω -αέτω,	ἀρτ ᾷ -άῃ,
	P. ἀρτ ῶμεν -άομεν,		ἀρτ ῶμεν -άωμεν,
	ἀρτ ᾶτε -άετε,	ἀρτ ᾶτε -άετε,	ἀρτ ᾶτε -άητε,
	ἀρτ ῶσι -άουσι,	ἀρτ άτωσαν -αέτω-	ἀρτ ῶσι -άωσι,
	D.	[σαν,	
	ἀρτ ᾶτον -άετον,	ἀρτ ᾶτον -άετον,	ἀρτ ᾶτον -άητον,
	ἀρτ ᾶτον -άετον.	ἀρτ άτων -αέτων.	ἀρτ ᾶτον -άητον.
IMPARFAIT.	j'attachais.		
	S. ἤρτ ων -αον,		
	ἤρτ ας -αες,		
	ἤρτ α -αε,		
	P. ἤρτ ῶμεν -άομεν,		
	ἤρτ ᾶτε -άετε,		
	ἤρτ ων -αον,		
	D.		
	ἤρτ ᾶτον -άετον,		
	ἤρτ άτην -αέτην.		
FUTUR.	j'attacherai.		
	ἀρτ ήσω, ήσεις.		
AORISTE.	j'attachai, j'ai attaché.	attache.	que j'aie attach[3].
	ἤρτ ησα.	ἄρτ ησον.	ἀρτ ήσω, ήσῃς.
PARF.	j'ai attaché.	aie attaché.	que j'aie attaché.
	ἤρτ ηκα.	ἤρτ ηκε [2].	ἤρτ ηκω.
P.-Q.-P.	j'avais attaché.		
	ἤρτ ήκειν.		
FUT. PAS.	j'aurai attaché.		
	ἤρτ ηκὼς ἔσομαι.		

1. Nous avons rejeté le paradigme consacré τιμάω, parce que, ce verbe ayant à la voix moyenne une acception toute différente de celle de l'actif et du passif, les élèves ne peuvent que traduire à contre-sens, en suivant l'analogie de la voix moyenne de λύω.

2. A peu près inusité, du moins aux deuxièmes personnes.

OPTATIF.	INFINITIF.	PARTICIPES.
que j'attachasse [1],	attacher.	attachant.
ἀρτ ῷμι -άοιμι,	ἀρτ ᾶν -άειν.	M. ἀρτ ῶν -άων,
ἀρτ ῷς -άοις,		ἀρτ ῶντος -άοντος.
ἀρτ ῷ -άοι,		
ἀρτ ῷμεν -άοιμεν,		F. ἀρτ ῶσα -άουσα,
ἀρτ ῷτε -άοιτε,		ἀρτ ώσης -αούσης.
ἀρτ ῷεν -άοιεν,		
		N. ἀρτ ῶν -άον,
ἀρτ ῷτον -άοιτον,		ἀρτ ῶντος -άοντος.
ἀρτ ῴτην -αοίτην.		
que je dusse attacher.	devoir attacher.	devant attacher.
ἀρτ ήσοιμι.	ἀρτ ήσειν.	ἀρτ ήσων, -ήσουσα, -ῆσον.
que j'eusse attaché.	avoir attaché.	ayant attaché.
ἀρτ ήσαιμι [2].	ἀρτ ῆσαι.	ἀρτ ήσας, -ήσασα, -ῆσαν.
que j'eusse attaché.	avoir attaché.	ayant attaché.
ἠρτ ήκοιμι.	ἠρτ ηκέναι.	ἠρτ ηκώς, -ηκυῖα, -ηκός.
que j'eusse dû attacher.		
ἠρτ ηκὼς ἐσοίμην.		

	INDICATIF.	IMPÉRATIF.	SUBJONCTIF.
PRÉSENT.	je suis attaché, on m'attache.	sois attaché.	que je sois attaché.
	S. ἀρτ ῶμαι –άομαι,		ἀρτ ῶμαι –άωμαι,
	ἀρτ ᾶ –άῃ,	ἀρτ ῶ –άου,	ἀρτ ᾶ –άῃ,
	ἀρτ ᾶται –άεται,	ἀρτ άσθω –αέσθω,	ἀρτ ᾶται –άηται,
	P. ἀρτ ώμεθα –αόμεθα,		ἀρτ ώμεθα –αώμεθα,
	ἀρτ ᾶσθε –άεσθε,	ἀρτ ᾶσθε –άεσθε,	ἀρτ ᾶσθε –άησθε,
	ἀρτ ῶνται –άονται,	ἀρτ άσθωσαν –αέσθωσαν,	ἀρτ ῶνται –άωνται,
	D. ἀρτ ώμεθον –αόμεθον,		ἀρτ ώμεθον –αώμεθον,
	ἀρτ ᾶσθον –άεσθον,	ἀρτ ᾶσθον –άεσθον,	ἀρτ ᾶσθον –άησθον,
	ἀρτ ᾶσθον –άεσθον.	ἀρτ άσθων –αέσθων.	ἀρτ ᾶσθον –άησθον.
IMPARFAIT.	j'étais attaché, on m'attachait.		
	S. ἠρτ ώμην –αόμην,		
	ἠρτ ῶ –άου.		
	ἠρτ ᾶτο –άετο,		
	P. ἠρτ ώμεθα –αόμεθα,		
	ἠρτ ᾶσθε –άεσθε,		
	ἠρτ ῶντο –άοντο,		
	D. ἠρτ ώμεθον –αόμεθον,		
	ἠρτ ᾶσθον –άεσθον,		
	ἠρτ άσθην –αέσθην.		
FUTUR.	je serai attaché, on m'attachera. FUTUR. ἀρτ ηθήσομαι.		
AORISTE.	je fus, j'ai été attaché. AORISTE. ἠρτ ήθην.	sois attaché. ἀρτ ήθητι.	que j'aie été attaché. ἀρτ ηθῶ.
PARFAIT.	j'ai été, je suis attaché. PARFAIT. ἦρτ ημαι.	nie été, sois attaché. ἦρτ ησο.	que j'aie été attaché. ἠρτ ημένος ὦ.
PL.-Q.-P.	j'avais été, j'étais attaché. PL.-Q.-P. ἦρτ ήμην.		
FUT. PASSÉ.	j'aurai été attaché. FUT. PASSÉ. ἠρτ ήσομαι.		

OPTATIF.	INFINITIF.	PARTICIPES.
que je fusse attaché [1].	être attaché.	étant attaché.
ἀρτ ῴμην –αοίμην,	ἀρτ ᾶσθαι –άεσθαι.	M. ἀρτ ώμενος –αόμενος,
ἀρτ ῷο –άοιο,		ἀρτ ωμένου –αομένου.
ἀρτ ῷτο –άοιτο,		
ἀρτ ῴμεθα –αοίμεθα,		F. ἀρτ ωμένη –αομένη,
ἀρτ ῷσθε –άοισθε,		ἀρτ ωμένης –αομένης.
ἀρτ ῷντο –άοιντο,		
ἀρτ ῴμεθον –αοίμεθον,		N. ἀρτ ώμενον –αόμενον,
ἀρτ ῷσθον –άοισθον,		ἀρτ ωμένου –αομένου.
ἀρτ ῴσθην –αοίσθην.		
que je dusse être attaché.	devoir être attaché.	devant être attaché.
ἀρτ ηθησοίμην.	ἀρτ ηθήσεσθαι.	ἀρτ ηθησόμενος, η, ον.
que j'eusse été attaché [2].	avoir été attaché.	ayant été attaché.
ἀρτ ηθείην.	ἀρτ ηθῆναι.	ἀρτ ηθείς, ηθεῖσα, ηθέν.
que j'eusse été attaché.	avoir été attaché.	attaché.
ἠρτ ημένος εἴην.	ἠρτ ῆσθαι.	ἠρτ ημένος, η, ον.
que j'eusse dû être attaché.	avoir dû être attaché.	ayant dû être attaché.
ἠρτ ησοίμην.	ἠρτ ήσεσθαι.	ἠρτ ησόμενος.

1. *Ou* puissé-je être attaché!   2. *Ou* puissé-je avoir été attaché!

INDICATIF.	IMPÉRATIF.	SUBJONCTIF.
PRÉSENT. ἀρτ ῶμαι -άομαι[1].	ἀρτ ῶ -άου.	ἀρτ ῶμαι -άωμαι.
IMPARFAIT. ἠρτ ώμην -αόμην.		
FUTUR. ἀρτ ήσομαι.		
AORISTE. ἠρτ ησάμην.	ἄρτ ησαι.	ἀρτ ήσωμαι.
PARFAIT. ἤρτ ημαι.	ἤρτ ησο.	ἠρτ ημένος ὦ.
PLUS-Q.-P. ἤρτ ήμην.		

§ 93. REMARQUES SUR LA CONJUGAISON DES VERBES EN ἀω.

I. On voit que dans les verbes en ἀω le présent du subjonctif, à l'actif et au passif, est tout à fait semblable à celui de l'indicatif après la contraction.

A l'optatif actif, outre la forme ἀρτῷμι, on dit très-souvent ἀρτώην, ἀρτώης, ἀρτώη, ἀρτώημεν, ἀρτώητε, ἀρτῶεν.

II. Un certain nombre de verbes en ἀω, que l'usage apprendra, ne prennent pas η au futur, mais conservent α. En voici quelques-uns :

		Futur.	Aoriste.	Parfait.
Κλάω,	je brise,	κλάσω,	ἔκλασα,	κέκλακα.
Περάω.	je fais traverser,	περάσω,	ἐπέρασα.	πεπέρακα.
Ἐάω,	je laisse,	ἐάσω,	εἴασα,	εἴακα.
Ἀνιάω,	j'afflige,	ἀνιάσω.	ἠνίασα,	ἠνίακα.
Θυμιάω.	je parfume,	θυμιάσω,	ἐθυμίασα.	τεθυμίακα.
Μειδιάω,	je souris,	μειδιάσω,	ἐμειδίασα.	μεμειδίακα.

L'usage apprendra les autres.

III. Les verbes qui conservent α au futur, font souvent le futur passif en σθήσομαι, l'aoriste en σθην, et le parfait en σμαι. Tel est, parmi les verbes que nous venons de citer :

     Κλάω,   κλασθήσομαι,   ἐκλάσθην.   κέκλασμαι.

---

1. Je m'attache, c'est-à-dire j'attache à moi. (Voy. page 118, 3°.)

OPTATIF.	INFINITIF.	PARTICIPES.
ἀρτ ῴμην -αοίμην.	ἀρτ ᾶσθαι -άεσθαι.	ἀρτ ώμενος -αόμενος.
ἀρτ ησοίμην.	ἀρτ ήσεσθαι.	ἀρτ ησόμενος.
ἀρτ ησαίμην.	ἀρτ ήσασθαι.	ἀρτ ησάμενος.
ἠρτ ημένος εἴην.	ἠρτ ῆσθαι.	ἠρτ ημένος.

IV. Ἐάω, ἀνιάω, θυμιάω, περάω, ne prennent pas de σ et font ἐαθήσομαι, εἰάθην, εἴαμαι; ἀνιαθήσομαι, ἐθυμιάθην, πεπέραμαι.

V. Dans les verbes dont le radical se termine par un ο, comme ἀλο άω, je bats le blé, ἀκρο άομαι, j'écoute, cette voyelle ne se contracte jamais avec celles de la terminaison. Ainsi, on dit :

Présent, ἀλο ῶ, ἀλο ᾷς, ἀλο ᾷ, ἀλο ῶμεν, ἀλο ᾶτε, ἀλο ῶσι.
Imparf., ἠλό ων, ἠλό ας, ἠλό α, ἠλο ῶμεν, ἠλο ᾶτε, ἠλό ων.
Présent, ἀκρο ῶμαι, ἀκρο ᾷ, ἀκρο ᾶται, ἀκρο ώμεθα, ἀκρο ᾶσθε, etc.
Imparf., ἠκρο ώμην, ἠκρο ῶ, ἠκρο ᾶτο, ἠκρο ώμεθα, ἠκρο ᾶσθε, etc.

Cette observation s'applique à tous les modes.

---

§ 94.　　　　　VERBES EN ΈΩ.

RÈGLES DE CONTRACTION APPLICABLES AUX TROIS VOIX.

έω se contracte en ῶ : ποιέω,　ποιῶ; ποιεώμεθα, ποιώμεθα.
εο, έου　—　en ου : ποιέομαι, ποιοῦμαι; ποιέου, ποιοῦ.
έοι　—　en οι : ποιέοιμι, ποιοῖμι; ποιέοιντο, ποιοῖντο.
εε, έει　—　en ει : ποιέεται, ποιεῖται; ποιέει, ποιεῖ.
έη　—　en η : ποιέητε, ποιῆτε; ποιέησθε, ποιῆσθε.
έη　—　en ῇ : ποιέῃ, ποιῇ; ποιέῃς, ποιῇς.

INDICATIF.	IMPÉRATIF.	SUBJONCTIF.
PRÉSENT.		
je fais [1].	fais.	que je fasse.
S. ποι ῶ –έω,		ποι ῶ –έω,
ποι εῖς –έεις,	ποί ει –εε,	ποι ῇς –έῃς,
ποι εῖ –έει,	ποι είτω –εέτω,	ποι ῇ –έῃ,
P. ποι οῦμεν –έομεν,		ποι ῶμεν –έωμεν,
ποι εῖτε –έετε,	ποι εῖτε –έετε,	ποι ῆτε –έητε,
ποι οῦσι, –έουσι,	ποι είτωσαν–εέτω–	ποι ῶσι –έωσι,
D.	[σ αν,	
ποι εῖτον –έετον,	ποι εῖτον –έετον,	ποι ῆτον –έητον,
ποι εῖτον –έετον.	ποι είτων –εέτων.	ποι ῆτον –έητον.
IMPARFAIT.		
je faisais.		
S. ἐποί ουν –εον,		
ἐποί εις –εες,		
ἐποί ει –εε,		
P. ἐποι οῦμεν –έομεν,		
ἐποι εῖτε –έετε,		
ἐποί ουν, –εον,		
D.		
ἐποι εῖτον –έετον,		
ἐποι είτην –εέτην.		
FUTUR. je ferai. ποι ήσω, ήσεις.		
AORISTE. je fis, j'ai fait. ἐποί ησα.	fais. ποί ησον.	que j'aie fait. ποι ήσω, ήσῃς.
PARFAIT. j'ai fait. πεποί ηκα.	aie fait. πεποί ηκε [2].	que j'aie fait. πεποι ήκω.
PL.-Q.-P. j'avais fait. ἐπεποι ήκειν		
F. PASSÉ. j'aurai fait. πεποιηκὼς ἔσομαι.		

1. Une sorte de tradition scolaire a consacré l'usage du verbe φιλέω-ῶ comme paradigme; nous y avons renoncé, parce que dans ce verbe la voix moyenne n'existe pas.

2. Très-peu usité, surtout aux deuxièmes personnes.

OPTATIF.	INFINITIF.	PARTICIPES.

que je fisse [1].
ποι οῖμι –έοιμι,
ποι οῖς –έοις,
ποι οῖ –έοι.
ποι οῖμεν –έοιμεν,
ποι οῖτε –έοιτε,
ποι οῖεν –έοιεν,
 	
ποι οῖτον –έοιτον,
ποι οίτην –εοίτην.
	faire.
	ποι εῖν –έειν.
		faisant.
		M. ποι ῶν –έων,
		    ποι οῦντος –έοντος.
		
		F. ποι οῦσα –έουσα,
		    ποι ούσης –εούσης.
		
		N. ποι οῦν –έον,
		    ποι οῦντος –έοντος.

que je dusse faire. ποι ήσοιμι.	devoir faire. ποι ήσειν.	devant faire. ποι ήσων, ήσουσα, ήσον.
que j'eusse fait [2]. ποι ήσαιμι [3].	avoir fait. ποι ῆσαι.	ayant fait. ποι ήσας, ήσασα, ήσαν.
que j'eusse fait. πεποι ήκοιμι.	avoir fait. πεποι ηκέναι.	ayant fait. πεποι ηκώς, ηκυῖα, ηκός.
que j'eusse dû faire. πεποιηκὼς ἐσοίμην.		

1. *Ou* puissé-je faire!   2. *Ou* puissé-je avoir fait!
3. Voyez le tableau de λύω, optatif aoriste, et les Remarques sur ce mode, p. 99.

INDICATIF.	IMPÉRATIF.	SUBJONCTIF.

PRÉSENT. je suis fait.
 S. ποι οῦμαι –έομαι,
   ποι ῇ   –έη,
   ποι εῖται –έεται,
 P. ποι ούμεθα –εόμεθα,
   ποι εῖσθε –έεσθε,
   ποι οῦνται –έονται,
 D. ποι ούμεθον –εόμεθον,
   ποι εῖσθον ⎱
   ποι εῖσθον ⎰ –έεσθον.
	sois fait.
	
	 ποι οῦ –έου,
	 ποι είσθω –εέσθω,
	
	 ποι εῖσθε –έεσθε,
	 ποι είσθωσαν –εέσθω-
	             [σαν,
	 ποι εῖσθον –έεσθον,
	 ποι είσθων –εέσθων.
		que je sois fait.
		 ποι ῶμαι –έωμαι,
		 ποι ῇ –έῃ,
		 ποι ῆται –έηται,
		 ποι ώμεθα –εώμεθα,
		 ποι ῆσθε –έησθε,
		 ποι ῶνται –έωνται,
		 ποι ώμεθον –εώμεθον,
		 ποι ῆσθον –έησθον,
		 ποι ῆσθον –έησθον.

IMPARFAIT. j'étais fait.
 S. ἐποι ούμην –εόμην,
   ἐποι οῦ   –έου,
   ἐποι εῖτο –έετο,
 P. ἐποι ούμεθα –εόμεθα,
   ἐποι εῖσθε –έεσθε,
   ἐποι οῦντο –έοντο,
 D. ἐποι ούμεθον –εόμεθον,
   ἐποι εῖσθον –έεσθον,
   ἐποι είσθην –εέσθην.		

FUTUR. je serai fait. ποι ηθήσομαι.		
AORISTE. je fus ou j'ai été fait. ἐποι ήθην.	sois fait. ποι ήθητι.	que j'aie été fait. ποι ηθῶ.
PARFAIT. j'ai été fait, je suis fait. πεποί ημαι.	aie été fait, sois fait. πεποί ησο.	que j'aie été, que je sois fait. πεποι ημένος ὦ.
PL.-Q.-P. j'avais été, j'étais fait. ἐπεποι ήμην.		
F. PASSÉ. j'aurai été fait. πεποι ήσομαι.		

OPTATIF.	INFINITIF.	PARTICIPES.
que je fusse fait [1].	être fait.	étant fait.
ποι οίμην –εοίμην,	ποι εἶσθαι –έεσθαι.	M. ποι ούμενος –εόμενος,
ποι οῖο –έοιο,		ποι ουμένου –εομένου.
ποι οῖτο –έοιτο,		
ποι οίμεθα –εοίμεθα,		F. ποι ουμένη –εομένη,
ποι οῖσθε –έοισθε,		ποι ουμένης –εομένης.
ποι οῖντο –έοιντο,		
ποι οίμεθον –εοίμεθον,		N. ποι ούμενον –εόμενον,
ποι οῖσθον –έοισθον,		ποι ουμένου –εομένου.
ποι οίσθην –εοίσθην.		
que je dusse être fait.	devoir être fait.	devant être fait.
ποι ηθησοίμην.	ποι ηθήσεσθαι.	ποι ηθησόμενος.
que j'eusse été fait [2].	avoir été fait.	ayant été fait.
ποι ηθείην.	ποι ηθῆναι.	ποι ηθείς.
que j'eusse été, que je fusse fait.	avoir été, être fait.	fait.
πεποι ημένος εἴην.	πεποι ῆσθαι.	πεποι ημένος.
que j'eusse dû être fait.	avoir dû être fait.	ayant dû être fait.
πεποι ησοίμην.	πεποι ήσεσθαι.	πεποι ησόμενος.

1. *Ou* puissé-je être fait !   2. *Ou* puissé-je avoir été fait !

	INDICATIF.	IMPÉRATIF.	SUBJONCTIF.
PRÉSENT.	ποι οῦμαι –έομαι [1].	ποι οῦ –έου.	ποι ῶμαι –έωμαι.
IMPARF.	ἐποι ούμην –εόμην.		
FUTUR.	ποι ήσομαι.		
AORISTE.	ἐποι ησάμην.	ποί ησαι.	ποι ήσωμαι.
PARFAIT.	πεποί ημαι.	πεποί ησο.	πεποι ημένος ὦ.
PL.-PARF.	ἐπεποι ήμην.		

§ 95. REMARQUES SUR LA CONJUGAISON DES VERBES EN έω.

I. Au lieu de l'optatif présent actif ποιοῖμι, ποιοῖς, οῖ, on dit aussi, et très-fréquemment, ποιοίην, ποιοίης, ποιοίη; mais le pluriel est presque toujours ποιοῖμεν, ποιοῖτε, ποιοῖεν.

II. Un petit nombre de verbes font au futur έσω au lieu de ήσω, comme :

		Futur.	Aoriste.	Parfait.	Plus-que-parf.
Τελῶ-έω,	je termine,	τελέσω,	ἐτέλεσα,	τετέλεκα,	ἐτετελέκειν.
Ξέω,	je racle,	ξέσω,	ἔξεσα,	ἔξεκα,	ἐξέκειν.
Καλῶ-έω,	j'appelle,	καλέσω,	ἐκάλεσα,	κέκληκα [2],	ἐκεκλήκειν.

III. En général, lorsque le futur est en έσω, le passif prend un σ devant θήσομαι : τελέσω, τελεσθήσομαι. Ce σ passe à l'aoriste et au parfait : ἐτελέσθην, τετέλεσμαι. De même ξέω, ξέσω, ξεσθήσομαι, ἐξέσθην, ἔξεσμαι.

Καλέω fait κληθήσομαι (pour καλεθήσομαι), ἐκλήθην, κέκλημαι.

IV. Les verbes en έω qui n'ont que deux syllabes avant la contraction, comme ξέω, je racle ; πλέω, je navigue ; χέω, je verse ; νέω, je file, ne subissent la contraction que lorsque ε rencontre

---

1. Je me fais, c'est-à-dire je fais à moi, pour moi. (Voy. page 119, 3°.)
2. Par syncope pour κεκάλεκα.

OPTATIF.	INFINITIF.	PARTICIPES.
ποι οίμην -εοίμην.	ποι εῖσθαι -έεσθαι.	ποι ούμενος -εόμενος.
ποι ησοίμην.	ποι ήσεσθαι.	ποι ησόμενος.
ποι ησαίμην.	ποι ήσασθαι.	ποι ησάμενος.
πεποι ημένος εἴην.	πεποι ῆσθαι.	πεποι ημένος.

une terminaison commençant par ε, ει; et l'on conjugue ainsi :

Présent, ξέω, ξεῖς, ξεῖ, ξέομεν, ξεῖτε, ξέουσι, ξεῖτον, ξεῖτον.

Imparfait, ἔξεον, ἔξεις, ἔξει, ἐξέομεν, ἐξεῖτε, ἔξεον, ἐξεῖτον, ἐξείτην.

Observation importante. — Dans les verbes νοέω, je comprends, ἀγνοέω, j'ignore, et autres semblables, où le *radical* se termine par un ο, il faut avoir soin de ne pas contracter cette voyelle avec celle de la terminaison. Ainsi l'on dit :

νο ῶ, νο εῖς, νο εῖ, νο οῦμεν, νο εῖτε, νο οῦσι, νο εῖτον.

ἠγνό ουν, ἠγνό εις, ἠγνο ει, ἠγνο οῦμεν, ἠγνο εῖτε, ἠγνό ουν, etc.

Cette observation s'étend à tous les modes des trois voix.

---

§ 96. VERBES EN 'ΟΩ.

RÈGLES DE CONTRACTION APPLICABLES AUX TROIS VOIX.

οω, οη se contractent en ω : δουλόω, δουλῶ; δουλόηται, δουλῶται.

οε, οο, οου — en ου : ἐδούλοε, ἐδούλου; δουλόομαι, δουλοῦμαι; ἐδουλόου, ἐδουλοῦ.

οοι — en οι : δουλόοιμι, δουλοῖμι.

οει, οη — en οι : δουλόει, δουλοῖ; δουλόεις, δουλοῖς, δουλόη, δουλοῖ; δουλόης, δουλοῖς.

INDICATIF.	IMPÉRATIF.	SUBJONCTIF.
PRÉSENT. j'asservis. S. δουλ ῶ −όω, δουλ οῖς −όεις, δουλ οῖ −όει, P. δουλ οῦμεν −όομεν, δουλ οῦτε −όετε, δουλ οῦσι −όουσι, D. δουλ οῦτον −όετον, δουλ οῦτον −όετον.	asservis. δούλ ου −οε. δουλ ούτω −οέτω, δουλ οῦτε −όετε, δουλ ούτωσαν −οέτωσαν, δουλ οῦτον −όετον, δουλ ούτων −οέτων.	que j'asservisse. δουλ ῶ −όω, δουλ οῖς −όης. δουλ οῖ −όη, δουλ ῶμεν −όωμεν, δουλ ῶτε −όητε, δουλ ῶσι −όωσι. δουλ ῶτον −όητον, δουλ ῶτον −όητον.
IMPARFAIT. j'asservissais. S. ἐδούλ ουν −οον, ἐδούλ ους −οες, ἐδούλ ου −οε, P. ἐδούλ οῦμεν −όομεν, ἐδούλ οῦτε −όετε, ἐδούλ ουν −οον, D. ἐδούλ οῦτον −όετον, ἐδούλ ούτην −οέτην.		
FUTUR. j'asservirai. δουλ ώσω, εις, ει.		
AORISTE. j'asservis, j'ai asservi. ἐδούλ ωσα, ας, ε.	asservis. δουλ ῶσον. ωσάτω.	que j'aie asservi. δουλ ώσω, σης, ση.
PARF. j'ai asservi. δεδούλ ωκα, ας. ε.	aie asservi. δεδούλ ωκε [2].	que j'aie asservi. δεδουλώκω. κης. κη.
P.-Q.-PARF. j'avais asservi. ἐδεδούλ ώκειν. [εις. ει.		
FUT. PASSÉ. j'aurai asservi. δεδούλ ωκὼς [ἔσομαι.		

1. Δηλόω n'ayant pas de voix moyenne, nous avons renoncé à ce paradigme, jusqu'ici consacré.

2. Très-peu usité, surtout aux deuxièmes personnes.

OPTATIF.	INFINITIF.	PARTICIPES.
que j'asservisse.[1]. δουλ οἶμι –όοιμι, δουλ οἶς –όοις, δουλ οἶ –όοι, δουλ οῖμεν –όοιμεν, δουλ οῖτε –όοιτε, δουλ οἶεν –όοιεν, δουλ οῖτον –όοιτόν, δουλ οίτην –οοίτην.	asservir. δουλ οῦν –όειν.	asservissant. M. δουλ ῶν, –όων, δουλ οῦντος –όοντος. F. δουλ οῦσα –όουσα, δουλ ούσης –οούσης. N. δουλ οῦν –όον, δουλ οῦντος –όοντος.
que je dusse asservir. δουλ ώσοιμι, σοις, σοι.	devoir asservir. δουλ ώσειν.	devant asservir. δουλ ώσων, σουσά, σον.
que j'eusse asservi [2]. δουλώσ αιμι, σαις[3], σαι[4].	avoir asservi. δουλ ῶσαι.	ayant asservi. δουλ ώσας, σασά, σαν.
que j'eusse asservi. δεδουλ ώκοιμι, κοις, κοι.	avoir asservi. δεδουλ ωκέναι.	ayant asservi. δεδουλ ωκώς, κυῖα, κός.
que j'eusse dû asservir. δεδουλ ωκὼς ἐσοίμην.		

1. *Ou puissé-je asservir!*   2. *Ou puissé-je avoir asservi!*
3. *Ou σειας.* (Voy. page 99, *Remarques.*)   4. *Ou σεις.*

INDICATIF.	IMPÉRATIF.	SUBJONCTIF.
je suis asservi, on m'asservit.	sois asservi.	que je sois asservi.
PRÉSENT. S. δουλ οῦμαι -όομαι, δουλ οῖ -όῃ, δουλ οῦται -όεται, P. δουλ ούμεθα -οόμεθα, δουλ οῦσθε -όεσθε, δουλ οῦνται -όονται, D. δουλ ούμεθον -οόμεθον. δουλ οῦσθον -όεσθον, δουλ οῦσθον -όεσθον.	sois asservi. δουλ οῦ -όου, δουλ ούσθω -οέσθω, δουλ οῦσθε -όεσθε, δουλ ούσθωσαν -οέσθω- [σαν, δουλ οῦσθον -οέσθον, δουλ ούσθων -οέσθων.	que je sois asservi. δουλ ῶμαι -όωμαι, δουλ οῖ -όῃ, δουλ ῶται -όηται, δουλ ώμεθα-οώμεθα δουλ ῶσθε -όησθε, δουλ ῶνται -όωνται, δουλ ώμεθον-οώμεθον δουλ ῶσθον-όησθον, δουλ ῶσθον-όησθον.
j'étais asservi, on m'asservissait.		
IMPARFAIT. S. ἐδουλ ούμην -οόμην, ἐδουλ οῦ -όου, ἐδουλ οῦτο -όετο, P. ἐδουλ ούμεθα -οόμεθα, ἐδουλ οῦσθε -όεσθε, ἐδουλ οῦντο -όοντο, D. ἐδουλ ούμεθον -οόμεθον, ἐδουλ οῦσθον -όεσθον, ἐδουλ ούσθην -οέσθην.		
je serai asservi, on m'asservira. **FUTUR.** δουλ ωθήσομαι.		
je fus asservi. **AORISTE.** ἐδουλ ώθην.	sois asservi. δουλ ώθητι.	que j'aie été asservi. δουλ ωθῶ.
j'ai été, je suis asservi. **PARFAIT.** δεδούλ ωμαι.	aie été, sois asservi. δεδούλ ωσο.	que j'aie été asservi. δεδουλ ωμένος ὦ.
j'avais été, j'étais asservi. **PL.-Q.-PARF.** ἐδεδούλ ώμην.		
j'aurai été, je serai asservi. **FUT. PASSÉ** δεδουλ ώσομαι.		

OPTATIF.	INFINITIF.	PARTICIPES.

que je fusse asservi [1].
 δουλ οἴμην -οοίμην,
 δουλ οἶο   -όοιο,
 δουλ οῖτο   -όοιτο,
 δουλ οίμεθα -οοίμεθα,
 δουλ οῖσθε -όοισθε,
 δουλ οῖντο -όοιντο,
 δουλ οίμεθον -οοίμεθον,
 δουλ οῖσθον -όοισθον,
 δουλ οίσθην -οοίσθην.
	être asservi.
	 δουλ οῦσθαι -όεσθαι.
		étant asservi.
		 M. δουλ ούμενος -οόμενος,
		    δουλ ουμένου -οομένου.
		
		 F. δουλ ουμένη -οομένη,
		    δουλ ουμένης -οομένης.
		
		 N. δουλ ούμενον -οόμενον,
		    δουλ ουμένου -οομένου.

que je dusse être asservi. δουλ ωθησοίμην.	devoir être asservi. δουλ ωθήσεσθα.	devant être asservi. δουλ ωθησόμενος.
que j'eusse été asservi [2]. δουλ ωθείην.	avoir été asservi. δουλ ωθῆναι.	ayant été asservi. δουλ ωθείς.
que j'eusse été asservi. δεδουλ ωμένος εἴην.	avoir été, être asservi. δεδουλ ῶσθαι.	asservi. δεδουλ ωμένος.
que je dusse être asservi. δεδουλ ωσοίμην.	avoir dû être asservi. δεδουλ ώσεσθαι.	ayant dû être asservi. δεδουλ ωσόμενος.

1. *Ou* puissé-je être asservi !   2. *Ou* puissé-je avoir été asservi !

INDICATIF.	IMPÉRATIF.	SUBJONCTIF.
PRÉSENT. δουλ οῦμαι -όομαι [1].	δουλ οῦ -όου.	δουλ ῶμαι -όωμαι.
IMPARF. ἐδουλ ούμην -οόμην.		
FUTUR. δουλ ώσομαι.		
AORISTE. ἐδουλ ωσάμην.	δούλ ωσαι.	δουλ ώσωμαι.
PARFAIT. δεδούλ ωμαι [2].	δεδούλ ωσο [3].	δεδουλ ωμένος ὦ.
PL.-Q.-PARF. ἐδεδουλ ώμην.		

REMARQUES.

1° L'optatif présent actif est souvent δουλοίην. ης, η. au lieu de δουλοῖμι, οῖς, οῖ, etc.

2° Un fort petit nombre de verbes en όω gardent ο au futur. Le plus usité en prose est ἀρόω, je laboure, ἀρόσω. ἤροσα; ἀροθήσομαι, ἠρόθην, etc.

3° Aucun verbe en όω ne prend σ au futur, à l'aoriste et au parfait passif.

1. Je m'asservis, c'est-à-dire j'asservis à moi, je soumets à mon joug.
2. Je me suis asservi, c'est-à-dire j'ai asservi à moi, je tiens sous mon joug.
3. Tiens asservi.

OPTATIF.	INFINITIF.	PARTICIPES.
δουλ οίμην -οοίμην.	δουλ οῦσθαι -όεσθαι.	δουλ ούμενος -οόμενος.
δουλ ωσοίμην.	δουλ ώσεσθαι.	δουλ ωσόμενος.
δουλ ωσαίμην.	δουλ ώσασθαι.	δουλ ωσάμενος.
δεδουλ ωμένος εἴην.	δεδουλ ῶσθαι.	δεδουλ ωμένος.

CONJUGUEZ POUR EXERCICES :

1° Sur ἀρτάω :

ἀπατάω,	je trompe.
γεννάω,	j'enfante.
ἐρευνάω,	je recherche.
δαπανάω *, 1	je dépense.
σπάω * (f. άσω),	je tire.
ἑστιάω * (f. άσω),	je régale.

2° Sur ποιέω :

ἀσκέω,	j'exerce.
κινέω,	je remue.
φορέω,	je porte.
αἰτέω *,	je demande.
τηρέω *,	je garde.
καλέω * (f. έσω),	j'appelle.

3° Sur δουλόω :

χειρόω *,	je soumets.
κοινόω *,	je communique.
στεφανόω *,	je couronne.
καρπόω *,	je produis.
λυτρόω *,	je rachète.
ζημιόω,	j'endommage.

1. Les verbes marqués d'un astérisque (*) ont seuls authentiquement la voix moyenne.

II. VERBES DONT L'Ω FINAL EST PRÉCEDE D'UNE CONSONNE.

§ 97. Ces verbes se divisent en trois catégories :

1° Ceux dont le radical est terminé par une des neuf muettes, par ζ, ou par σσ, ττ;

2° Ceux dont le radical est terminé par σ, ψ, ξ;

3° Ceux dont le radical est terminé par une liquide, λ, μ, ν, ρ.

VERBES DONT LE RADICAL EST TERMINÉ PAR UNE DES NEUF CONSONNES MUETTES.

Ces verbes se subdivisent en trois classes :

1° Ceux en βω, πω, φω, πτω;

2° Ceux en γω, κω, χω;

3° Ceux en δω, τω, θω.

VERBES EN ΒΩ, ΠΩ, ΦΩ, ΠΤΩ.

Les verbes en βω, πω, φω, πτω, se conjuguent au présent et à l'imparfait des trois voix comme λύω, ἔλυον, et comme λύομαι, ἐλυόμην.

Ils ont le fut. act.   en ψω, équivalant à βσω, πσω, φσω;

le fut. moy. en ψομαι.

l'aoriste act. en ψα,

l'aoriste moy. en ψάμην.

le fut.⎫ passif   en φθήσομαι ⎫ φ attiré par θ à la place
l'aor. ⎭   en φθην   ⎭   de β, π.

le parf. ⎫ act.   en φα,
le p.-q.-p.⎭   en φειν,

le parf. ⎫ pas.   en μμαι ⎫ μ attiré par μαι, μην, à
le p.-q.-p.⎭   en μμην ⎭   la place de β, π, φ.

TABLEAU DE LA CONJUGAISON DU VERBE ΤΡΙΒΩ, JE BROIE. — VOIX ACTIVE.

TEMPS.	INDICATIF.	IMPÉRATIF.	SUBJONCTIF.	OPTATIF.	INFINITIF.	PARTICIPES.
PRÉSENT.	τρίβ ω, je broie.	τρίβ ε.	τρίβ ω.	τρίβ οιμι.	τρίβ ειν.	τρίβ ων, ουσα, ον.
IMPARF.	ἔτριβ ον.					
FUTUR.	τρί ψω.	τρί ψον.		τρίψ οιμι.	τρίψ ειν.	τρίψ ων, ουσα, ον.
AORISTE.	ἔτρι ψα.	τρέ ψον.	τρέψω.	τρέψ αιμι ou τρίψ εια.	τρίψ αι.	τρίψ ας, ασα, αν.
PARFAIT.	τέτρι φα.	τέτρι φε.	τετρίφ ω.	τετρίφ οιμι.	τετριφ έναι.	τετριφ ώς, υία, ός.
PL.-Q.-P.	ἐτετρί φειν.					
FUTUR P.	τετρι φὼς ἔσομαι.					

CONJUGUEZ DE MÊME :

ἅπτω 1, j'attache, ἅψω, ἧψα, ἦφα, (peu usité).
κρύπτω, je cache, κρύψω, ἔκρυψα, κέκρυφα.
ῥίπτω, je jette, ῥίψω, ἔῤῥιψα, ἔῤῥιφα.
γράφω, j'écris, γράψω, ἔγραψα, γέγραφα.

1. Dans les verbes en πτω, le τ ne compte pas pour la formation du futur et des temps qui en dérivent; et ces verbes sont considérés comme étant en πω. Les verbes en πω sont rares.

INDICATIF.	IMPÉRATIF.	SUBJONCTIF.
PRÉSENT. τρίβ ομαι.	τρίβ ου.	τρίβ ωμαι.
IMPARF. ἐτριβ όμην.		
FUTUR. τριφ θήσομαι.		
AORISTE. ἐτρίφ θην.	τρίφ θητι.	τριφ θῶ.
PARFAIT. S. τέτριμ μαι, τέτρι ψαι, τέτριπ ται, P. τετρίμ μεθα, τέτρι φθε, τετριμ μένοι εἰσί, D. τετρίμ μεθον, τέτρι φθον, τέτρι φθον.	τέτριψ ο. τετρίφ θω. τέτριφ θε, τετρίφ θωσαν. τέτριφ θον, τετρίφ θων.	τετριμμένος ὦ, etc.
PLUS-QUE-PARFAIT. S. ἐτετρίμ μην. ἐτέτρι ψο, ἐτέτριπ το. P. ἐτετρίμ μεθα, ἐτέτρι φθε, τετριμμένοι ἦσαν, D. ἐτετρίμ μεθον, ἐτέτρι φθον, ἐτετρί φθην.		
FUTUR P. τετρί ψομαι.		

VOIX

INDICATIF.	IMPÉRATIF.	SUBJONCTIF.
FUTUR. τρίψ ομαι.		
AORISTE. ἐτριψ άμην.	τρίψ αι.	τρίψ ωμαι.

OPTATIF.	INFINITIF.	PARTICIPES.
τριβ οίμην.	τρίβεσ θαι.	τριβ όμενος.
τριφ θησοίμην.	τριφ θήσεσθαι.	τριφ θησόμενος.
τριφ θείην.	τριφ θῆναι.	τριφ θείς.
τετριμ μένος εἴην, etc.	τετρίφ θαι.	τετριμ μένος, η, ον.
τετριψοί μην.	τετρίψ εσθαι.	τετριψ όμενος, η, ον.

MOYENNE.

OPTATIF.	INFINITIF.	PARTICIPES.
τριψοί μην.	τρίψεσ θαι.	τριψό μενος.
τριψαί μην.	τρίψασ θαι.	τριψά μενος.

OBSERVATIONS SUR LA CONJUGAISON DU PARFAIT ET DU PLUS-QUE-PARFAIT.

§ 98. 1° Toutes les premières personnes de ces deux temps commençant par μ, le β du radical s'est changé lui-même en μ par attraction :

τέτριμ μαι,   τετρίμ μεθα,   τετρίμ μεθον ;
ἐτετρίμ μην,   ἐτετρίμ μεθα,   ἐτετρίμ μεθον.

2° La deuxième personne du singulier commençant par σ, le β s'est combiné avec cette consonne pour faire un ψ : ainsi, τέτριψαι équivaut à τέτριβσαι, ἐτέτριψο à ἐτέτριβσο. De même à l'impératif : τέτριψο équivaut à τέτριβσο.

3° La troisième personne du singulier commençant par τ, muette forte, le β s'est changé en sa forte correspondante π :

τέτριπ ται pour τέτριβ ται, ἐτέτριπ το pour ἐτέτριβ το.

4° A la deuxième personne du pluriel, le choc des trois consonnes βσθ (τέτριβ σθε) a amené la suppression du σ, et β rapproché de θ a dû s'aspirer lui-même. De là τέτριφ θε à l'indicatif et à l'impératif ; τετρίφ θω, θωσαν, à l'impératif ; τετρίφ θον, ἐτέτριφ θον, ἐτέτριφ θην, à la deuxième et à la troisième personne du duel (pour τέτριβ σθον, etc.) ; enfin, à l'infinitif, τετρίφ θαι équivaut à τετρίβ σθαι.

5° La troisième personne du pluriel au parfait et au plus-que-parfait devrait être, d'après l'analogie de λύω (λέλυμαι, λέλυνται), τέτριβνται. La dureté de ces trois consonnes rapprochées a fait remplacer cette forme simple par la forme composée τετριμμένοι, αι, εἰσί au parfait ; et au plus-que-parfait ἐτέτριβντο a été remplacé par τετριμμένοι ἦσαν.

CONJUGUEZ DE MÊME :

ἐρείπομαι, ἐρειφθήσομαι. ἠρείφθην, ἤρειμμαι. ἠρείμμην.
κρύπτομαι, κρυφθήσομαι, ἐκρύφθην. κέκρυμμαι, ἐκεκρύμμην.
γράφομαι, γραφθήσομαι, ἐγράφθην, γέγραμμαι, ἐγεγράμμην.

RÉSUMÉ.

Tout verbe dont le radical se termine par β, π, πτ, φ, a :

1° Le futur actif en ψω, le futur moyen en ψομαι, le futur passif en φθήσομαι ;

2° Le parfait actif en φα, le parfait passif en μμαι.

L'aoriste suit l'analogie du futur aux trois voix ;

Le plus-que-parfait, celle du parfait.

§ 99.   VERBES EN ΓΩ, ΚΩ, ΧΩ.

Voix active. — Ils se conjuguent au présent et à l'imparfait d'après l'analogie du verbe λύω.

Ils ont le futur   en ξω, équivalant à γσω, κσω, χσω ;
         l'aoriste   en ξα,   —   γσα, κσα, χσα ;
         le parfait en χα ;
         le pl.-q.-p. en χειν.

OBSERVATION. — Dans les verbes μίσγω, je mêle, διδάσκω, j'enseigne, on retranche le σ du radical au futur et aux temps qui s'en forment : μίξω, ἔμιξα, μέμιχα ; διδάξω, ἐδίδαξα, δεδίδαχα.

Voix passive. — Rien de particulier au présent et à l'imparfait, qui se conjuguent d'après λύομαι.

Le futur est   en χθήσομαι.   Le parfait est en γμαι.
L'aoriste   en χθην.   Le plus-q.-p. en γμην.
Le futur passé   en ξομαι.

CONJUGAISON DU VERBE ΠΛΕΚΩ, JE PLIE.— VOIX ACTIVE.

TEMPS.	INDICATIF.	IMPÉRATIF.	SUBJONCTIF.	OPTATIF.	INFINITIF.	PARTICIPES.
PRÉSENT.	πλέκ ω.	πλέκ ε.	πλέκ ω.	πλέκ οιμι.	πλέκ ειν.	πλέκ ων, ουσα, ον.
IMPARF.	ἔπλεκ ον.					
FUTUR.	πλέ ξω.			πλέ ξοιμι.	πλέ ξειν.	πλέ ξων, ξουσα, ξον.
AORISTE.	ἔπλε ξα.	πλέ ξον.	πλέ ξω.	πλέ ξαιμι, αις[1], αι[2].	πλέ ξαι.	πλέ ξας, ξασα, ξαν.
PARFAIT.	πέπλε χα.	πέπλε χε[3].	πεπλέ χω.	πεπλέ χοιμι.	πεπλε χέναι.	πεπλεχώς, χυῖα, χός.
PL.-Q.-P.	ἐπεπλέ χειν.					
FUT. P.	πεπλε χὼς ἔσομαι.			πεπλε χὼς ἐσοίμην.		

CONJUGUEZ AINSI :

πνίγω. j'étouffe.   πνίξω. ἔπνιξα. πέπνιγα. ἐπεπνίγειν.
βρέχω. je mouille.   βρέξω. ἔβρεξα. βέβρεχα. ἐβέβρεχειν.

1. On écrit.   2. On écrit.   3. Inusité.

CONJUGAISON DU VERBE ΠΛΕΚΩ. — VOIX PASSIVE.

	INDICATIF.	IMPÉRATIF.	SUBJONCTIF.	OPTATIF.	INFINITIF.	PARTICIPES.
PRÉSENT.	πλέκ ομαι.	πλέκ ου.	πλέκ ωμαι.	πλεκ οίμην.	πλέκ εσθαι.	πλεκ όμενος, η, ον.
IMPARFAIT.	ἐπλεκ όμην.					
FUTUR.	πλεχ θήσομαι.			πλεχ θησοίμην.	πλεχ θήσεσθαι.	πλεχ θησόμενος, η, ον.
AORISTE.	ἐπλέχ θην.	πλέχ θητι.	πλεχ θῶ.	πλεχ θείην.	πλεχ θῆναι.	πλεχ θείς, θεῖσα, θέν.
PARFAIT.	S. πέπλεγ μαι, πέπλε ξαι, πέπλεκ ται, P. πεπλέγ μεθα, πέπλεχ θε, πεπλεγ μένοι εἰσί, D. πεπλέγ μεθον, πέπλεχ θον, πέπλεχ θον.	πέπλε ξο, πεπλέχ θω, πέπλεχ θε, πεπλέχ θωσαν, πέπλεχ θον, πεπλέχ θων.	πεπλεγ μένος ὦ.	πεπλεγ μένος εἴην.	πεπλέχ θαι.	πεπλεγ μένος, η, ον.
PLUS-QUE-PARFAIT.	S. ἐπεπλέγ μην, ἐπέπλε ξο, ἐπέπλεκ το, P. ἐπεπλέγ μεθα, ἐπέπλεχ θε, πεπλεγ μένοι ἦσαν, D. ἐπεπλέγ μεθον, ἐπέπλεχ θον, ἐπεπλέγ θην.					
FUTUR PASSÉ.	πεπλέ ξομαι.			πεπλε ξοίμην.	πεπλέ ξεσθαι.	πεπλε ξόμενος, η, ον.

VOIX MOYENNE.

	INDICATIF.		SUBJONCTIF.	OPTATIF.	INFINITIF.	PARTICIPES.
FUTUR.	πλέ ξομαι.		πλέ ξωμαι.	πλε ξοίμην.	πλέ ξεσθαι.	πλε ξόμενος, η, ον.
AORISTE.	ἐπλε ξάμην.		πλέ ξωμαι.	πλε ξαίμην.	πλέ ξασθαι.	πλε ξάμενος, η, ον.

OBSERVATIONS SUR LA CONJUGAISON DU PARFAIT ET DU PLUS-QUE-PARFAIT.

§ 100. 1° Le κ du radical se change en γ devant μ, c'est-à-dire aux premières personnes et au participe :

πέπλεγμαι,   πεπλέγμεθα,   πεπλέγμεθον.
ἐπεπλέγμην,   ἐπεπλέγμεθα,   ἐπεπλέγμεθον.
πεπλεγμένος.

2° La deuxième personne du singulier commençant par σ, le κ se combine avec ce σ en un ξ : πέπλεξαι, ἐπέπλεξο; impératif, πέπλεξο.

3° Si le σ est suivi d'un θ, comme à la deuxième personne du pluriel, il se retranche, et le κ, rencontrant θ, se change en χ : πέπλεχθε, ἐπέπλεχθε, pour πέπλεκσθε, ἐπέπλεκσθε. De là l'impératif πεπλέχθω, πεπλέχθωσαν, etc., et l'infinitif πεπλέχθαι pour πεπλέκσθαι.

A la troisième personne du singulier, le κ se maintient devant τ : πέπλεκται, ἐπέπλεκτο.

A la troisième personne du pluriel, le κ ne pouvant se prononcer avec νται, ντο, on a recours à l'emploi du verbe εἰμί avec le participe parfait du verbe que l'on conjugue : ainsi, πεπλεγμένοι εἰσί, pour πέπλεκνται; πεπλεγμένοι ἦσαν, pour ἐπέπλεκντο.

Ainsi se conjuguent :

πνίγομαι,   je suis étouffé;   fut. πνιγθήσομαι; parf. πέπνιγμαι.
βρέχομαι,   je suis mouillé;   fut. βρεχθήσομαι; parf. βέβρεγμαι.
μίσγομαι,   je suis mêlé;   fut. μιχθήσομαι;   parf. μέμιγμαι.
διδάσκομαι, je suis instruit; fut. διδαχθήσομαι; parf. δεδίδαγμαι.

RÉSUMÉ.

Tout verbe dont le radical se termine par γ, κ, χ, fait :

1° Le futur actif en ξω, le futur moyen en ξομαι, le futur passif en χθήσομαι;

2° Le parf. act. en χα, le parf. pass. et moy. en γμαι, ξαι, κται.

L'aoriste suit l'analogie du futur aux trois voix.

Le plus-que-parfait suit celle du parfait.

§ 101.   VERBES EN ΔΩ, ΤΩ, ΘΩ.

Dans ces verbes, la consonne finale du radical, δ, τ, θ, disparaît au futur, à l'aoriste, au parfait et au plus-que-parfait, et leur conjugaison ressemble alors à celle des verbes en ω précédé d'une voyelle (λύω). Ainsi :

	Futur.	Aoriste.	Parfait.	Plus-que-p.
Ἐρείδω, j'appuie,	ἐρείσω,	ἤρεισα,	ἤρεικα,	ἠρείκειν.
Ἀνύτω, j'achève,	ἀνύσω,	ἤνυσα,	ἤνυκα,	ἠνύκειν.
Πείθω, je persuade,	πείσω,	ἔπεισα,	πέπεικα,	ἐπεπείκειν.

Le présent et l'imparfait passif n'offrent rien de particulier.

Le futur   est en σθήσομαι. L'aoriste est en σθην.

Le parfait   —   σμαι.   Le pl.-q.-p. en σμην.

Le fut. passé —   σομαι.

CONJUGAISON DU VERBE ΨΕΥΔΩ, JE TROMPE. — VOIX ACTIVE.

TEMPS.	INDICATIF.	IMPÉRATIF.	SUBJONCTIF.	OPTATIF.	INFINITIF.	PARTICIPES.
PRÉSENT.	ψεύδ ω.	ψεῦδ ε.	ψεύδ ω.	ψεύδ οιμι.	ψεύδ ειν.	ψεύδ ων, ουσα, ον.
IMPARFAIT.	ἔψευδ ον.					
FUTUR.	ψεύ σω. σεις.			ψεύ σοιμι.	ψεύ σειν.	ψεύ σων, σουσα, σον.
AORISTE.	ἔψευ σα.	ψεῦ σον.	ψεύ σω, σῃς.	ψεύ σαιμι, αις¹, αι².	ψεῦ σαι.	ψεύ σας, σασα, σαν.
PARFAIT.	ἔψευ κα.	ἔψευ κε³.	ἐψεύ κω.	ἐψεύ κοιμι.	ἐψευ κέναι.	ἐψευ κός, κυῖα, κός.
PL.-Q.-P.	ἐψεύ κειν.					
FUTUR P.	ἐψευκὸς ἔσομαι.			ἐψευκὸς ἐσοίμην.		

1. Ou εια.   2. Ou εις.   3. Inusité.

CONJUGAISON DU VERBE ΨΕΥΔΩ. — VOIX PASSIVE.

TEMPS.	INDICATIF.	IMPÉRATIF.	SUBJONCTIF.	OPTATIF.	INFINITIF.	PARTICIPES.
PRÉSENT.	je suis trompé. ψεύδ ομαι.	ψεύδ ου.	ψεύδ ωμαι.	ψευδ οίμην.	ψεύδ εσθαι.	ψευδ όμενος, η, ον.
IMPARF.	j'étais trompé. ἐψευδ όμην.					
FUTUR.	je serai trompé. ψευδ θήσομαι.			ψευδ θησοίμην.	ψευδ θήσεσθαι.	ψευδ θησόμενος, η, ον.
AORISTE.	je fus, j'ai été trompé. ἐψεύσ θην.	ψεύσ θητι.	ψευσ θῶ.	ψευσ θείην.	ψευσ θῆναι.	ψευσ θείς, θεῖσα, θέν.
PARFAIT 1	j'ai été, je suis trompé. ἔψευσ μαι.	ἔψευσ σο.	ἔψευσ μένος ὦ.	ἐψευσ μένος εἴην.	ἐψεῦ σθαι.	ἐψευσ μένος, η, ον.
PL.-Q.-P.	j'avais été, j'étais trompé. ἐψεύσ μην.					
FUT. PAS.	j'aurai été trompé. ἐψεύ σομαι.			ἐψευ σοίμην.	ἐψεύ σεσθαι.	ἐψευ σόμενος, η, ον.

VOIX MOYENNE.

TEMPS.	INDICATIF.	IMPÉRATIF.	SUBJONCTIF.	OPTATIF.	INFINITIF.	PARTICIPES.
FUTUR.	ψεύ σομαι.[2]			ψευ σοίμην.	ψεύ σεσθαι.	ψευ σόμενος, η, ον.
AORISTE.	ἐψευ σάμην.	ψεῦ σαι.	ψεύ σωμαι.	ψευ σαίμην.	ψεύ σασθαι.	ψευ σάμενος, η, ον.

1. Sur la conjugaison du parfait et du plus-que-parfait, voyez § 90, page 120.
2. Je me tromperai (volontairement), je tromperai (pour moi), je mentirai.

RÉSUMÉ DES VERBES EN ΔΩ, ΤΩ, ETC.

Tout verbe dont le radical se termine par δ, τ, θ, fait :

1° Le futur actif en σω, le futur moyen en σομαι, le futur passif en σθήσομαι ;

2° Le parfait actif en κα, le parfait moyen et passif en ομαι. L'aoriste suit l'analogie du futur aux trois voix.

Le plus-que-parfait suit celle du parfait.

§ 102.   VERBES EN ΖΩ ET EN ΣΣΩ OU ΤΤΩ.

Les verbes en ζω et en σσω ou ττω se rattachent partiellement aux verbes en δω, τω, θω, et aux verbes en γω, κω, χω.

Aussi les divise-t-on en deux classes :

1° Ceux qui ont le futur en σω ;

2° Ceux qui ont le futur en ξω.

1. ΖΩ, ΣΣΩ, FUTUR ΣΩ.

A cette classe appartiennent :

1° Des verbes en ζω fort nombreux, qui semblent dériver d'une forme primitive en άω, ίω, ύω, όω, etc. Tels sont :

Ἀναγκάζω, je force.	Ἐρεθίζω, j'irrite.
Γυμνάζω, j'exerce.	Νομίζω, je crois.
Κολάζω, je châtie.	Πορίζω, je fournis.
Θαυμάζω, j'admire.	Ἀθροίζω, je rassemble.
Φράζω, je dis.	Ἑρπύζω, je rampe.
Βασανίζω, je tourmente.	Σώζω, je sauve.

2° Des verbes en σσω ou ττω beaucoup moins nombreux, et qui se rattachent aussi à un radical primitivement terminé par une voyelle. Tels sont :

Πλάσσω, je façonne.	Ἐρέσσω, je rame.
Πάσσω, je saupoudre.	Πτίσσω, je pile.
Ἱμάσσω, je fouette.	

3° Quelques-uns ont à la fois la forme en ζω et en σσω

(ou ττω), comme βράσσω, je fais bouillir, et βράζω ; ἁρμόττω,
j'adapte, et ἁρμόζω.

Remarque. — La forme ττω est propre aux Attiques. Elle
ne diffère en rien de la forme σσω et s'emploie concurremment
avec elle.

Tous ces verbes sont caractérisés par σ devant les terminaisons du futur, de l'aoriste, du parfait et du plus-que-parfait passif :

Ἀναγκασθήσομαι,   ἠναγκάσθην,   ἠνάγκασμαι,   ἠναγκάσμην.

Πλασθήσομαι,   ἐπλάσθην,   πέπλασμαι,   ἐπεπλάσμην.

Ils se conjuguent d'après les tableaux du § 90 et des
pages 150, 151.

II. ΖΩ, ΣΣΩ ou ΤΤΩ, futur ΞΩ.

Dans cette deuxième classe, les verbes en ζω sont les
moins nombreux; au contraire, ceux en σσω se rencontrent
beaucoup plus souvent. Les uns et les autres viennent de radicaux primitivement terminés par γ, κ, χ. Tels sont :

Σφάζω,   j'égorge   (subst. σφαγή, égorgement).
Στενάζω,   je gémis   (subst. στεναγμός, gémissement).
Θωρήσσω,   je cuirasse (subst. θώραξ, g. θώρακος, cuirasse).
Πλήσσω,   je frappe   (subst. πληγή, coup, plaie).
Φυλάσσω, je garde   (subst. φύλαξ, g. φύλακος, gardien).
Ἄσσω,   je bondis   (subst. αἴξ, g. αἰγός, chèvre).
Ταράσσω,   je trouble   (subst. ταραχή, trouble).

Tous ces verbes se conjuguent d'après les tableaux des
pages 146, 147.

§ 103.   VERBES EN ΣΩ, ΨΩ, ΞΩ.

Ces verbes sont au nombre de quatre ou cinq. Ce sont :
Τέρσω, je sèche,   fut. τέρσω, aor. ἔτερσα.
Δέψω, je corroie,   fut. δεψήσω, aor. ἐδέψησα, parf. δεδέψηκα.
Ἕψω,   je cuis,   fut. ἑψήσω, aor. ἥψησα, parf. ἥψηκα.
Αὔξω, j'accrois,   fut. αὐξήσω, aor. ηὔξησα, parf. ηὔξηκα.
Ἀλέξω, je repousse, fut. ἀλεξήσω, aor. ἠλέξησα, etc.

§ 104. TABLEAU GÉNÉRAL DES TERMINAISONS,
AUX TROIS VOIX,

A L'INDICATIF DU FUTUR, DE L'AORISTE, DU PARFAIT,
DU PLUS-QUE-PARFAIT, DU FUTUR PASSÉ,
DES VERBES EN

ΒΩ, ΠΩ, ΠΤΩ, ΦΩ; ΓΩ, ΚΩ, ΧΩ; ΔΩ, ΤΩ, ΘΩ; ΖΩ, ΣΣΩ ou ΤΤΩ; ΨΩ, ΞΩ.

		FUTUR.	AORISTE.	PARFAIT.	PL.-Q.-P.	FUT. PASSÉ.
1° Verbes en βω, πω, πτω, φω.	Actif. ψω.		ψα.	φα.	φειν.	φὼς ἔσομαι.
	Moy. ψομαι.		ψάμην.	μμαι[1], ψαι, πται.	μμην, ψο, πτο.	ψομαι.
	Pass. φθήσομαι.		φθην.			
2° Verbes en γω, κω, χω, et en ζω, σσω ou ττω de primitifs en γω, κω, etc.	Actif. ξω.		ξα.	χα.	χειν.	χὼς ἔσομαι.
	Moy. ξομαι.		ξάμην.	γμαι[2], ξαι, κται.	γμην, ξο, κτο.	ξομαι.
	Pass. χθήσομαι.		χθην.			
3° Verbes en δω, τω, θω, et en ζω, σσω ou ττω, de primitifs en δω, τω, θω, etc.	Actif. σω[3].		σα.	κα.	κειν.	κὼς ἔσομαι.
	Moy. σομαι.		σάμην.	σμαι, σαι, σται.	σμην, σο, στο.	σομαι.
	Pass. σθήσομαι.		σθην.			
4° Verbes en ψω et en ξω.	Actif. ήσω.	ησα.	ηκα.	ήκειν.	ηκὼς ἔσομαι.
	Moy. ήσομαι.	ησάμην.	ημαι.	ήμην.	ήσομαι.
	Pass. ηθήσομαι.	ήθην.			

1. Si, avant β, π, πτ, φ, il y a un μ, comme dans κάμπτω, πέμπω, ce μ se retranche au parfait et au plus-que-parfait aux premières personnes, et au participe : κέκαμμαι, πέπεμμαι, κεκάμμεθα, πεπέμμεθα, κεκαμμένος, πεπεμμένος. Il se conserve partout ailleurs : κέκαμψαι, πέπεμψαι; κέκαμπται, πέπεμπται; κέκαμφθε, πέπεμφθε, etc.

2. Si, avant γ, κ, χ, il y a un γ, comme dans σφίγγω, ἐλέγχω, ce γ se retranche aux premières personnes du parfait et du plus-que-parfait, et au participe : ἔσφιγμαι, ἐσφίγμην, ἐσφιγμένος; ἤλεγμαι, ἠλέγμην, ἠλεγμένος. Il reparaît ailleurs : ἔσφιγξαι, ἔσφιγκται, ἐσφίγχθε; ἤλεγξαι, ἤλεγκται, ἤλεγχθε, etc.

3. Les verbes en ένδω font εισω, εισα, εικα, εισομαι : σπένδω, σπείσω, ἔσπεικα, ἔσπεισμαι.

§ 105.   VERBES EN ΛΩ, ΜΩ, ΝΩ, ΡΩ.

Ce qui distingue ces verbes de tous ceux que nous avons étudiés jusqu'ici, c'est l'absence de la figurative σ au futur et à l'aoriste de l'actif et du moyen.

Le futur est terminé en ῶ, εῖς, εῖ, οῦμεν, εῖτε, οῦσι, εῖτον, εῖτον, à l'actif;

En οῦμαι, ῇ, εῖται, ούμεθα, εῖσθε, οῦνται, ούμεθον, εῖσθον, εῖσθον, au moyen;

C'est-à-dire absolument comme le présent actif et moyen des verbes contractes en έω (§ 94, pages 128-131).

L'aoriste actif est terminé en α, ας, ε, αμεν, ατε, αν, ατον, άτην.

L'aoriste moyen en άμην, ω, ατο, άμεθα, ασθε, αντο, άμεθον, ασθον, άσθην.

La terminaison des autres temps n'offre rien de particulier. Les quatre tableaux suivants donneront une idée générale de la conjugaison de ces verbes.

1. VERBES EN ΛΩ.

	INDICATIF.	IMPÉRATIF.	SUBJONCTIF.
PRÉSENT. A.	[1]ἀγγέλλ ω, j'annonce.	ἄγγελλ ε.	ἀγγέλλ ω.
M.[2] P.[3]	ἀγγέλλ ομαι.[4]	ἀγγέλλ ου.	ἀγγέλλ ωμαι.
IMPARFAIT. A.	ἤγγελλ ον.		
M. P.	ἠγγελλ όμην.		
FUTUR. A.	ἀγγελ ῶ, εῖς, εῖ, etc.		
M.	ἀγγελ οῦμαι, ῇ, εῖται.		
P.	ἀγγελ θήσομαι.		
AORISTE. A.	ἤγγειλ α.	ἄγγειλ ον.	ἀγγείλ ω.
M.	ἠγγειλ άμην.	ἄγγειλ αι.	ἀγγείλ ωμαι.
P.	ἠγγέλ θην.	ἀγγέλ θητι.	ἀγγελ θῶ.
PARFAIT. A.	ἤγγελ κα.	ἤγγελ κε.[5]	ἠγγέλ κω.
M. P.	ἤγγελ μαι.	ἤγγελ σο.	ἠγγελ μένος ὦ.
PL.-Q.-PARF. A.	ἠγγέλ κειν.		
M. P.	ἠγγέλ μην.		
FUT. PASSÉ. A.	ἠγγελ κὼς } ἔσομαι.		
P.	ἠγγελ μένος }		

1. A signifie *actif*.   2. M signifie *moyen*.   3. P signifie *passif*.
4. Ce verbe est peu usité au moyen, si ce n'est en vers, où il a le sens de *s'engager, promettre*. En prose on dit ἐπαγγέλλομαι.
5. Inusité.

OPTATIF.	INFINITIF.	PARTICIPES.
ἀγγέλλ οιμι. ἀγγελλ οίμην.	ἀγγέλλ ειν. ἀγγέλλ εσθαι.	ἀγγέλλ ων, ουσα, ον. ἀγγελλ όμενος, η, ον.
ἀγγελ οῖμι. ἀγγελ οίμην. ἀγγελ θησοίμην.	ἀγγελ εῖν. ἀγγελ εῖσθαι. ἀγγελ θήσεσθαι.	ἀγγελ ῶν, οῦσα, οῦν. ἀγγελ ούμενος, η, ον. ἀγγελ θησόμενος, η, ον.
ἀγγείλ αιμι, αις[1], αι[2]. ἀγγειλ αίμην. ἀγγελ θείην.	ἀγγεῖλ αι. ἀγγείλ ασθαι. ἀγγελ θῆναι.	ἀγγείλ ας, ασα, αν. ἀγγειλ άμενος, η, ον. ἀγγελ θείς, θεῖσα, θέν.
ἠγγέλ κοιμι. ἠγγελ μένος εἴην.	ἠγγελ κέναι. ἠγγέλ θαι.	ἠγγελ κώς, κυῖα, κός. ἠγγελ μένος, η, ον.
ἠγγελ κὼς ἠγγελ μένος } ἐσοίμην.		

1. *Ou* ειας.   2. *Ou* ειε.

	INDICATIF.	IMPÉRATIF.	SUBJONCTIF.
PRÉSENT.	A. νέμ. ω, je distribue. M. P. νέμ. ομαι.	νέμ. ε. νέμ. ου.	νέμ. ω. νέμ. ωμαι.
IMPARFAIT.	A. μ. ον. M. P. ἐνεμ. όμην.		
FUTUR.	A. νεμ. ῶ, εῖς, εῖ, etc. M. νεμ. οῦμαι, ῇ, εῖται. P. νεμ. ηθήσομαι.		
AORISTE.	A. ἔνειμ. α. M. ἐνειμ. άμην. P. ἐνεμ. ήθην.	νεῖμ. ον. νεῖμ. αι. νεμ. ήθητι.	νείμ. ω. νείμ. ωμαι. νεμ. ηθῶ.
PARFAIT.	A. νενέμ. ηκα. M. P. νενέμ. ημαι.	νενέμ. ηκε. νενέμ. ησο.	νενεμ. ήκω. νενεμ. ημένος ὦ.
PL.-Q.-PARF.	A. ἐνενεμ. ήκειν. M. P. ἐνενεμ. ήμην.		
FUT. PASSÉ.	A. νενεμ. ηκὼς ⎫ ⎬ ἔσομαι. P. νενεμ. ημένος ⎭		

OPTATIF.	INFINITIF.	PARTICIPES.
νέμ. οιμι.	νέμ. ειν.	νέμ. ων, ουσα, ον.
νεμ. οίμην.	νέμ. εσθαι.	νεμ. όμενος, η, ον.
νεμ. οῖμι.	νεμ. εῖν.	νεμ. ῶν, οῦσα, οῦν.
νεμ. οίμην.	νεμ. εῖσθαι.	νεμ. ούμενος, η, ον.
νεμ. ηθησοίμην.	νεμ. ηθήσεσθαι.	νεμ. ηθησόμενος, η, ον.
νείμ. αιμι, αις [1], αι [2].	νεῖμ. αι.	νείμ. ας, ασα, αν.
νειμ. αίμην.	νείμ. ασθαι.	νειμ. άμενος, η ον.
νεμ.η θείην.	νεμ." ηθῆναι.	νεμ. ηθείς, ηθεῖσα, ηθέν.
νενεμ. ήκοιμι.	νενεμ. ηκέναι.	νενεμ. ηκώς, ηκυῖα, ηκός.
νενεμ. ημένος εἴην.	νενεμ. ῆσθαι.	νενεμ. ημένος, η, ον.
	.	
νενεμ. ηκὼς ⎫ νενεμ. ημένος⎭ἐσοίμην.		

	INDICATIF.	IMPÉRATIF.	SUBJONCTIF.
PRÉSENT.	A. σημαίν ω, je marque. M. P. σημαίν ομαι.	σήμαιν ε. σημαίν ου.	σημαίν ω. σημαίν ωμαι.
IMPARFAIT.	A. ἐσήμαιν ον. M. P. ἐσημαιν όμην.		
FUTUR.	A. σημαν ῶ, εῖς, εῖ, etc. M. σημαν οῦμαι, ῇ, εῖται. P. σημαν θήσομαι.		
AORISTE.	A. ἐσήμην α. M. ἐσημην άμην. P. ἐσημάν θην.	σημῆν ον. σήμην αι. σημάν θητι.	σημήν ω. σημήν ωμαι. σημαν θῶ.
PARFAIT.	A. σεσήμαγ κα. M. P. σεσήμασ μαι[2].	σεσήμαγ κε[1]. σεσήμαν σο.	σεσήμάγ κω. σεσημασ μένος ὦ.
PL.-Q.-PARF.	A. ἐσεσημάγ κειν. M. P. ἐσεσημάσ μην[2].		
F. PASSÉ.	A. σεσήμαγ κὼς } P. σεσημασ μένος } ἔσομαι.		

1. Inusité.

2. Voir le tableau du parfait, etc., page 165, fin.

OPTATIF.	INFINITIF.	PARTICIPES.
σημαίν οιμι.	σημαίν ειν.	σημαίν ων, ουσα, ον.
σημαιν οίμην.	σημαίν εσθαι.	σημαιν όμενος, η, ον.
σημαν οῖμι.	σημαν εῖν.	σημαν ῶν, οῦσα, οῦν.
σημαν οίμην.	σημαν εῖσθαι.	σημαν ούμενος, η, ον.
σημαν θησοίμην.	σημαν θήσεσθαι.	σημαν θησόμενος, η, ον.
σημήν αιμι, αις[1], αι[2].	σημῆν αι.	σημήν ας, ασα, αν.
σημην αίμην.	σημήν ασθαι.	σημην άμενος, η, ον.
σημαν θείην.	σημαν θῆναι.	σημαν θείς, θεῖσα, θέν.
σεσημάγ κοιμι.	σεσημαγ κέναι.	σεσημαγ κώς, κυῖα, κός.
σεσημασ μένος εἴην.	σεσημάν θαι.	σεσημασ μένος, η, ον.
σεσημαγ κὼς ⎫		
σεσημασ μένος ⎭ ἐσοίμην.		

IV. VERBES EN PΩ.

		INDICATIF.	IMPÉRATIF.	SUBJONCTIF.
PRÉSENT.		A. αἴρ ω, je lève.	αἶρ ε.	αἴρ ω.
		M. P. αἴρ ομαι.	αἴρ ου.	αἴρ ωμαι.
IMPARFAIT.		A. ἦρ ον.		
		M. P. ἠρ όμην.		
FUTUR.		A. ἀρ ῶ, εῖς, εῖ.		
		M. ἀρ οῦμαι, ῇ, εῖται.		
		P. ἀρ θήσομαι.		
AORISTE.		A. ἦρ α.	ἆρ ον.	ἄρ ω, ῃς, ῃ.
		M. ἠρ άμην.	ἆρ αι.	ἄρ ωμαι.
		P. ἤρ θην.	ἄρ θητι.	ἀρ θῶ.
PARFAIT.		A. ἦρ κα.	ἦρ κε [1].	ἤρ κω.
		M. P. ἦρ μαι.	ἦρ σο.	ἠρ μένος ὦ, ῃς.
PL.-Q.-PARF.		A. ἤρ κειν.		
		M. P. ἤρ μην.		
F. PASSÉ.		A. ἠρ κὼς ⎰ ἔσομαι.		
		P. ἠρ μένος ⎱		

1. Inusité.

OPTATIF.	INFINITIF.	PARTICIPES.
αἴρ οιμι.	αἴρ ειν.	αἴρ ων, ουσα, ον.
αἰρ οίμην.	αἴρ εσθαι.	αἰρ όμενος, η, ον.
ἀρ οῖμι.	ἀρ εῖν.	ἀρ ῶν, οῦσα, οῦν.
ἀρ οίμην.	ἀρ εῖσθαι.	ἀρ ούμενος, η, ον.
ἀρ θησοίμην.	ἀρ θήσεσθαι.	ἀρ θησόμενος, η, ον.
ἄρ αιμι, αις¹, αι².	ἆρ αι.	ἄρ ας, ασα, αν.
ἀρ αίμην.	ἄρ ασθαι.	ἀρ άμενος, η, ον.
ἀρ θείην.	ἀρ θῆναι.	ἀρ θείς, εῖσα, έν.
ἦρ κοιμι.	ἠρ κέναι.	ἠρ κώς, κυῖα, κός.
ἠρ μένος εἴην.	ἦρ θαι.	ἠρ μένος, η, ον.
ἠρ κὼς ⎫ ⎬ ἐσοίμην. ἠρ μένος ⎭		

1. *Ou* ειας.   2. *Ou* ειε.

§ 106. Remarques. — 1°. Sur le futur. La syllabe qui précède la terminaison est toujours brève au futur dans les verbes en λω, μω, νω, ρω. Aussi, lorsque cette syllabe est longue au présent soit par sa nature, soit à titre de diphthongue, comme dans σημαίνω, σπείρω, soit parce que la voyelle finale du radical est suivie de deux consonnes, comme dans ἀγγέλλω, στέλλω, τέμνω, on l'abrége au futur en la changeant en la voyelle brève correspondante, ou en retranchant la dernière lettre de la diphthongue :

σημαίνω, σημανῶ ; σπείρω, σπερῶ ;

ou la deuxième consonne :

ἀγγέλλω, ἀγγελῶ ; στέλλω, στελῶ ; τέμνω, τεμῶ.

2°. Sur l'aoriste. Au contraire, la syllabe qui précède la terminaison est toujours longue à l'aoriste, quelle que soit la quantité du présent.

Pour former l'aoriste, on part toujours du futur. Ainsi :

Si le futur a un ε, comme νεμῶ, je distribuerai, ἀγγελῶ, j'annoncerai, σπερῶ, je sèmerai, cet ε se change en la diphthongue ει : ἔνειμα, je distribuai ; ἤγγειλα, j'annonçai ; ἔσπειρα, je semai.

Si le futur a un α, cet α s'allonge ordinairement en η : ψάλλω, je joue de la lyre, futur ψαλῶ, aoriste ἔψηλα ; σημαίνω, je signifie, futur σημανῶ, aoriste ἐσήμηνα.

Si α est précédé de la consonne ρ ou d'un ι, cet α, bref au futur, devient long à l'aoriste. Ainsi :

Περαίνω, je termine,   futur περᾰνῶ [1]. aoriste ἐπέρᾱνα ;
Μαραίνω, je flétris,   —   μαρᾰνῶ,   —   ἐμάρᾱνα ;
Μιαίνω, je souille,   —   μιᾰνῶ,   —   ἐμίᾱνα ;
Πιαίνω, j'engraisse,   —   πιᾰνῶ,   —   ἐπίᾱνα.

Quant au verbe αἴρω, ci-dessus conjugué, qui fait à l'aoriste ἦρα, il faut noter que l'η est le résultat de l'augment ; aussi les autres modes reprennent-ils α (long) : ἆρον, ἄρω, ἄραιμι, etc. — L'η de l'indicatif ne prend jamais ι souscrit, car ἦρα est pour ἔαρα.

---

1. ᾰ signifie α *bref*, ᾱ signifie α *long*.

Dans les verbes qui ont ι ou υ avant λ, μ, ν, ρ, ces voyelles, brèves au futur, deviennent longues à l'aoriste :

Κρίνω, je juge,   futur κρῐνῶ, aoriste ἔκρῑνα ;
Πλύνω, je lave,   —   πλῠνῶ,   —   ἔπλῡνα ;
Τίλλω, j'épile,   —   τιλῶ,   —   ἔτῑλα ;
Βδύλλω, j'ai peur,   —   βδῠλῶ,   —   ἔϐδῡλα.

3°. Sur le parfait. Le parfait se forme en ajoutant κα au radical tel qu'il se trouve au futur, et l'on prépose le redoublement (ou l'augment temporel). Exemples :

Ἀγγέλλω, j'annonce, futur ἀγγελῶ, parfait ἤγγελκα ;
Σφάλλω, je renverse, —   σφαλῶ,   —   ἔσφαλκα ;
Αἴρω,   je lève,   —   ἀρῶ,   —   ἦρκα ;
Ἐγείρω, j'éveille,   —   ἐγερῶ,   —   ἤγερκα [1].

Dans les verbes en έλλω, είρω, qui n'ont que deux syllabes, comme στέλλω, σπείρω, φθείρω, l'ε du futur se change en α au parfait : στελῶ, ἔσταλκα ; σπερῶ, ἔσπαρκα ; φθερῶ, ἔφθαρκα.

Dans les verbes en αίνω, le ν du futur se change, d'après le principe établi § 5, en γ : σημαίνω, σημανῶ, σεσήμαγκα ; φαίνω, φανῶ, πέφαγκα ; μιαίνω, μιανῶ, μεμίαγκα.

Dans les verbes en ίνω, le ν se rejette : κλίνω, κλινῶ, κέκλικα ; κρίνω, κρινῶ, κέκρικα.

Dans les verbes en είνω, le ν se rejette également, et de plus ε se change en α : κτείνω, κτενῶ, ἔκτακα [2] ; τείνω, τενῶ, τέτακα.

Dans les verbes en ύνω, le ν tantôt se rejette, comme dans πλύνω, πλυνῶ, πέπλυκα ; tantôt est conservé sous forme de γ, comme dans αἰσχύνω, αἰσχυνῶ, ἤσχυκα et ἤσχυγκα ; ὀξύνω, ὀξυνῶ, ὤξυγκα [3].

Enfin, un certain nombre de verbes en μω, μνω, νω, font le parfait en ηκα, sans doute à cause de la dureté qu'aurait eue la forme indiquée par l'analogie ; ainsi, μένω fait μεμένηκα ; νέμω fait νενέμηκα.

1. Ou plutôt ἐγήγερκα. Voyez Redoublement attique, page 171.
2. Peu usité ; voyez, page 169, Parfait second.
3. Le parfait actif de ces derniers verbes est d'ailleurs très-peu usité.

11.

Κάμνω et τέμνω subissent de plus une syncope analogue à celle qui a été notée pour le verbe καλέω (§ 95, 11) : κάμνω, κέκμηκα pour κεκάμηκα; τέμνω, τέτμηκα pour τετέμηκα.

Cette syncope a lieu également dans le verbe βάλλω qui fait βέβληκα pour βεβάληκα.

Le plus-que-parfait suit, dans tous ces verbes et autres semblables, l'analogie du parfait.

4°. SUR LE FUTUR, L'AORISTE ET LE PARFAIT PASSIFS. Pour former le futur, l'aoriste, le parfait et le plus-que-parfait passifs, il faut toujours partir du parfait actif. Ainsi :

	Parf. actif.	Futur passif.	Aor. passif.	Parf. passif.
Ἀγγέλλω,	ἤγγελκα,	ἀγγελθήσομαι,	ἠγγέλθην,	ἤγγελμαι.
Στέλλω,	ἔσταλκα,	σταλθήσομαι,	ἐστάλθην,	ἔσταλμαι.
Κλίνω,	κέκλικα,	κλιθήσομαι,	ἐκλίθην,	κέκλιμαι.
Πλύνω,	πέπλυκα,	πλυθήσομαι,	ἐπλύθην,	πέπλυμαι.
Τείνω,	τέτακα,	ταθήσομαι,	ἐτάθην,	τέταμαι.
Νέμω,	νενέμηκα,	νεμηθήσομαι,	ἐνεμήθην,	νενέμημαι.
Τέμνω,	τέτμηκα,	τμηθήσομαι,	ἐτμήθην,	τέτμημαι.
Βάλλω,	βέβληκα,	βληθήσομαι,	ἐβλήθην,	βέβλημαι.

Les verbes qui ont le parfait actif en γκα font le futur passif en γθήσομαι, l'aoriste en γθην, le parfait passif en σμαι, νσαι, νται, le plus-que-parfait en σμην, νσο. ντο :

Σημαίνω,	σεσήμαγκα,	σημανθήσομαι,	ἐσημάνθην,	σεσήμασμαι.
Ὑφαίνω,	ὕφαγκα,	ὑφανθήσομαι,	ὑφάνθην,	ὕφασμαι.

Les verbes en ύνω qui ont le parfait actif en γκα ont généralement le parfait passif en μμαι :

Αἰσχύνω,	ᾔσχυγκα,	αἰσχυνθήσομαι,	ᾐσχύνθην,	ᾔσχυμμαι.
Ὀξύνω,	ὤξυγκα,	ὀξυνθήσομαι,	ὠξύνθην,	ὤξυμμαι.

L'usage apprendra les exceptions.

§ 107. TABLEAU DES TERMINAISONS DU PARFAIT ET DU PLUS-QUE-PARFAIT EN σμαι OU μμαι, σμην OU μμην DES VERBES EN λω. μω. νω. ρω :

	SINGULIER.			PLURIEL.			DUEL.		
PARF. {	πέφα σμαι,	νσαι,	νται;	σμεθα,	νθε,	σμένοι εἰσί;	σμεθον,	νθον,	νθον.
	ᾔσχυ μμαι,	νσαι,	νται;	μμεθα,	νθε,	μμένοι εἰσί;	μμεθον,	etc.	
P.-Q.-P. {	ἐπεφά σμην,	νσο,	ντο;	σμεθα,	νθε,	σμένοι ἦσαν;	σμεθον,	νθον,	νθην.
	ᾐσχύ μμην,	νσο,	ντο;	μμεθα,	νθε,	μμένοι ἦσαν;	μμεθον,	etc.	

Il faut bien remarquer que là où la terminaison commence par σθ, le σ a disparu. Il en est de même dans tous les verbes en λω, μω, νω, ρω, où le parfait passif a la terminaison μαι précédée d'une consonne. Ainsi, ἔσταλμαι fait ἔσταλθε, et non pas ἔσταλσθε, à la deuxième personne du pluriel ; de même ἔφθαρμαι fait ἔφθαρθε et au duel ἔφθαρθον. De là l'infinitif ἐφθάρθαι, ἐστάλθαι, ἠσχύνθαι, etc.

§ 108. DU FUTUR SECOND, DE L'AORISTE SECOND, DU PARFAIT SECOND ET DU PLUS-QUE-PARFAIT SECOND.

Nous avons exposé jusqu'ici les règles les plus essentielles de la conjugaison des verbes réguliers en ω. Nous avons vu :

1° Que dans tous ces verbes le présent de l'indicatif est en ω, l'imparfait en ον,

2° Que le futur est en σω et l'aoriste en σα, excepté dans les verbes en λω, μω, νω, ρω, où le futur est en ῶ et l'aoriste en α ;

3° Que le parfait est généralement terminé en κα, et le plus-que-parfait en κειν ; que cependant les verbes en βω, πω, φω, remplacent ce κ par un φ, et les verbes en γω, κω, χω, une partie de ceux en ζω et en σσω, le remplacent par un χ.

Il nous reste à faire connaître une *seconde forme de futur, d'aoriste, de parfait et de plus-que-parfait,* qui se rencontre fréquemment dans les verbes qui ont une consonne à la fin du radical, et dans les verbes en μι, dont nous allons bientôt parler.

Le *futur* et l'*aoriste seconds* diffèrent du *futur* et de l'*aoriste premiers* par la forme seulement, mais non par le sens.

Le *parfait* et le *plus-que-parfait seconds* diffèrent du *par-*

fait et du *plus-que-parfait premiers* par la formation, et quelquefois par le sens ; en effet, un verbe peut avoir un *parfait* et un *plus-que-parfait premiers* avec le *sens actif,* et un *parfait* et un *plus-que-parfait seconds* avec le *sens neutre.*

I. FUTUR SECOND.

Le futur second à l'actif et au moyen ressemble entièrement au futur des verbes en λω, μω, νω, ρω. c'est-à-dire qu'il a une forme contracte : ῶ, εῖς, εῖ, οῦμεν, εῖτε, etc. ; οῦμαι, ῇ ou εῖ, εῖται, ούμεθα, εῖσθε, οῦνται, etc.

Le futur second à la voix passive diffère du futur premier en ce qu'il n'a pas de θ, et qu'il se termine simplement en ήσομαι : sa conjugaison est d'ailleurs semblable à celle du futur premier.

Le futur second passif est le plus usité des trois. Ainsi le verbe γράφω, outre le futur premier, γραφθήσομαι, a encore le futur second γραφήσομαι ; mais γραφῶ et γραφοῦμαι sont absolument hors d'usage. Στέλλω (futur premier passif σταλθήσομαι) a encore le futur second σταλήσομαι, plus usité que le futur premier. Κλίνω, futur premier κλιθήσομαι (pour κλινθήσομαι), etc., futur second κλινήσομαι (usités seulement en composition).

II. AORISTE SECOND.

L'aoriste second actif et l'aoriste second moyen peuvent être considérés comme les imparfaits d'une forme primitive tombée depuis longtemps en désuétude au présent de l'indicatif. L'actif est terminé en ον, le moyen en όμην, et tous deux se conjuguent absolument comme l'imparfait de λύω et de λύομαι.

Ainsi, λείπω fait à l'aoriste second ἔλιπον, ἐλιπόμην ; τέμνω. ἔτεμον. ἐτεμόμην ; φεύγω. ἔφυγον ; κάμνω. ἔκαμον.

Dans les verbes qui ont ε au radical. comme τέμνω, τρέπω.

τέρπω, cet ε se change souvent en α à l'aoriste second aussi bien qu'au futur second. Ainsi, τέμνω, qui fait ἔτεμον, fait aussi ἔταμον, ἐταμόμην; τρέπω fait ἔτραπον, ἐτραπόμην; τέρπω (ἔταρπον), ἐταρπόμην.

L'aoriste second actif est surtout usité dans un assez grand nombre de verbes qui manquent d'aoriste premier, et dont il sera parlé plus loin [1].

L'aoriste second passif suit l'analogie du futur second et de l'aoriste second de l'actif et du moyen. Il est terminé en ην, ης, η, et se conjugue comme l'aoriste premier passif. L'ε et l'η du radical se changent souvent en α. La consonne finale du radical est quelquefois aussi modifiée [2].

Présent actif.			Aoriste second passif.
Τρίβω.		. . . .	ἐτρίβην.
Τρέπω.	- Aor. 2 act. ἔτραπον.	. . .	ἐτράπην.
Γράφω.		. . . . . .	ἐγράφην.
Στρέφω.		. . . . . .	ἐστράφην.
Βλάπτω.		. . . . . .	ἐβλάβην.
Θάπτω.		. . . . . .	ἐτάφην.
Κόπτω.		. . . . . .	ἐκόπην.
Φλέγω.		. . . . . .	ἐφλέγην.
Πλέκω.		. . . . . .	ἐπλάκην.
Ψύχω.		. . . . . .	ἐψύχην ου ἐψύγην.
Πλήσσω.		. . . . . .	ἐπλήγην [3].
Φαίνω.	. Fut. 2 passif. φανήσομαι.	.	ἐφάνην.
Στέλλω.	—	σταλήσομαι. .	ἐστάλην.

111. PARFAIT ET PLUS-QUE-PARFAIT SECONDS.

Le parfait second diffère du parfait premier en ce qu'il se forme en ajoutant simplement au radical, avec le redoublement, la terminaison en α sans aucune figurative telle que κ, χ ou φ. Il n'existe qu'à l'actif; du moins sa forme est celle de l'actif, mais il a souvent le sens passif ou neutre. Exemples :

1. Voyez *Verbes allongés* en ω.
2. Comme dans les 5e, 6e, 10e, 11e verbes ci-après.
3. Ἐπλάγην en composition : ἐξεπλάγην, κατεπλάγην.

Φεύγ ω, parfait 2 πέφευγ α, j'ai fui.

Κεύθ ω, — κέκευθ α, je suis caché.

Σήπ ω, — σέσηπ α, je suis putréfié.

Γηθέ ω, — γέγηθ α, je me réjouis [1].

Τήκ ω, — τέτηκ α, je suis consumé.

Les verbes qui ont ει au radical, changent ε en ο au parfait second :

Λείπω, parfait 2 λέλοιπα, j'ai laissé.

Πείθω, — πέποιθα, je suis persuadé.

Εἴκω, — ἔοικα, je suis semblable.

Les verbes en λω, μω, νω, ρω, qui ont ε au futur, changent également cet ε en ο :

Φθείρω, futur 1er φθερῶ, parf. 2 ἔφθορα, j'ai corrompu ou je suis corrompu.

Κτείνω, — κτενῶ, — ἔκτονα, j'ai tué (beaucoup plus usité que ἔκταχα).

Ceux qui ont α au radical du futur changent cet α en η :

Φαίνω, futur φανῶ, parf. 2 πέφηνα, j'ai apparu, je me suis montré, je me montre.

Χαίνω, — χανοῦμαι, — κέχηνα, je bâille.

Le plus-que-parfait second se tire directement du parfait en changeant α en ειν : ἐκεχήν ειν, ἐπεφήν ειν, ἐκτόν ειν, ἐφθόρ ειν, ἐλελοίπ ειν, ἐπεφεύγ ειν. etc.

§ 109. FUTURS PREMIERS CONTRACTES
EN ῶ, εῖς, εῖ, ET EN ῶ, ᾷς, ᾷ.

Il faut bien se garder de confondre avec ce qu'on appelle futurs seconds un assez grand nombre de futurs premiers très-usités qui ont une forme contracte.

---

1. Ce parfait est seul usité en prose avec le plus-que-parfait. Les autres temps sont poétiques.

Ces futurs appartiennent à des verbes en έω dont le futur est έσω; à des verbes en άζω, et en ίζω dont le futur est ίσω par ι bref; à des verbes en άω dont le futur est en άσω par α bref [1].

Ils se forment par la syncope du σ et par la contraction de έω, έεις, έει, en ῶ, εῖς, εῖ, etc.; de άω, άεις, άει en ῶ, ᾷς, ᾷ. Ceux en ίσω sont considérés comme étant en ιέσω, et après le retranchement du σ, la contraction a lieu comme pour ceux en έσω.

Ainsi καλέω et τελέω abrégent presque constamment leur futur καλέσω, τελέσω, en καλῶ, εῖς, εῖ; τελῶ, εῖς, εῖ.

Πελάζω ou πελάω, je m'approche, ἀντιάζω ou ἀντιάω, je vais au-devant, σκιάζω, j'ombrage, βιβάζω, je fais marcher, font au futur : πελάσω, ἀντιάσω, βιβάσω; et, par syncope et contraction, πελῶ, ᾷς, ᾷ; ἀντιῶ, ᾷς, ᾷ; σκιῶ, ᾷς, ᾷ; βιβῶ, ᾷς, ᾷ.

Κομίζω, j'apporte, μακαρίζω, je félicite, πλουτίζω, j'enrichis, νομίζω, je crois, ἀκοντίζω, je lance des javelots, et un très-grand nombre d'autres verbes, de plus de deux syllabes, terminés en ίζω, font très-souvent au futur : κομιῶ, εῖς, εῖ; μακαριῶ, εῖς, εῖ; πλουτιῶ, εῖς, εῖ; νομιῶ, εῖς, εῖ; ἀκοντιῶ, εῖς, εῖ [2], etc.

Par extension, on dit au futur moyen κομιοῦμαι pour κομίσομαι; κομιῇ ou *mieux* κομιεῖ, κομιεῖται, pour κομίσῃ, κομίσεται, etc.

Cette forme passe au participe et à l'infinitif : κομιεῖν, κομιεῖσθαι, κομιῶν, κομιούμενος. Il ne se rencontre aucun exemple de l'une ou de l'autre forme à l'optatif.

§ 110.   DU REDOUBLEMENT ATTIQUE.

Un assez grand nombre de verbes, commençant par une voyelle, s'écartent, tant au parfait second qu'au parfait premier, de la règle ordinaire pour la forme du redoublement.

Ainsi, au lieu de prendre simplement comme redouble-

---

1. Pourvu que ces verbes aient plus de deux syllabes.
2. Cette forme de futur est appelée *attique*, parce qu'on la rencontre habituellement chez les écrivains du vᵉ et du ivᵉ siècle avant J.-C., presque tous Athéniens, et chez ceux qui plus tard imitèrent leur style.

ment l'augment temporel, ils répètent devant cet augment les deux premières lettres du radical, de cette manière :

Ἀγείρω,	parf. 1ᵉʳ	ἀγήγερκα,	au lieu de	ἤγερκα.
Ἀκούω,	parf. 2ᵉ	ἀκήκοα,	—	ἤκοα.
Ἀλείφω,	parf. 1ᵉʳ	ἀλήλιφα.	—	ἤλιφα.
Ἀρόω,	parf. 1ᵉʳ	ἀρήροκα,	—	ἤροκα.
Ἐμέω–ῶ,	—	ἐμήμεκα.	—	ἤμεκα.
Ἐρείδω,	—	ἐρήρεικα.	—	ἤρεικα.
Ὄζω,	parf. 2ᵉ	ὄδωδα,	—	ὦδα.
Ὀρύσσω,	parf. 1ᵉʳ	ὀρώρυχα.	—	ὤρυχα.

Ce redoublement passe au plus-que-parfait de l'actif ainsi qu'au parfait et au plus-que-parfait du passif et du moyen : ἀγήγερμαι, ἀλήλιμμαι, ἀρήρομαι, ἐμήμεμαι, ἐρήρεισμαι, ὀρώρυγμαι [1]. Excepté ἤκουσμαι.

Un petit nombre d'aoristes seconds reçoivent exceptionnellement ce genre de redoublement ; seulement, l'augment temporel porte sur le redoublement même au lieu d'affecter le radical. Le plus usité est l'aoriste second du verbe ἄγω : ἤγαγον (au lieu de ἦγον ou de ἄγαγον). Les autres, très-rares d'ailleurs, n'appartiennent qu'à la langue poétique, par exemple : ἤραρον de ἄρω, ὤρορον de ὄρω.

---

§ 111. VERBES EN MI.

Les verbes en μι sont supposés venir de primitifs en έω, άω, όω, ώω ; et en γω, κω, λω. νω. ρω.

Ainsi :

τίθημι.	je pose ;	ἵστημι.	je place ;
φημί,	je dis ;	δίδωμι.	je donne ;
ζώννυμι.	je ceins ;	ἄγνυμι.	je brise ;
δείκνυμι,	je montre ;	ὄλλυμι,	je perds ;
κτέννυμι,	je tue ;	ὄρνυμι.	j'excite ;

---

1. On l'appelle redoublement *attique*. quoiqu'il ne soit pas particulier aux écrivains attiques ; car il est très-fréquent dans Homère, Pindare et Hérodote.

semblent des allongements des formes plus courtes θέω, στάω, φάω, δόω, ζώω, ἄγω, δείκω, ὄλω, κτείνω, ὄρω.

On en trouve la preuve dans la manière dont ces verbes forment le futur, l'aoriste premier et le parfait. Ainsi :

Τίθημι fait au futur θήσω ; ἵστημι, στήσω ;

Φημί, — φήσω ; δίδωμι, δώσω ;

Ζώννυμι, — ζώσω ; ἄγνυμι, ἄξω ;

Δείκνυμι, — δείξω ; ὄλλυμι, ὀλῶ, εἷς, εἷ ;

Κτίννυμι, — κτενῶ ; ὄρνυμι, ὄρσω, et au moyen ὀροῦμαι.

L'aoriste premier, le parfait et le plus-que-parfait se conjuguent de la même manière que dans les verbes en ω.

Le présent et l'imparfait sont les seuls temps qui aient une conjugaison spéciale. Il faut y ajouter l'aoriste second dans ceux de ces verbes qui possèdent ce temps.

Nota. — Parmi les verbes en μι, nous conjuguerons spécialement les verbes

τίθημι, je pose ; ἵημι, j'envoie ;

ἵστημι, je place ; φημί, je dis ;

δίδωμι, je donne ;

d'abord parce qu'ils sont extrêmement usités, ensuite parce qu'ils ont un plus grand nombre de temps se rattachant à la forme en μι.

Nous conjuguerons ensuite le plus usité des verbes en νυμι, δείκνυμι, et nous donnerons sur les autres les renseignements les plus utiles pour se reconnaître dans leur conjugaison, d'ailleurs très-simple.

Enfin nous terminerons par la conjugaison du verbe très-irrégulier, mais très-usité, εἶμι, *je vais, j'irai,* distinct, par l'accentuation comme par l'étymologie, du verbe εἰμί, *je suis.*

	INDICATIF.	IMPÉRATIF.	SUBJONCTIF.
PRÉSENT.	S. τίθ ημι, je pose. τίθ ης, τίθ ησι, P. τίθ εμεν, τίθ ετε, τιθ εῖσι ou έασι, D. τίθ ετον, τίθ ετον.	τίθ ει, τιθ έτω, τίθ ετε, τιθ έτωσαν, τίθ ετον, τιθ έτων.	τιθ ῶ, τιθ ῇς, τιθ ῇ, τιθ ῶμεν, τιθ ῆτε, τιθ ῶσι, τιθ ῆτον, τιθ ῆτον.
IMPARFAIT.	S. ἐτίθ ην, ἐτίθ ης, ἐτίθ η, mieux ἐτίθ ει P. ἐτίθ εμεν, ἐτίθ ετε, ἐτίθ εσαν, D. ἐτίθ ετον, ἐτιθ έτην.		
FUTUR.	θήσω.		
AOR. 1er	ἔθηκα [1].		
AORISTE SECOND.	S. ἔθ ην, ⎫ ἔθ ης, ⎬ inusitées. ἔθ η, ⎭ P. ἔθ εμεν, ἔθ ετε, ἔθ εσαν, D. ἔθ ετον, ἐθ έτην.	θ ές, θ έτω, θ έτε, θ έτωσαν, θ έτον, θ έτων.	θ ῶ, θ ῇς, θ ῇ, θ ῶμεν, θ ῆτε, θ ῶσι, θ ῆτον, θ ῆτον.
PARF.	· τέθεικα [2].	τέθεικε.	τεθείκω.
P.-Q.-P.	ἐτεθείκειν.		

1. Pluriel, 3e personne, ἔθηκαν.   2. Pluriel, 3e personne, τεθείκασι.

OPTATIF.	INFINITIF.	PARTICIPES.

τιθ είην,
τιθ είης,
τιθ είη,
τιθ είημεν ou εἶμεν,
τιθ είητε ou εἶτε,
τιθ. είησαν ou εἶεν,
 	
τιθ είητον,
τιθ ειήτην.
	τιθ έναι.	S. τιθ είς, εἶσα, έν,
		    έντος, είσης, έντος.
		
		P. τιθ έντες, εἶσαι, έντα,
		    έντων, εισῶν, έντων.
		
		D. τιθ έντε, είσα, έντε,
		    έντοιν, είσαιν, έντοιν.

Θήσοιμι.	Θήσειν.	Θήσων, Θήσουσα, Θῆσον.

Θ είην,
Θ είη,
Θ είημεν ou Θεῖμεν,
Θ είητε ou Θεῖτε,
Θ είησαν ou Θεῖεν,
 	
Θ είητον,
Θ ειήτην.
	Θ εἶναι.	S. Θ είς, Θ εῖσα, Θ έν,
		    Θ έντος, Θ είσης, Θ έντος.
		
		P. Θ έντες, Θ εῖσαι, Θ έντα,
		    Θ έντων, Θ εισῶν, Θ έντων.
		
		D. Θ έντε, Θ εῖσα, Θ έντε,
		    Θ έντοιν, Θ είσαιν, Θ έντοιν.

τεθείκοιμι.	τεθεικέναι.	τεθεικώς, εικυῖα, εικός.

	INDICATIF.	IMPÉRATIF.	SUBJONCTIF.
PRÉSENT.	S. ἵ ημι, j'envoie. ἵ ης, ἵ ησι, P. ἵ εμεν, ἵ ετε, ἱ εἶσι *ou* ἱᾶσι, D. ἵ ετον, ἵ ετον.	ἵ ει, ἱ έτω, ἵ ετε, ἱ έτωσαν, ἵ ετον, ἱ έτων.	ἱ ῶ, ἱ ῇς, ἱ ῇ, ἱ ῶμεν, ἱ ῆτε, ἱ ῶσι, ἱ ῆτον, ἱ ῆτον.
IMPARFAIT.	S. ἵ ην, *ou mieux* ἵουν, ἵ ης, *ou mieux* ἵεις, ἵ η, *ou mieux* ἵει, P. ἵ εμεν, ἵ ετε, ἵ εσαν, D. ἵ ετον, ἱ έτην.		
	FUTUR. ἥσω.		
	AORISTE 1ᵉʳ. ἧκα, ας, ε[1].		
AORISTE SECOND.	S. ἦν, ἧς,　inusitées. ἧ, P. εἷμεν, εἷτε, εἷσαν, D. εἷτον, εἵτην.	ἕς, ἕτω, ἕτε, ἕτωσαν. ἕτον, ἕτων.	ὦ, ἧς, ἧ, ὦμεν, ἧτε, ὧσι, ἧτον, ἧτον.
	PARFAIT. εἷκα, ας, ε[2].	εἷκε.	εἵκω.
	PLUS-QUE-PARF. εἵκειν.		

1. Pluriel, 3ᵉ personne, ἧκαν.　　2. Pluriel, 3ᵉ personne, εἵκασι.

OPTATIF.	INFINITIF.	PARTICIPES.
ἱ είην, ἱ είης, ἱ είη, ἱ είημεν ou ἱ εῖμεν, ἱ είητε ou ἱ εῖτε, ἱ είησαν ou ἱ εῖεν, ἱ είητον ou ἱ εῖτον, ἱ εἱήτην ou ἱ εἱτην.	ἱ έναι.	S. ἱ είς, ἱ εῖσα, ἱ έν, ἱ έντος, ἱ είσης, ἱ έντος. P. ἱ έντες, ἱ εῖσαι, ἱ έντα, ἱ έντων, ἱ εισῶν, ἱ έντων. D. ἱ έντε, ἱ είσα, ἱ έντε, ἱ έντοιν, ἱ είσαιν, ἱ έντοιν.
ἥ σοιμι.	ἥ σειν.	ἥ σων, σουσα, σον.
εἴην, εἴης, εἴη, εἴημεν ou εῖμεν, εἴητε ou εῖτε, εἴησαν ou εῖεν, εἴητον ou εῖτον, εἱήτην ou εἴτην.	εῖναι.	S. εἴς, εῖσα, ἔν, ἔντος, είσης, ἔντος. P. ἔντες, εῖσαι, ἔντα, ἔντων, εισῶν, ἔντων. D. ἔντε, εῖσα, ἔντε, ἔντοιν, είσαιν, ἔντοιν.
εἴ κοιμι.	εἰ κέναι.	εἰ κώς, κυῖα, κός.

	INDICATIF.	IMPÉRATIF.	SUBJONCTIF.
PRÉSENT.	S. τίθ εμαι, τίθ εσαι ou τίθ η, τίθ εται, P. τιθ έμεθα, τιθ εσθε, τίθ ενται, D. τιθ έμεθον, τιθ εσθον, τιθ εσθον.	τίθ εσο ou τίθ ου, τιθ έσθω, τίθ εσθε, τιθ έσθωσαν, τίθ εσθον, τιθ έσθων.	τιθ ῶμαι, τιθ ῇ, τιθ ῆται, τιθ ώμεθα, τιθ ῆσθε, τιθ ῶνται, τιθ ώμεθον, τιθ ῆσθον, τιθ ῆσθον.
IMPARFAIT.	S. ἐτιθ έμην, ἐτίθ εσο ou ἐτίθου, ἐτίθ ετο, P. ἐτιθ έμεθα, ἐτίθ εσθε, ἐτίθ εντο, D. ἐτιθ έμεθον, ἐτίθ εσθον, ἐτιθ έσθην.		
FUT. τε θήσομαι.			
AOR. 1er. ἐτέ θην.		τέ θητι.	τε θῶ, ῇς, ῇ.
PARF. τέθ ειμαι.		τέθ εισο.	τεθ ειμένος ὦ.
P.-Q.-P. ἐτεθ είμην.			

VOIX

PRÉS. τίθ εμαι.	τίθ εσο ou τίθ ου.	τιθ ῶμαι.
IMP. ἐτιθ έμην.		
FUTUR. θήσομαι.		
A. 1er. ἐθηκάμην.		
A. 2. ἐθ έμην, ἔθεσο ou ἔθου, ἔθετο, etc.	θοῦ, θέσθω. θέσθε, θέσθωσαν, etc.	θῶμαι. θῇ. θῆται.
PARF. [1] τέθ ειμαι.	τέθ εισο.	τεθ ειμένος ὦ.
P.-Q.-P. ἐτεθ είμην.		

1. Très-peu usité.

OPTATIF.	INFINITIF.	PARTICIPES.
τιθ είμην, τιθ εῖο, τιθ εῖτο ou τίθ οιτο, τιθ είμεθα, τιθ εῖσθε, τιθ εῖντο ou τίθ οιντο, τιθ είμεθον, τιθ εῖσθον, τιθ είσθην.	τίθ εσθαι.	M. τιθ έμενος, ου. F. τιθ εμένη, ης. N. τιθ έμενον, ου.
τε θησοίμην. τε θείην. τεθ ειμένος εἴην.	τε θήσεσθαι. τε θῆναι. τεθ εῖσθαι.	τεθ ησόμενος, η, ον. τεθ είς, θεῖσα, θέν. τεθ ειμένος, η, ον.

MOYENNE.

τιθ είμην.	τίθ εσθαι.	τιθ έμενος, η, ον.
θησοίμην.	θήσεσθαι.	θησόμενος, η, ον.
θ είμην, θεῖο, θεῖτο ou θοῖτο, etc.	θ έσθαι.	θ έμενος, η, ον.
τεθ ειμένος εἴην.	τεθ εῖσθαι.	τεθ ειμένος, η, ον.

	INDICATIF.	IMPÉRATIF.	SUBJONCTIF.
PRÉSENT.	S. ἵ εμαι, ἵ εσαι, ἵ εται, P. ἱ έμεθα, ἵ εσθε, ἵ ενται, D. ἱ έμεθον, ἵ εσθον, ἵ εσθον.	ἵ εσο ou ἵου, ἱ έσθω, ἵ εσθε, ἱ έσθωσαν. ἵ εσθον, ἱ έσθων.	ἱ ῶμαι, ἱ ῇ, ἱ ῆται, ἱ ώμεθα, ἱ ῆσθε, ἱ ῶνται, ἱ ώμεθον. ἱ ῆσθον, ἱ ῆσθον.
IMPARFAIT.	S. ἱ έμην, ἵ εσο, ἵ ετο, P. ἱ έμεθα. ἵ εσθε, ἵ εντο, D. ἱ έμεθον, ἵ εσθον, ἱ έσθην.		
FUT.	ἑ θήσομαι.		
AOR. 1er.	εἵ θην.	ἕ θητι.	ἑ θῶ, ῇς, ῇ.
PARF.	εἶ μαι.	εἶ σο.	εἱ μένος ὦ.
P.-Q.-P.	εἵ μην.		

VOIX

PRÉS.	ἵ εμαι.	ἵ εσο ou ἵου.	ἱ ῶμαι.
IMP.	ἱ έμην.		
FUTUR.	ἥ σομαι.		
A. 1er.	ἡ κάμην.		
A. 2e.	εἵ μην, εἶσο, etc.	ἕ σο ou οῦ. ἕ σθω.	ῶμαι, ῇ, ῆται.
PARF.	εἶ μαι.	εἶ σο.	εἱ μένος ὦ.
P.-Q.-P.	εἵ μην.		

OPTATIF.	INFINITIF.	PARTICIPES.
ἱ είμην ου ἱ οίμην, ἱ εἶο ου ἱ οἶο, ἱ εἶτο ου ῞ι οιτο, ἱ είμεθα ου ἱ οίμεθα, ἱ εἶσθε ου ῞ι οισθε, ἱ εῖντο ου ῞ι οιντο, ἱ είμεθον ου ἱ οίμεθον, ἱ εῖσθον ου ῞ι οισθον, ἱ είσθην ου ἱ οίσθην.	῞ι εσθαι.	M. ἱ έμενος, ου. F. ἱ εμένη, ης. N. ἱ έμενον, ου.
ἑ θησοίμην. ἑ θείην. εἱ μένος είην.	ἑ θήσεσθαι. ἑ θῆναι. εἱ σθαι.	ἑ θησόμενος, η, ον. ἑ θείς, θεῖσα, θέν. εἱ μένος, η, ον.

MOYENNE.

ἱ είμην ου ἱ οίμην.	῞ι εσθαι.	ἱ έμενος, η, ον.
ἡ σοίμην.	ἥ σεσθαι.	ἡ σόμενος, η, ον.
		ἡ χάμενος, η, ον.
εῖ μην, εῖ ο, εῖ το, ου ῞ιο μην, οῖ ο, etc.	ἕ σθαι.	ἕ μενος, η, ον.
εἱ μένος είην.	εἱ σθαι.	εἱ μένος, η, ον.

§ 112. REMARQUES SUR LA CONJUGAISON DE τίθημι ET DE ἵημι.

Ces deux verbes ont pour origine, comme nous l'avons dit plus haut, τίθημι θέω, et ἵημι ἕω.

Τίθημι est formé par l'allongement de ἕω en ημι, par l'addition d'un ι devant θημι, et par le redoublement de la première consonne du radical, qui se change en τ, τίθημι, parce que deux syllabes de suite ne doivent pas, en général, commencer par une aspirée.

῝Ιημι est formé par l'allongement de ἕω en ημι, et l'addition d'un ι en avant de ημι. Ce mode de formation a lieu aussi pour les verbes qui commencent par deux consonnes, comme στάω et πτάομαι (inusités), qui forment ἵστημι et ἵπταμαι.

Cet allongement du primitif ne subsiste qu'au présent et à l'imparfait : τίθημι, ἐτίθην ; τίθεμαι, ἐτιθέμην ; ἵημι, ἵην ; ἵεμαι, ἱέμην.

1. VOIX ACTIVE.

Les terminaisons de l'indicatif présent sont : ημι, ης, ησι. Au pluriel et au duel, la voyelle longue s'abrége : εμεν, ετε, ετον.

La troisième personne du pluriel est également usitée avec la terminaison εῖσι et la terminaison έασι. Dans le verbe ἵημι, on dit ἱᾶσι par contraction pour ἱέασι. Cette contraction n'a lieu que lorsque le radical finit par une voyelle[1].

Les terminaisons de l'imparfait ressemblent presque entièrement à celles du verbe εἰμί (je suis), si ce n'est que la troisième personne du singulier n'a jamais de ν, et qu'au pluriel et au duel la terminaison commence. comme au présent, par une brève : ἐτίθεμεν, ἐτίθετον.

Comme ces deux verbes viennent d'un primitif en ἕω. on employait très-souvent à l'imparfait, du moins à certaines personnes. la terminaison des verbes contractes en ἕω. Ainsi. la

---

1. Comparez § 12, fin : ὑγιά pour ὑγιέα, ἐνδεᾶ pour ἐνδεέα.

troisième personne du singulier particulièrement, ἵει, ἐτίθει, est beaucoup plus usitée que la terminaison conforme à la conjugaison en μι, ἵη, ἐτίθη, dont on donnerait difficilement des exemples classiques. Dans le verbe ἵημι, ἵουν et ἵεις sont plus usités que ἵην, ἵης.

La forme contracte est également la seule usitée à la seconde personne de l'impératif, probablement à cause du rapport qui existe toujours entre cette personne et la troisième du singulier de l'imparfait : ἔλυε, λύε; ἐποίει, ποίει; ἦρτα, ἄρτα; ἐδούλου, δούλου; de même ἐτίθει, τίθει.

Le subjonctif est de tout point semblable à celui des verbes contractes en έω.

L'optatif est en εἴην. Cette terminaison n'est autre que l'optatif même du verbe substantif εἰμί.

L'infinitif est en έναι, terminaison déjà remarquée dans εἶναι (pour ἐέναι) du verbe εἰμί (primitif έω).

Le participe est en εἵς, εἵσα, έν, et ressemble tout à fait à celui des aoristes premiers et seconds des verbes passifs en ω.

Le futur perd l'allongement subi par le présent et l'imparfait et se forme du primitif : θέω, θήσω; έω, ἥσω. De même dans le verbe εἰμί, je suis, le futur ἔσομαι est tiré du primitif έω.

L'aoriste premier a dans ces deux verbes une forme remarquable : il n'est pas en σα, comme dans tous les verbes qui ont le futur en σω, mais en κα. Il se conjugue d'ailleurs comme les aoristes en σα, et fait κα, κας, κε, καμεν, κατε, καν.

Au reste, le pluriel et le duel de ce temps sont à peine usités, et dans l'usage des bons écrivains on ne trouve guère que les trois personnes du singulier : ἔθηκα, ἔθηκας, ἔθηκε; ἧκα, ἧκας, ἧκε, et quelquefois la troisième du pluriel, ἔθηκαν. De plus, ce temps manque aux cinq autres modes. On y supplée par ceux de l'aoriste second.

L'aoriste second a des terminaisons semblables à celles de l'imparfait, de même que les aoristes seconds en ον se conjuguent comme les imparfaits des verbes en ω. Au pluriel et au duel de l'indicatif, les syllabes longues du singulier s'abrègent comme à l'imparfait : ἔθην, ἔθεμεν, ἔθης, ἔθετε, etc.

Dans ἵημι, cette abréviation n'a pas lieu, à cause de l'augment temporel : εἷμεν, pour ἕ εμεν. Le pluriel et le duel de cet aoriste second sont seuls usités; ἕθην, ης, η ; ἤν, ἤς, ἤ, ne se rencontrent nulle part.

L'aoriste premier étant en κα, le parfait s'en distingue en ce qu'il prend ει au lieu de η : ἕθηκα, τέθεικα ; ἦκα, εἶκα.

Ces deux verbes forment, à l'aide des diverses préposi-tions, un grand nombre de composés. Ces composés sont à peu près seuls d'usage en prose pour le verbe ἵημι, qui s'emploie rarement, si ce n'est au présent, sous sa forme simple ; ainsi : ἀφίημι, je renvoie ; ἐφίημι, je lance ; καθίημι, je jette en bas ; παρίημι, je laisse de côté ; ἀνίημι, je lance en haut ; μεθίημι, je laisse aller, etc.

II. VOIX PASSIVE.

A la voix passive, la voyelle qui commence la termi-naison est brève partout, au présent et à l'imparfait. La seconde personne est en εσαι au présent, en εσο à l'imparfait; ces deux personnes peuvent subir une syncope du σ et une contraction de εαι en η, de εο en ου, comme dans la conju-gaison passive des verbes en ω : τίθεσαι, τίθη, ἐτίθεσο, ἐτίθου.

Cette syncope et cette contraction passent naturellement à l'impératif : τίθου pour τίθεσο ; ἵου pour ἵεσο; mais, pour ce dernier verbe, seulement dans les composés : ἀφίου, ἐφίου, etc.

Au futur, la voyelle du radical primitif reste brève, quoi-qu'elle soit longue à l'actif : θήσω, τεθήσομαι ; ἥσω, ἑθήσομαι. Dans τεθήσομαι, le θ du radical s'est changé en τ, d'après ce principe général que deux syllabes consécutives ne doivent pas commencer par une aspirée.

A l'aoriste premier du verbe ἵεμαι, l'augment temporel est en εἱ [1]. Il va de soi que les cinq autres modes de ce temps ont toujours ἑ : ἑθῆτι, ἑθῶ, etc.

---

1. Voyez § 66, IV.

Les formes en οἴμην de l'optatif ne sont usitées qu'à la troisième personne du singulier et du pluriel : τίθοιτο, τίθοιντο, mais surtout dans les composés : ἐκτίθοιτο. Cependant le verbe ἵεμαι fait plus souvent ἱοίμην, ἱοῖο que ἱείμην, ἱεῖο.

III. VOIX MOYENNE.

La voix moyenne suit, pour le futur et les deux aoristes, l'analogie de la voix active : θήσω, ἥσω, θήσομαι, ἥσομαι ; ἔθηκα, ἧκα, ἐθηκάμην, ἡκάμην ; ἔθην, ἧν, ἐθέμην, εἵμην.

Ἐθέμην est beaucoup plus usité que ἐθηκάμην.

Quant à ἡκάμην, εἵμην, εἷμαι, on ne les trouve qu'en composition : ἀφήκαντο, προηκάμενος, ἄνεντο, παρειμένος.

La forme οἵμην de l'optatif aoriste second ne se trouve que dans les composés, comme πρόοισθε pour προεῖσθε, ἄνοιντο pour ἀνεῖντο, etc.

Employé seul et sans préposition qui en fasse un verbe composé, ἵεμαι n'est usité qu'au présent et à l'imparfait, avec un sens qui s'écarte un peu de celui de l'actif et du passif : ἵημι signifie *j'envoie, je lance;* ἵεμαι, *je suis envoyé, lancé;* au moyen, ἵεμαι signifie *je m'élance, j'aspire à, je désire.*

Quant à τίθεμαι, il signifie à la voix moyenne, d'après l'analogie générale de la langue, *mettre* ou *poser pour soi, pour son usage :* ainsi τὰ ὅπλα θέμενος ou περιθέμενος, *ayant mis ses armes sur soi, s'étant revêtu de ses armes.*

	INDICATIF.	IMPÉRATIF.	SUBJONCTIF.
PRÉSENT.	*je place.*		
S.	ἵστ ημι,		ἱστ ῶ,
	ἵστ ης,	ἵστ η,	ἱστ ῇς,
	ἵστ ησι,	ἱστ άτω,	ἱστ ῇ,
P.	ἵστ αμεν,		ἱστ ῶμεν,
	ἵστ ατε,	ἵστ ατε,	ἱστ ῆτε,
	ἱστ ᾶσι,	ἱστ άτωσαν,	ἱστ ῶσι,
D.			
	ἵστ ατον,	ἵστ ατον,	ἱστ ῆτον,
	ἵστ ατον.	ἱστ άτων.	ἱστ ῆτον.
IMPARFAIT.	*je plaçais.*		
S.	ἵστ ην,		
	ἵστ ης,		
	ἵστ η,		
P.	ἵστ αμεν,		
	ἵστ ατε,		
	ἵστ ασαν,		
D.			
	ἵστ ατον,		
	ἱστ άτην.		
FUTUR.	*je placerai.* στ ήσω, εις, ει.		
AOR. 1ᵉʳ	*je plaçai, j'ai placé.* ἔστ ησα.	στῆ σον.	στή σω, ης, ῃ.
AORISTE 2.	*je me tins.*	*tiens-toi,*	
S.	ἔστ ην,		στ ῶ,
	ἔστ ης,	στῆ θι,	στ ῇς,
	ἔστ η,	στή τω,	στ ῇ,
P.	ἔστ ημεν,		στ ῶμεν,
	ἔστ ητε,	στῆ τε,	στ ῆτε,
	ἔστ ησαν,	στή τωσαν,	στ ῶσι,
D.			
	ἔστ ητον,	στῆ τον,	στ ῆτον,
	ἔστ ήτην.	στή των.	στ ῆτον.
PARF.	*je me tiens.* ἔστ ηκα.	*reste debout.* ἔστ ηκε.	ἔστ ηκω.
P.-Q.-P.	*je me tenais.* ἔστ ηκειν *ou* εἱστ ηκειν		
FUTUR P.	*je me tiendrai.* ἔστ ηξω *ou* ηξομαι[1].		

1. La forme moyenne est la plus usitée.

OPTATIF.	INFINITIF.	PARTICIPES.

ἱστ αίην,
ἱστ αίης,
ἱστ αίη,
ἱστ αίημεν ou αῖμεν,
ἱστ αίητε ou αῖτε,
ἱστ αίησαν ou αῖεν,
 	
ἱστ αίητον ou αῖτον,
ἱστ αιήτην ou αίτην.
	ἱστ άναι.	S. ἱστ άς, ᾶσα, άν,
		    ἱστ άντος, άσης, άντος.
		
		P. ἱστ άντες, ᾶσαι, άντα,
		    ἱστ άντων, ασῶν, άντων.
		
		D. ἱστ άντε, άσα, άντε,
		    ἱστ άντοιν, άσαιν, άντοιν.

στή σοιμι.	στή σειν.	στή σων, σουσα, σον.
στή σαιμι, αις[1], αι[2].	στῆ σαι.	στή σας, σασα, σαν.

στ αίην,
στ αίης,
στ αίη,
στ αίημεν ou αῖμεν,
στ αίητε ou αῖτε,
στ αίησαν ou αῖεν,
 	
στ αίητον,
στ αιήτην.
	στῆ ναι.	S. στάς, στᾶσα, στάν,
		    στάντος, στάσης, στάντος.
		
		P. στάντες, στᾶσαι, στάντα,
		    στάντων, στασῶν, στάντων.
		
		D. στάντε, στάσα, στάντε,
		    στάντοιν, στάσαιν, στάντοιν.

ἑστ ήκοιμι.	se tenir. ἑστ ηκέναι.	se tenant. ἑστ ηκώς, ηκυῖα, ηκός, ηκότος, ηκυίας, ηκότος.

1. Ou ειας. — 2. Ou ειε.

	INDICATIF.	IMPÉRATIF.	SUBJONCTIF.
PRÉSENT.	S. ἵστ αμαι, ἵστ ασαι, ἵστ αται, P. ἱστ άμεθα, ἵστ ασθε, ἵστ ανται, D ἱστ άμεθον, ἵστ ασθον, ἵστ ασθον.	ἵστ ασο ou ἵστ ω, ἱστ άσθω, ἵστ ασθε, ἱστ άσθωσαν, ἵστ ασθον, ἱστ άσθων.	ἱστ ῶμαι, ἱστ ῇ, ἱστ ῆται, ἱστ ώμεθα, ἱστ ῆσθε, ἱστ ῶνται, ἱστ ώμεθον, ἱστ ῆσθον, ἱστ ῆσθον.
IMPARFAIT.	S. ἱστ άμην, ἵστ ασο, ἵστ ατο, P. ἱστ άμεθα, ἵστ ασθε, ἵστ αντο, D. ἱστ άμεθον, ἵστ ασθον, ἱστ άσθην.		
FUT. στα θήσομαι.			
AOR. ἐστά θην.		στά θητι.	στα θῶ.
PARF. ἕστα μαι.		ἕστα σο.	ἕστα μένος ὦ.
P.-Q.-P. ἐστά μην.			

VOIX

PRÉSENT. ἵστ αμαι.	ἵστ ασο.	ἱστ ῶμαι.
IMPARF. ἱστ άμην.		
FUTUR. στήσομαι.		
AORISTE 1er. ἐστησάμην.	στῆσαι.	στήσωμαι.

OPTATIF.	INFINITIF.	PARTICIPES.
ἱστ αίμην, ἱστ αῖο, ἱστ αῖτο, ἱστ αίμεθα, ἱστ αῖσθε, ἱστ αῖντο, ἱστ αίμεθον, ἱστ αῖσθον, ἱστ αίσθην.	ἵστ ασθαι.	M. ἱστ άμενος, ου. F. ἱστ αμένη, ης. N. ἱστ άμενον, ου.
στα θησοίμην.	στα θήσεσθαι.	στα θησόμενος, η, ον.
στα θείην.	στα θῆναι.	στα θείς, θεῖσα, θέν.
ἑστα μένος εἴην.	ἑστά σθαι.	ἑστα μένος, η, ον.

MOYENNE.

ἱστ αίμην.	ἵστ ασθαι.	ἱστ άμενος, η, ον.
στησοίμην.	στήσεσθαι.	στησόμενος, η, ον.
στησαίμην.	στήσασθαι.	στησάμενος, η, ον.

§ 114. Sur ἵστημι se conjugue le verbe φημί, *je dis*, qui n'a ni aoriste second (l'imparfait en tient lieu), ni parfait, ni plus-que-parfait. L'impératif est en ἄθι.

TEMPS :	INDICATIF.	IMPÉRATIF.	SUBJONCTIF.	OPTATIF.	INF.	PARTICIPES.
PRÉSENT.	φημί, φής, φησί, φαμέν, φατέ, φασί, φατόν, φατόν.	φάθι, φάτω, φάτε, φάτωσαν, φάτον, φάτων.	φῶ, φῇς, φῇ, φῶμεν, φῆτε, φῶσι, φῆτον, φῆτον.	φαίην, φαίης, φαίη, φαῖμεν, φαῖτε, φαῖεν, φαίτον, φαίτην.	φάναι.	φάς, φᾶσα, φάν.
IMPARFAIT.	ἔφην, ἦς ου ἦσθα. η, ἔφη, ἔφαμεν, ατε, ασαν, ατον, ἄτην.					
FUTUR.	φήσω, σεις σει.			φήσοιμι.	φήσειν.	φήσων, σουσα, σον.
AORISTE.	ἔφησα, ας, ε, etc.	φῆσον, φησάτω.	φήσω, σῃς.	φήσαιμι, αις[1], αι[2].	φῆσαι.	φήσας, ασα, αν.

Sur ἵστημι se conjuguent encore :

Πίμπλημι, je remplis; πίμπρημι, je brûle, dont le futur est πλήσω, πρήσω.

Ces deux verbes prennent σ devant les terminaisons θήσομαι, θην, μαι, μην, à cause de l'analogie avec πλήθω. πρήθω : πλησθήσομαι. πέπλησμαι, ἐπλήσθην. ἐπεπλήσμην.

1. Ou αιας. — 2. Ou αιε.

§ 115. REMARQUES SUR LA CONJUGAISON DE ἵστημι.

I. VOIX ACTIVE.

1° On voit que dans ce verbe l'α de la racine (στάω) domine là où, dans le verbe τίθημι et le verbe ἵημι, domine l'ε. Ainsi, au pluriel du présent et de l'imparfait de l'indicatif, l'η des trois personnes du singulier se change en α bref. A l'optatif, à l'infinitif, au participe, α est la lettre caractéristique.

Remarquez de nouveau l'analogie de la deuxième personne de l'impératif avec la troisième de l'imparfait : ἵστη, il plaçait : ἵστη, place.

2° N'oubliez pas que l'ι initial de ce verbe est un allongement du radical, qui disparaît régulièrement au futur et aux temps qui en dérivent : στήσω, et non pas ἱστήσω.

3° La longue η domine dans toute la conjugaison des modes de l'aoriste et aux trois nombres de l'indicatif : ἔστην, ἔστημεν, ἔστητον.

Un fait très-important dans la conjugaison de ce verbe, et qui se reproduit dans tous ses composés, c'est la signification *active* des quatre premiers temps, *présent*, *imparfait*, *futur*, *aoriste premier*; et la signification *neutre* des quatre derniers, *aoriste second*, *parfait*, *plus-que-parfait*, et *futur passé*. Ainsi :

ἵστημι signifie je *place une chose ou une personne;*
ἵστην,   je *plaçais;*
στήσω,   je *placerai;*
ἔστησα,   j'ai placé.

A ces quatre temps, ἵστημι gouverne l'accusatif.

Au contraire, ἔστην signifie   je *me tins, je m'arrêtai;*
ἔστηκα,   je *me suis placé, je me suis arrêté, je me tiens debout;*
ἐστήκειν,   je *me tenais (debout);*
ἑστήξω ou ἥξομαι. je *me tiendrai (debout).*

Remarquez cette forme de futur antérieur à l'actif, au lieu de ἑστηκὼς ἔσομαι, et la signification de simple futur (*je me tiendrai*) qu'elle tire du parfait, lequel s'emploie avec la valeur d'un présent (*je me tiens*).

II. VOIX PASSIVE.

Au passif α commence la terminaison là où ε la commence dans τίθημι, ἵημι :

τίθ εμαι,	ἵ εμαι,	ἵστ αμαι ;
ἐτιθ έμην,	ἱ έμην,	ἱστ άμην ;
τιθ είμην,	ἱ είμην,	ἱστ αίμην.

Au futur, à l'aoriste et au parfait, α du primitif (στάω) reste, comme ε dans τίθημι et ἵημι : τε θήσομαι, ἑ θήσομαι, στα-θήσομαι ; ἐτέθην, ἐστάθην, etc.

Le parfait ἕσταμαι est formé d'après le parfait actif ἕστακα, très-peu usité à l'époque des meilleurs écrivains grecs, et qui avait le sens actif : *j'ai placé.*

III. VOIX MOYENNE.

Le moyen a deux acceptions. Il se prend :

1° Dans un sens *actif,* avec idée réfléchie, comme les autres verbes à la voix moyenne (τρόπαιον ἵστανται, *ils élèvent un monument de* leur *victoire*) ;

2° Dans le sens *neutre, absolu.* Alors le présent signifie *je m'arrête, je fais halte ;* l'imparfait, *je m'arrêtais ;* le futur, *je m'arrêterai.*

Cependant l'aoriste ἐστησάμην a toujours un sens actif : *je plaçai, j'élevai* (pour moi). Exemples :

Ἐστήσαντο τρόπαια, ils s'élevèrent, se dressèrent des trophées.

Ἐστήσατο ἀνδριάντα, il se fit élever une statue.

Le moyen manque d'aoriste second, de parfait, de plus-que-parfait. Lorsque cette voix est prise dans le sens neutre, les formes actives ἕστην, ἕστακα, ἑστήκειν, qui, de fait et par le sens, sont neutres et presque passives, suppléent au défaut de ces trois temps. Ainsi, on peut dire que ἵσταμαι, dans le sens neutre, a pour aoriste second ἔστην, pour parfait ἔστηκα, pour plus-que-parfait ἑστήκειν ou εἱστήκειν.

REMARQUES SUR LA CONJUGAISON DE φημί.

Le verbe φημί s'emploie habituellement dans le sens de *j'affirme*, ou en parenthèse après les premiers mots d'une citation, dans le sens de *dis-je, dis-tu, dit-il,* etc.

L'aoriste premier ἔφησα ne s'emploie chez les bons auteurs qu'avec le sens de *j'affirmai, je dis oui.*

L'aoriste second manque; l'imparfait en tient lieu.

Le parfait et le plus-que-parfait sont inusités.

	INDICATIF.	IMPÉRATIF.	SUBJONCTIF.
PRÉSENT.	S. διδ ωμι, je donne.		διδ ῶ,
	διδ ως,	διδ ου,	διδ ῷς,
	διδ ωσι,	διδ ότω,	διδ ῷ,
	P. διδ ομεν,		διδ ῶμεν,
	διδ οτε,	διδ οτε,	διδ ῶτε,
	διδ όασι,	διδ ότωσαν,	διδ ῶσι,
	D.		
	διδ οτον,	διδ οτον,	διδ ῶτον,
	διδ οτον.	διδ ότων.	διδ ῶτον.
IMPARFAIT.	S. ἐδιδ ων *ou mieux* ουν,		
	ἐδιδ ως — ους,		
	ἐδιδ ω — ου,		
	P. ἐδιδ ομεν,		
	ἐδιδ οτε,		
	ἐδιδ οσαν,		
	D.		
	ἐδιδ οτον,		
	ἐδιδ ότην.		
	FUTUR. δώσω.		
	AOR. 1ᵉʳ. ἔδωκα [1].		
AORISTE SECOND.	S. ἐδ ων, ⎫		δ ῶ,
	ἐδ ως, ⎬ inusitées.	δ ός,	δ ῷς,
	ἐδ ω, ⎭	δ ότω.	δ ῷ,
	P. ἐδ ομεν,		δ ῶμεν.
	ἐδ οτε,	δ ότε,	δ ῶτε,
	ἐδ οσαν,	δ ότωσαν,	δ ῶσι,
	D.		
	ἐδ οτον,	δ ότον,	δ ῶτον.
	ἐδ ότην.	δ ότων.	δ ῶτον.
	PARFAIT. δέδωκα.	δέδωκε [2].	δεδώκω.
	PL.-Q.-P. ἐδεδώκειν.		
	FUT. P. δεδωκὼς ἔσομαι.		

1. Troisième personne du pluriel, ἔδωκαν. — 2. Inusité.

OPTATIF.	INFINITIF.	PARTICIPES.
διδ οίην, διδ οίης, διδ οίη, διδ οίημεν ou οῖμεν, διδ οίητε ou οῖτε, διδ οίησαν ou οῖεν, διδ οίητον, διδ οιήτην.	διδ ύναι.	S. διδ ούς, οῦσα, όν, όντος, ούσης, όντος. P. διδ όντες, οῦσαι, όντα, όντων, ουσῶν, όντων. D. διδ όντε, ούσα, όντε, όντοιν, ούσαιν, όντοιν.
δώσοιμι.	δώσειν.	δώσων, σουσα, σον.
δ οίην, δ οίης, δ οίη [1], δ οίημεν ou οῖμεν, δ οίητε ou οῖτε, δ οίησαν ou οῖεν, δ οίητον, δ οιήτην.	δ οῦναι.	S. δούς, δοῦσα, δόν, δόντος, δούσης, δόντος. P. δόντες, δοῦσαι, δόντα, δόντων, δουσῶν, δόντων. D. δόντε, δούσα, δόντε, δόντοιν, δούσαιν, δόντοιν.
δεδώκοιμι.	δεδωκέναι.	δεδωκώς, κυῖα, κός, κότος, κυίας, κότος.

1. On dit aussi δώην, δώης, δώη.

INDICATIF.	IMPÉRATIF.	SUBJONCTIF.
PRÉSENT. S. διδ ομαι, διδ οσαι, διδ οται, P. διδ όμεθα, διδ οσθε, διδ ονται, D. διδ όμεθον, διδ οσθον, διδ οσθον.	διδ οσο [1], διδ όσθω. διδ οσθε, διδ όσθωσαν, διδ οσθον, διδ όσθων.	διδ ῶμαι, διδ ῷ, διδ ῶται, διδ ώμεθα, διδ ῶσθε, διδ ῶνται, διδ ώμεθον, διδ ῶσθον, διδ ῶσθον.
IMPARFAIT. S. ἐδιδ όμην, ἐδιδ οσο, ἐδιδ οτο, P. ἐδιδ όμεθα, ἐδιδ οσθε, ἐδιδ οντο, D. ἐδιδ όμεθον, ἐδιδ οσθον, ἐδιδ όσθην.		
FUTUR. δοθήσομαι.		
AOR. 1er. ἐδόθην.	δόθητι.	δοθῶ.
PARFAIT. δέδομαι.	δέδοσο.	δεδομένος ὦ.
P.-Q.-P. ἐδεδόμην.		

VOIX

PRÉSENT. διδ ομαι.	διδ οσο [1].	διδ ῶμαι.
IMPARF. ἐδιδ όμην.		
FUTUR. δώσομαι.		
AOR. 1er. ἐδωκάμην.		
AOR. 2. ἐδ όμην.	δοῦ, δόσθω.	δ ῶμαι.
PARFAIT. δέδομαι.	δέδοσο.	δεδομένος ὦ.
P.-Q.-P. ἐδεδόμην.		

1. Inusité.

OPTATIF.	INFINITIF.	PARTICIPES.
διδ οίμην, διδ οῖο, διδ οῖτο, διδ οίμεθα, διδ οῖσθε, διδ οῖντο, διδ οίμεθον, διδ οῖσθον, διδ οίσθην.	διδ οσθαι.	M. διδ όμενος, η, ον.
δοθησοίμην.	δοθήσεσθαι.	δοθησόμενος, η, ον.
δοθείην.	δοθῆναι.	δοθείς, εῖσα, έν.
δεδομένος είην.	δεδόσθαι.	δεδομένος, η, ον.

MOYENNE.

διδ οίμην.	διδο σθαι.	διδ όμενος, η. ον.
δωσοίμην.	δώσεσθαι.	δωσόμενος, η, ον.
δ οίμην.	δ όσθαι.	δ όμενος, η, ον.
δεδομένος είην.	δεδόσθαι.	δεδομένος, η, ον.

§ 117. REMARQUES SUR LES TROIS VOIX DE διδωμι.

1° VOIX ACTIVE.

Au pluriel et au duel de l'indicatif présent, imparfait et aoriste second, la voyelle longue de la première personne s'abrége comme dans les verbes τίθημι, ἵημι, ἵστημι : δίδωμι, δίδομεν; ἐδίδουν (pour ἐδίδων), ἐδίδομεν; ἔδων, ἔδομεν.

A l'impératif, à l'optatif, à l'infinitif et au participe du présent et de l'aoriste, l'o du primitif δόω domine, comme ε aux mêmes temps de τίθημι et de ἵημι, α aux mêmes temps de ἵστημι et de φημί.

L'impératif δίδου est formé comme si le présent eût été διδόω. Il en est de même aux trois personnes du singulier de l'imparfait : la forme contracte ἐδίδουν, ους, ου, est infiniment plus usitée que la forme qui se rattache directement à la conjugaison en μι, ἐδίδων, et doit toujours être préférée à celle-ci. Néanmoins on dit constamment au pluriel et au duel : ἐδίδομεν, ἐδίδοτε, ἐδίδοσαν, ἐδίδοτον, ἐδιδότην.

Au participe du présent et de l'aoriste second, remarquez le masculin en ούς et le neutre en όν : διδούς, διδόν; δούς, δόν. C'est que ούς représente όντς : διδόντς; et όν est pour όντ : διδόντ, δόντ. De là le génitif du masculin et du neutre : διδόντος, δόντος.

L'aoriste premier de ce verbe est par exception en κα, comme celui de τίθημι et de ἵημι. Ces trois verbes sont les seuls qui offrent cette irrégularité. Ἔδωκα, comme ἔθηκα et ἧκα, est usité surtout au singulier, tandis que les trois personnes du singulier de l'aoriste second, ἔδων, ἔδως, ἔδω, ne se rencontrent jamais. Comme dans ces deux autres verbes également, l'aoriste premier ne s'emploie qu'à l'indicatif.

2° VOIX PASSIVE, VOIX MOYENNE.

A tous les modes du passif et du moyen, le subjonctif excepté, la voyelle brève o du primitif est conservée : δίδομαι, ἐδιδόμην; δοθήσομαι, ἐδόθην, ἐδόμην; δέδομαι, ἐδεδόμην. Nous avons de même remarqué ε dans les verbes τίθημι et ἵημι; α bref dans les verbes ἵστημι et φημί.

La voix moyenne paraît n'avoir été usitée que dans les composés, comme ἀπο δίδομαι, ἐκ δίδομαι, etc., dont l'usage fera connaître les acceptions.

§ 118.   CONJUGAISON EN NΥMI.

Les verbes terminés par νυμι sont les plus nombreux de toute la classe des verbes en μι. La plupart n'ont d'aoriste second ni à l'actif ni au moyen, et ne prennent pas d'allongement devant le radical. Ainsi :

Σκεδάννυμι [1],	de σκεδάω.	Δαίνυμι,	de δαίω.
Πετάννυμι,	de πετάω.	Κτίννυμι,	de κτείνω.
Κρεμάννυμι,	de κρεμάω.	Δείκνυμι,	de δείκω.
Κεράννυμι,	de κεράω.	Ἄγνυμι,	de ἄγω.
Ἕννυμι,	de ἕω.	Ζεύγνυμι,	de ζεύγω.
Σβέννυμι,	de σβέω.	Μίγνυμι,	de μίγω ou μίσγω.
Τίννυμι,	de τίω.	Πήγνυμι,	de πήγω.
Ζώννυμι,	de ζώω.	Ῥήγνυμι,	de ῥήγω.
Στρώννυμι,	de στρώω.	Ὄλλυμι,	de ὄλω (pour ὄλνυμι).
Χώννυμι,	de χόω.	Ὄμνυμι,	de ὀμόω (pour ὀμόννυμι).
Χρώννυμι,	de χρώω.	Ὄρνυμι,	de ὄρω.

1. Sont terminés en ννυμι, avec deux νν, les verbes dont le radical se termine par une voyelle simple.

FORMATION DU FUTUR, DE L'AORISTE ET DU PARFAIT.

1° Les verbes qui dérivent d'un primitif en άω font généralement le futur en άσω ou en ῶ, ᾷς, ᾷ, l'aoriste en ασα, etc. :

Σκεδάννυμι, σκεδάσω, σεις, σει, ou σκεδῶ, ᾷς, ᾷ [1].
Πετάννυμι, πετάσω.
Κρεμάννυμι, κρεμάσω, σεις, σει, ou κρεμῶ, ᾷς, ᾷ.
Κεράννυμι, κεράσω, σεις, σει, ou κερῶ, ᾷς, ᾷ.

2° Ceux qui dérivent d'un primitif en έω font généralement le futur en έσω ou en ῶ, εῖς, εῖ :

Ἀμφιέννυμι, ἀμφιέσω, σεις, σει, ou mieux ἀμφιῶ, εῖς, εῖ.
Σβέννυμι, σβέσω.
Κορέννυμι, κορέσω, σεις, σει.

3° Ceux qui viennent de όω font ώσω, rarement όσω :

Ζώννυμι, ζώσω, ἔζωσα, ἔζωκα.
Χρώννυμι, χρώσω, ἔχρωσα.
Στρώννυμι, στρώσω, ἔστρωσα.
Χώννυμι, χώσω, ἔχωσα.
Ῥώννυμι, ῥώσω, ἔῤῥωσα, ἔῤῥωκα.
Ὄμνυμι, ὀμόσομαι, ou mieux ὀμοῦμαι, εῖ, εῖται.

4° Ceux qui viennent de ίω, αίω, ρω, font le futur en σω :

Τίννυμι, τίσω.
Δαίνυμι, δαίσω.
Ὄρνυμι, ὄρσω.

5° Ceux qui viennent de primitifs en γω. κω, font le futur en ξω :

Ἄγνυμι, ἄξω. ἔαξα, ἔαγα. ἔαγα.
Δείκνυμι, δείξω, ἔδειξα, δέδειγα.
Ζεύγνυμι, ζεύξω. ἔζευξα, ἔζευγα.
Μίγνυμι, μίξω. ἔμιξα, μέμιγα.
Πήγνυμι, πήξω. ἔπηξα, ... πέπηγα.
Ῥήγνυμι, ῥήξω, ἔῤῥηξα, ἔῤῥηγα.

Quant au présent et à l'imparfait de ces verbes, ils se conjuguent sur le modèle suivant :

1. Voy. § 109.

§ 119. CONJUGAISON DU VERBE ΔΕΙΚΝΥΜΙ, JE MONTRE. — VOIX ACTIVE.

	INDICATIF.	IMPÉRATIF.	SUBJONCTIF.	OPTATIF.	INFINITIF.	PARTICIPE.
PRÉSENT	S. δείκ νυμι. δείκ νυς. δείκ νυσι. P. δείκ νυμεν. δείκ νυτε. δείκ νύασι, D. δείκ νυτον, δείκ νυτον.	S. δείκ νυ, δείκ νύτο, P. δείκ νυτε, δείκ νύτοσαν. D. δείκ νυτον, δείκ νύτον.	δείκ νύω, δείκ νύῃς, δείκ νύῃ, δείκ νύωμεν, δείκ νύητε, δείκ νύωσι. δείκ νύητον, δείκ νύητον.	δείκ νύοιμι, δείκ νύοις, δείκ νύοι, δείκ νύοιμεν, δείκ νύοιτε, δείκ νύοιεν. δείκ νύοιτον, δείκ νυοίτην.	δείκ νύναι.	S. δείκ νύς, νύντος, νῦσα, νύσης, νύν, νύντος. P. δείκ νύντες, νύντων, νῦσαι, νυσῶν, νύντα, νύντων. D. δείκ νύντε, νύντοιν, νύσα, νύσαιν, νύντε, νύντοιν.
IMPARFAIT	S. ἐδείκ νυν, ἐδείκ νυς, ἐδείκ νυ, P. ἐδείκ νυμεν. ἐδείκ νυτε, ἐδείκ νυσαν, D. ἐδείκ νυτον, ἐδείκ νύτην.					

CONJUGAISON DU VERBE ΔΕΙΚΝΥΜΙ.   VOIX PASSIVE.

	INDICATIF.	IMPÉRATIF.	SUBJONCTIF.	OPTATIF.	INFINITIF.	PARTICIPE.
PRÉSENT. S.	δείκ νυμαι,		δείκ νύωμαι,	δείκ νυοίμην,	δείκ νυσθαι.	δείκ νύμενος, η, ον.
	δείκ νυσαι,	δείκ νυσο.	δείκ νύῃ,	δείκ νύοιο,		
	δείκ νυται.	δείκ νύσθω.	δείκ νύηται,	δείκ νύοιτο,		
P.	δείκ νύμεθα,		δείκ νυώμεθα,	δείκ νυοίμεθα,		
	δείκ νυσθε,	δείκ νυσθε.	δείκ νύησθε,	δείκ νύοισθε,		
	δείκ νυνται.	δείκ νύσθωσαν.	δείκ νύωνται,	δείκ νύοιντο,		
D.	δείκ νύμεθον.		δείκ νυώμεθον,	δείκ νυοίμεθον,		
	δείκ νυσθον.	δείκ νύσθον,	δείκ νύησθον,	δείκ νύοισθον,		
	δείκ νυσθον.	δείκ νύσθον.	δείκ νύησθον.	δείκ νυοίσθην.		
IMPARFAIT. S.	ἐδείκ νύμην.					
	ἐδείκ νυσο.					
	ἐδείκ νυτο.					
P.	ἐδείκ νύμεθα.					
	ἐδείκ νυσθε.					
	ἐδείκ νυντο,					
D.	ἐδείκ νύμεθον,					
	ἐδείκ νυσθον.					
	ἐδείκ νύσθην.					

Remarques. — On voit que le subjonctif est tout à fait formé comme si l'indicatif était δεικνύω. Il en est de même de l'optatif.

Au reste, un certain nombre de verbes en νυμι sont également usités avec la forme νύω; ainsi on dit quelquefois :

Δεικνύω,	ἐδείκνυον.	Μιγνύω,	ἐμίγνυον.
Ῥηγνύω,	ἐρρήγνυον.	Πηγνύω,	ἐπήγνυον.
Ζωννύω,	ἐζώννυον.	Σβεννύω,	ἐσβέννυον.
Ὀμνύω,	ὤμνυον.		

Mais le futur, l'aoriste et le parfait sont toujours tirés du primitif : δείξω, μίξω, ζώσω, etc.; δειχθήσομαι, ἐμίγην, ἔζωσμαι.

---

§ 120. Nous terminerons cette nomenclature des verbes en μι par la conjugaison du verbe irrégulier et défectif, mais fort usité, εἶμι, *je vais* et *j'irai*, formé du primitif ἴω, et distinct, par l'accentuation aussi bien que par ses formes, du verbe εἰμί, *je suis*, formé du primitif ἔω. En voici le tableau :

TABLEAU :

CONJUGAISON DU VERBE EIMI, JE VAIS.

	INDICATIF.	IMPÉRATIF.	SUBJONCTIF.	OPTATIF.	INFINITIF.	PARTICIPE.
PRÉSENT ET FUTUR.					ἰέναι.	ἰών, ἰοῦσα, ἰόν.
S.	εἶμι, je vais, j'irai.		ἴω,	ἴοιμι ou ἰοίην,		
	εἶ,	ἴθι.	ἴῃς,	ἴοις ou ἰοίης.		
	εἶσι,	ἴτω.	ἴῃ,	ἴοι ou ἰοίη,		
P.	ἴμεν,		ἴωμεν.	ἴοιμεν,		
	ἴτε,	ἴτε,	ἴητε,	ἴοιτε,		
	ἴασι.	ἴτωσαν ou ἰόντων.	ἴωσι.	ἴοιεν,		
D.	ἴτον.	ἴτον,	ἴητον,	ἴοιτον,		
	ἴτον	ἴτων.	ἴητον.	ἰοίτην.		
IMPARFAIT ET AORISTE.						
S.	ᾖα ou ᾖειν.					
	ᾔεις ou ᾔεισθα.					
	ᾔει.					
P.	ᾔειμεν ou ᾖμεν,					
	ᾔειτε ou ᾖτε.					
	ᾔεσαν,					
D.	ᾔειτον ou ᾖτον,					
	ᾐείτην ou ᾔτην.					

Remarques. — Dans les composés, ἴθι est quelquefois remplacé par ει : ἄπιθι ou ἄπει, *va-t'en.*

Ἦα est une sorte de parfait second ; ᾔειν, de plus-que-parfait second. Ἦα n'est usité qu'à la première personne ; ᾔε, à la troisième, se trouve chez les poëtes. Ἦειν, ᾔεις, etc., en prose, est fort usité dans les composés : εἰσῄειν, ἀπῄει, ἀνῄεσαν, j'entrais, il s'en allait, ils montaient, etc.

----

§ 121.　　　VERBES ALLONGÉS EN Ω.

Nous venons de voir (page 173) que les verbes en μι sont formés en allongeant le radical primitif au présent et à l'imparfait.

Il y a de même, parmi les verbes en ω, une classe nombreuse de verbes qui ont à ces deux mêmes temps une forme plus longue que celles du futur, de l'aoriste soit premier, soit second, du parfait et du plus-que-parfait. Ces quatre derniers temps, comme ceux des verbes en μι, se forment d'un primitif dont on trouve quelques exemples chez les plus anciens poëtes, ou que l'on suppose par analogie.

Ces verbes en ω sont vulgairement appelés *irréguliers ;* leur formation est cependant, en général, tout à fait normale dès qu'on a la clef des temps à partir du futur.

Pour étudier plus commodément ces verbes, nous les diviserons en plusieurs classes, d'après la nature de l'allongement subi par le radical primitif.

1. Ceux qui intercalent ν entre le radical et la terminaison :

Τίνω,　de τίω,　　fut. τίσω,　　aor. ἔτισα.
Φθίνω,　de φθίω,　fut. φθίσω,　aor. ἔφθισα.
Δύνω,　de δύω,　　fut. δύσω,　aor. ἔδυσα.
Δάκνω,　de δάκω ou δήκω, fut. δήξομαι,　aor. ἔδακον.

Remarque. — Dans les deux verbes suivants, la voyelle finale du radical est devenue αι et αυ devant le ν intercalé :

		Futur.	Aoriste.	Parfait.
Βαίνω,	de βάω,	βήσομαι,	ἔϐην,	βέϐηκα.
Ἐλαύνω,	de ἐλάω,	ἐλῶ, ᾷς, ᾷ,	ἤλασα,	ἐλήλακα.

II. Ceux qui intercalent αν entre le radical et la terminaison :

		Futur.	Aoriste.	Parfait.
Ἁμαρτάνω,	de ἁμάρτω,	ἁμαρτήσομαι,	ἥμαρτον,	ἡμάρτηκα.
Βλαστάνω,	de βλάστω,	βλαστήσω,	ἔϐλαστον,	βεϐλάστηκα[1].
Ὀλισθάνω,	de ὀλίσθω,	ὀλισθήσω,	ὤλισθον,	ὠλίσθηκα.

III. Outre l'intercalation de αν entre le radical et la terminaison, plusieurs insèrent une nasale (μ, ν) au milieu même du radical. Tels sont :

		Futur.	Aoriste.	Parfait.
Λαμϐάνω,	de λάϐω ou λήϐω,	λήψομαι,	ἔλαϐον,	εἴληφα.
Λανθάνω,	de λάθω ou λήθω[2],	λήσω,	ἔλαθον,	λέληθα.
Μανθάνω,	de μάθω,	μαθήσομαι,	ἔμαθον,	μεμάθηκα.
Τυγχάνω,	de τύχω ou τεύχω,	τεύξομαι,	ἔτυχον,	τετύγηκα[3].

Remarque. — Deux verbes de forme moyenne ont un allongement en νοῦμαι (pour νέομαι). Ce sont :

1° Ἱκνοῦμαι, je vais (de ἵκω, ἵκομαι), futur ἵξομαι, aor. 2 ἱκόμην, parf. ἷγμαι. Ce verbe ne s'emploie en prose qu'avec les prépositions ἀπό, ἐπί, ἐξ, κατά, etc.: ἀφικνοῦμαι, ἐφικνοῦμαι, καθικνοῦμαι, etc.

2° Ὑπισχνοῦμαι, je promets, allongé de ὑπίσχω ou ὑπίσχομαι, f. ὑποσχήσομαι, aor. ὑπεσχόμην, p. ὑπέσχημαι.

IV. D'autres ajoutent σκω, ίσκω, έσκω au radical primitif. Exemples :

		Futur.	Aoriste.	Parfait.
Ἀρέσκω,	de ἀρέω,	ἀρέσω,	ἤρεσα.	
Μεθύσκω,	de μεθύω.	μεθύσω.	ἐμέθυσα.	
Εὑρίσκω.	de εὕρω.	εὑρήσω,	εὗρον,	εὕρηκα.
Θνήσκω[4],	de θάνω,	θανοῦμαι.	ἔθανον.	τέθνηκα.
Θρώσκω[5],	de θόρω.	θοροῦμαι.	ἔθορον.	
Πάσχω[6],	de πάθω[7],	πείσομαι,	ἔπαθον,	πέπονθα.

1. Ou ἐϐλάστηκα. — 2. Se trouve dans Xénophon. — 3. Ou τέτευχα. — 4. Pour θνήσκω. — 5. Pour θορέσκω. — 6. Pour παθέσκω. — 7. Ou πένθω.

V. Outre les formations précédentes, beaucoup de verbes, avant leur radical, redoublent la première consonne, avec la voyelle ι comme lettre de liaison, de même que dans les verbes τίθημι, δίδωμι, πίμπλημι.

Exemples :

		Futur.	Aoriste.	Parfait.
Διδράσκω[1],	de δράω,	δράσομαι,	ἔδραν, ας, α,	δέδρακα.
Πιπράσκω[2],	de περάω,	περῶ, ᾷς,	. . . . .	πέπρακα.
Μιμνήσκω[3],	de μνάω,	μνήσω,	ἔμνησα.	
Βιβρώσκω[4],	de βόρω,	. . . .	. . . . .	βέβρωκα.
Γιγνώσκω[5],	de γνόω,	γνώσομαι,	ἔγνων,	ἔγνωκα.
Τιτρώσκω[6],	de τόρω,	τρώσω[7],	ἔτρωσα.	

VI. Quelques verbes n'ont que le redoublement qui précède le radical, sans qu'aucune lettre ou syllabe vienne s'intercaler entre le radical et la terminaison. Tels sont :

Τίκτω, j'enfante (pour τίτκω, forme abrégée de τι τέκω) : futur, τέξομαι; aoriste second, ἔτεκον; parfait second, τέτοκα. Le primitif est donc τέκω, qui se retrouve dans τέκνον, enfant.

Πίπτω (pour πιπέτω), je tombe, du primitif πέτω : d'où le futur πεσοῦμαι, et l'aoriste second ἔπεσον. Le parfait πέπτωκα et le plus-que-parfait ἐπεπτώκειν se rapportent à la forme inusitée au présent πτόω, pour πετόω, autre allongement de πέτω : d'où les substantifs πτῶσις et πτῶμα, chute.

Τίγνομαι ou γίνομαι (pour γι γένομαι), du primitif γένω, γένομαι : d'où le futur γενήσομαι, l'aoriste ἐγενόμην, le parfait premier γεγένημαι et le parfait second γέγονα.

Nous donnons ci-après le tableau de la conjugaison de ce dernier verbe, qui est le plus usité de la langue grecque, avec εἰμί, je suis, et ἔχω, j'ai, et parce qu'il est important de le savoir exactement par cœur.

1. Usité seulement en composition, ἀπο-διδράσκω, ὑπο-διδράσκω, etc.
2. Pour πιπεράσκω. — 3. Pour μιμναέσκω. — 4. Pour βιβορέσκω.
5. Pour γιγνοέσκω. — 6. Pour τιτορέσκω. — 7. Pour τορέσω.

§ 122. CONJUGAISON DU VERBE ΓΙΓΝΟΜΑΙ, ΓΙΝΟΜΑΙ[1], JE NAIS, JE DEVIENS.

TEMPS.	INDICATIF.	IMPÉRATIF.	SUBJONCTIF.	OPTATIF.	INFINITIF.	PARTICIPES.
PRÉS.	γίγνομαι. γίνομαι.	γίγνου. γίνου.	γίγνωμαι. γίνωμαι.	γιγνοίμην. γινοίμην.	γίγνεσθαι. γίνεσθαι.	γιγνόμενος. γινόμενος.
IMPARF.	ἐγιγνόμην. ἐγινόμην.					
FUTUR.	γενήσομαι.			γενησοίμην.	γενήσεσθαι.	γενησόμενος.
AOR. 2.	ἐγενόμην.	γενοῦ.	γένωμαι.	γενοίμην.	γενέσθαι.	γενόμενος.
PARF.	γεγένημαι.	γεγένησο.	γεγενημένος ὦ.	γεγενημένος εἴην.	γεγενῆσθαι.	γεγενημένος.
P.-Q.-P.	ἐγεγενήμην.					
PARF. 2.	γέγονα.	γέγονε.	γεγόνω.	γεγόνοιμι.	γεγονέναι.	γεγονός.
P.-Q.-P. 2.	ἐγεγόνειν.					

1. La première forme est plus usitée.

Remarques. 1° A l'aoriste, il existe encore deux autres formes, mais moins usitées. Ce sont les formes d'aoriste premier passif, ἐγενήθην, et d'aoriste premier moyen, ἐγεινάμην; cette dernière est toujours employée dans le sens actif de *j'ai engendré, enfanté,* et comme synonyme de ἐγέννησα (de γεννάω), beaucoup plus usité en prose.

2° A l'aide de l'aoriste second, du parfait et du plus-que-parfait de ce verbe, on supplée aux temps du verbe εἰμί (je suis) qui n'existent pas. Ainsi, *je fus* s'exprime habituellement par ἐγενόμην; *j'ai été,* par γεγένημαι ou γέγονα; *j'avais été,* par ἐγεγενήμην, ἐγεγόνειν.

D'où il suit que *j'aurais été* se dit ἐγενόμην ἄν, γενοίμην ἄν, ou ἐγεγενήμην ἄν, ἐγεγόνειν ἄν, γεγενημένος ἄν εἴην.

---

§ 123.   VERBES DÉPONENTS.

Nous appellerons ainsi, par analogie avec certains verbes latins, les verbes de la langue grecque qui ne se conjuguent qu'à la voix moyenne. Ainsi *imitor* est un verbe latin déponent; μιμοῦμαι, qui a le même sens, est un verbe grec déponent; *polliceor* est déponent, ὑπισχνοῦμαι l'est de même; à *utor,* à *sequor* répondent en grec les déponents χρῶμαι (χράομαι), ἕπομαι, etc.

I. En voici quelques-uns des plus usités :

		Futur.	Aoriste.	Parfait.
Θεῶμαι	-άομαι,	θεάσομαι,	ἐθεασάμην,	τεθέαμαι.
Ἰῶμαι	-άομαι,	ἰάσομαι,	ἰασάμην,	ἴαμαι.
Κτῶμαι	-άομαι,	κτήσομαι,	ἐκτησάμην,	κέκτημαι.
Μιμοῦμαι	-έομαι,	μιμήσομαι,	ἐμιμησάμην,	μεμίμημαι.

	Futur.	Aoriste.	Parfait.
Σκέπτομαι,	σκέψομαι,	ἐσκεψάμην,	ἔσκεμμαι.
Φθέγγομαι,	φθέγξομαι,	ἐφθεγξάμην,	ἔφθεγμαι, εγξαι[1].
Δέχομαι,	δέξομαι,	ἐδεξάμην,	δέδεγμαι, εξαι.
Χαρίζομαι,	χαρίσομαι,	ἐχαρισάμην,	κεχάρισμαι.
Αἰσθάνομαι,	αἰσθήσομαι,	ᾐσθόμην,	ᾔσθημαι.
Πυνθάνομαι,	πεύσομαι,	ἐπυθόμην,	πέπυσμαι.

II. Environ vingt-cinq verbes déponents prennent à l'aoriste la forme passive. Tels sont :

	Futur.	Aoriste.	Parfait.
Πορεύομαι,	πορεύσομαι,	ἐπορεύθην,	πεπόρευμαι.
Οἴομαι ou οἶμαι,	οἰήσομαι,	ᾠήθην,	. . . . .
Πειρῶμαι -άομαι,	πειράσομαι,	ἐπειράθην,	πεπείραμαι.
Ἀμιλλῶμαι -άομαι,	ἀμιλλήσομαι,	ἡμιλλήθην.	. . . . .
Ἐπιμελοῦμαι-έομαι,	ἐπιμελήσομαι,	ἐπεμελήθην.	. . . . .
Δέομαι, ...	δεήσομαι,	ἐδεήθην.	. . . . .
Βούλομαι, ...	βουλήσομαι,	ἐβουλήθην,	βεβούλημαι.
Δύναμαι, ...	δυνήσομαι,	ἐδυνήθην,	δεδύνημαι.
Ἐπίσταμαι, . . .	ἐπιστήσομαι,	ἠπιστήθην.	. . . . .

Les verbes αἰδοῦμαι, ἀρνοῦμαι, ἄχθομαι, διαλέγομαι, ἐνθυμοῦμαι, διανοοῦμαι, qui prennent aussi la forme passive à l'aoriste, ont au futur à la fois la forme moyenne et la forme passive : αἰδέσομαι et αἰδεσθήσομαι, ἀρνήσομαι et ἀρνηθήσομαι, ἀχθέσομαι et ἀχθεσθήσομαι, διαλέξομαι et διαλεχθήσομαι, ἐνθυμήσομαι et ἐνθυμηθήσομαι, διανοήσομαι et διανοηθήσομαι.

III. Certains verbes ont à la fois la forme active et la forme moyenne sans changer de sens. Ainsi :

Πορεύω	et πορεύομαι,	je passe.
Πολιτεύω	et πολιτεύομαι,	j'administre la cité.
Πειρῶ -άω	et πειρῶμαι -άομαι,	j'essaye.
Ἀριθμῶ -έω	et ἀριθμοῦμαι -έομαι,	je compte.
Ἀπορῶ -έω	et ἀπορούμαι -έομαι,	je suis embarrassé.
Ἐννοῶ -έω	et ἐννοοῦμαι -έομαι,	j'imagine.

Voyez § 104, note 2, page 154.

Σκοπῶ -έω *et* σκοποῦμαι -έομαι,   j'examine.

Κρύπτω   *et* κρύπτομαι,   je cache.

Καθίζω   *et* καθίζομαι,   je m'assieds.

IV. Plusieurs verbes, quoique déponents, ont le sens passif à quelques-uns de leurs temps, particulièrement à l'aoriste, au parfait et au plus-que-parfait. Ainsi :

Δέδεγμαι, de δέχομαι, signifie *j'ai reçu* et *j'ai été reçu*. Outre l'aoriste ἐδεξάμην, qui a le sens actif, *je reçus*, il y a de plus l'aoriste passif ἐδέχθην, qui signifie *je fus reçu*.

Εἴργασμαι, de ἐργάζομαι, signifie à la fois *j'ai fait* et *j'ai été fait*; ἐργασθήσομαι, *je serai fait*, mais ἐργάσομαι, *je ferai*; εἰργάσθην, *je fus fait*, mais εἰργασάμην, *je fis*.

Κέκτημαι, *j'ai acquis* et *j'ai été acquis*; ἐκτήθην, *je fus acquis*, mais ἐκτησάμην, *j'acquis*.

Ὑπεσχόμην, *je promis*; ὑπεσχέθην, *je fus promis*.

L'usage apprendra les autres.

COMPLÉMENT DES VERBES DÉPONENTS.

Les verbes déponents à sens actif prennent leur complément à l'accusatif. Exemples :

J'imite mon père, μιμοῦμαι τὸν ἐμὸν πατέρα.

Vous avez promis une récompense à l'élève, μισθὸν ὑπέσχου τῷ μαθητῇ.

D'autres gouvernent le génitif. Exemple :

Je prendrai soin de vos intérêts, ἐπιμελήσομαι τῶν ὑμῖν συμφερόντων.

D'autres, le datif. Exemple :

Je fais usage de lait, χρῶμαι γάλακτι.

§ 124. VERBES IRRÉGULIERS.

I. VERBES ACTIFS AYANT UN FUTUR MOYEN[1].

Ἀκούω[2],		j'entends,	ἀκούσομαι.
Βοῶ	-βοάω,	je crie,	βοήσομαι.
Γελῶ	-γελάω,	je ris,	γελάσομαι.
Ἀγνοῶ	-ἀγνοέω,	j'ignore,	ἀγνοήσομαι.
Φεύγω,		je fuis,	φεύξομαι.
Ἄδω,		je chante,	ᾄσομαι.
Σπουδάζω,		j'ai du zèle,	σπουδάσομαι.
Παίζω,		je joue,	παίξομαι.
Κάμνω,		je travaille,	καμοῦμαι.
Βαίνω,		je marche,	βήσομαι.
Λαμβάνω,		je reçois,	λήψομαι.
Γιγνώσκω,		je connais,	γνώσομαι.
Ὄμνυμι,		je jure,	ὀμοῦμαι pour ὀμόσομαι.

A ces verbes ajoutez :

Πηδάω, σιγάω, σιωπάω, θηράω (ἄσομαι), τρώγω, δάκνω, λαγχάνω, μανθάνω, τυγχάνω, βιβρώσκω, ἀποδιδράσκω, θνήσκω, χάσκω, εἰμί, etc.

Dans un certain nombre de verbes la forme active et la forme moyenne existent simultanément au futur; mais la forme moyenne paraît avoir été la plus élégante et la plus usitée. Exemples :

Ἀπολαύω	je jouis,	ἀπολαύσω et ἀπολαύσομαι.
Ἀπαντῶ -άω,	je rencontre,	ἀπαντήσω et ἀπαντήσομαι.
Ἐπαινῶ -έω,	je loue,	ἐπαινέσω et ἐπαινέσομαι.
Βλέπω,	je vois,	βλέψω et βλέψομαι.
Κλέπτω,	je dérobe,	κλέψω et κλέψομαι.
Διώκω,	je poursuis,	διώξω et διώξομαι.
Θαυμάζω,	j'admire,	ϑαυμάσω et ϑαυμάσομαι.

1. Ces verbes sont au nombre d'environ quarante-cinq.

2. Nous rangeons ces verbes dans l'ordre que nous avons suivi pour la conjugaison régulière : verbes en ω pur non contractes, verbes contractes, verbes en βω, γω, δω, ζω, etc.

Οἰμώζω,	je me lamente,	οἰμώξω	*et* οἰμώξομαι.
Βαδίζω,	je marche,	βαδιῶ	*et* βαδιοῦμαι.
Ἁμαρτάνω,	je pèche,	ἁμαρτήσω	*et* ἁμαρτήσομαι.
Τίκτω,	j'enfante,	τέξω	*et* τέξομαι.
Γηράσκω,	je vieillis,	γηράσω	*et* γηράσομαι.

Il en est de même de :

Κωκύω,	ἐπιορκέω,	ποθέω,	ῥοφέω,
χωρέω,	σκώπτω,	ἐγκωμιάζω,	ἁρπάζω,
τωθάζω,	ἀλαλάζω [1],	ὀλολύζω,	θιγγάνω,
	φθάνω.		

Remarques. 1° Ὀμοῦμαι de ὄμνυμι, et βαδιοῦμαι de βαδίζω font à la deuxième personne du singulier ὀμεῖ, βαδιεῖ, et non ὀμῇ, βαδιῇ.

2° La forme moyenne du futur n'influe en rien sur celle de l'aoriste et du parfait, qui conservent la forme active : ἤκουσα, ἐθαύμασα, ἐγέλασα, ὤμοσα, ἐδίωξα, ἠγνόηκα, βέβρωκα, τέθνηκα, etc.

II. DÉPONENTS ET PASSIFS AYANT UN PARFAIT DE FORME ACTIVE.

Ce parfait est toujours un parfait second dans les verbes déponents : il a toujours un sens neutre :

Γίγνομαι, je nais *ou* deviens, fut. γενήσομαι, parf. 2. γέγονα.

Μαίνομαι, je suis fou, fut. μανήσομαι, parf. 2. μέμηνα.

Certains verbes passifs ont un parfait premier de forme active, mais de sens passif ou neutre :

		Parfait.	
Σβέννυμαι,	je m'éteins,	ἔσβηκα[2],	je suis éteint.
Σκέλλομαι,	je me dessèche,	ἔσκληκα,	je suis desséché.
Ἁλίσκομαι,	je suis pris *ou* je me prends.	ἑάλωκα,	j'ai été *ou* je suis pris.

III. VERBES PRIVÉS DE Σ A L'AORISTE PREMIER.

Un petit nombre de verbes grecs ne prennent pas de σ à l'aoriste, quoique n'appartenant pas à la classe des

---

1. Ce verbe prend ξ au futur, ainsi que ὀλολύζω.
2. Usité seulement en composition, ἀπέσβηκα, etc.

verbes en λω, μω, νω, ρω, où cette suppression est régulière.

Tel est χέω, je verse; aoriste, ἔχεα.

Ἤνεγκα [1], je portai; εἶπα, je dis, sont des aoristes premiers sans σ, qui se rapportent à des présents en κω et en πω, inusités.

IV. VERBES AYANT Κ AU LIEU DE Σ A L'AORISTE PREMIER.

Ἵημι, τίθημι, δίδωμι, conjugués ci-dessus, § 111 et 116, font ἧκα, ἔθηκα, ἔδωκα.

V. VERBES INTERCALANT Υ AU FUTUR, A L'AORISTE ET AU PARFAIT
ENTRE LA VOYELLE FINALE DU RADICAL ET LA TERMINAISON.

		Futur.	Aoriste.	Parf. act.	Parf. pass.
Καίω *ou* κάω,	je brûle,	καύσομαι,	ἔκαυσα,	κέκαυκα,	κέκαυμαι.
Κλαίω *ou* κλάω,	je pleure,	κλαύσομαι,	ἔκλαυσα,	κέκλαυκα,	κέκλαυμαι.
Θέω,	je cours,	θεύσομαι.	. . .	. . . .	
Νέω,	je nage,	νεύσομαι,	ἔνευσα.	. . . . .	
Πλέω,	je navigue,	πλεύσομαι,	ἔπλευσα,	πέπλευκα.	
Πνέω,	je souffle,	πνεύσομαι,	ἔπνευσα,	πέπνευκα.	

Remarque. — On voit que ces verbes doivent être ajoutés à la liste de ceux qui ont un futur de forme moyenne.

VI. VERBES EN ΈΩ FORMANT LEUR FUTUR COMME LES VERBES
DONT LE RADICAL EST TERMINÉ PAR UNE CONSONNE.

Les deux seuls verbes usités en prose sont :

Δοκῶ -έω, je semble, f. δόξω, a. ἔδοξα, parf. p. δέδοκται.

Ὠθῶ -έω, je pousse, f. ὤσω, a. ἔωσα.

VII. VERBES NON CONTRACTES FORMANT LEUR FUTUR EN ΉΣΩ.

		Futur.	Aoriste.
Καθεύδω,	je dors.	καθευδήσω,	ἐκαθεύδησα.
Βόσκω,	je pais,	βοσκήσω.	. . . . .
Οἴχομαι,	je m'en vais,	οἰχήσομαι.	. . . . .
Ὄζω,	je sens,	ὀζήσω,	ὤζησα.

---

1. Inusité à la première personne du singulier.

		Futur.	Aoriste.	Parfait.
Θέλω,	je veux,	Θελήσω,	ἐθέλησα.	. . . . .
Μέλει,	c'est un souci,	μελήσει,	ἐμέλησε,	μεμέληκε.
Μέλλω,	je tarde,	μελλήσω,	ἐμέλλησα.	. . . . .
Βούλομαι,	je veux,	βουλήσομαι,	ἐβουλήθην,	βεβούλημαι.
Χαίρω,	je me réjouis,	χαιρήσω,	ἐχάρην,	κεχάρηκα.
Ἔρρω,	je vais à ma perte,	ἐρρήσω,	ἤρρησα,	ἤρρηκα.
Δέομαι,	j'ai besoin,	δεήσομαι,	ἐδεήθην.	. . . . .
Οἴομαι,	je crois,	οἰήσομαι,	ᾠήθην,	ᾤημαι.
Παίω,	je frappe,	παιήσω,	ἔπαισα,	πέπαικα.
Κλαίω,	je pleure,	κλαιήσω[4],	ἔκλαυσα.	. . . . .
Τύπτω,	je frappe,	τυπτήσω,	ἔτυψα.	. . . . .
Μύζω,	je suce,	μυζήσω[2],	ἐμύζησα.	. . . . .
Βάλλω,	je frappe (de loin),	βαλλήσω[3],	ἔβαλον,	βέβληκα.
Κερδαίνω,	je gagne,	κερδανῶ,	ἐκέρδανα[4],	κεκέρδηκα.
Αἰσθάνομαι,	je sens,	αἰσθήσομαι,	ᾐσθόμην,	ᾔσθημαι.

Remarques. — 1° Les deux verbes βούλομαι et οἴομαι font de plus la deuxième personne de l'indicatif présent en ει et non en η : on dit toujours βούλει, tu veux ; οἴει, tu penses : βούλῃ et οἴῃ n'appartiennent qu'au subjonctif. Nous avons déjà remarqué ὀμεῖ pour ὀμῇ, tu jureras ; βαδιεῖ pour βαδιῇ, tu marcheras[5].

2° Un certain nombre de verbes en ω non contractes ne présentent la forme des verbes contractes qu'au parfait et au plus-que-parfait :

		Futur.	Aoriste.	Parfait.
Στείβω,	je foule,	στείψω,	ἔστιβον,	ἐστίβημαι.
Θνήσκω,	je meurs,	Θανοῦμαι,	ἔθανον,	τέθνηκα.
Μένω,	je reste,	μενῶ,	ἔμεινα,	μεμένηκα.
Τέμνω,	je coupe,	τεμῶ,	ἔτεμον,	τέτμηκα.
Τυγχάνω,	je me trouve,	τεύξομαι,	ἔτυχον,	τετύχηκα.

1. Κλαύσομαι (voyez V) est plus usité. — 2. On dit aussi μύσω.
3. Une seule fois, dans *les Guêpes*. On dit plus souvent βαλῶ.
4. On dit aussi κερδήσομαι, ἐκέρδησα.
5. Du reste, la deuxième personne des futurs en οῦμαι est au moins aussi fréquemment en εῖ qu'en ῇ.

VIII. VERBES EN ΖΩ ET EN ΣΣΩ, FAISANT LE FUTUR EN ΨΩ·

	Futur.	Aoriste.
Νίζω, je lave (les mains),	νίψω,	ἔνιψα.
Πέσσω, je cuis,	πέψω,	ἔπεψα.

IX. VERBES CHANGEANT E DU RADICAL EN A AU PARFAIT PASSIF.

Ce changement a lieu lorsque l'ε du radical est précédé de deux consonnes dont la seconde est un ρ. Exemples :

	Fut. act.	Fut. pass.	Parf. pass.
Στρέφω, je tourne,	στρέψω,	στρεφθήσομαι,	ἔστραμμαι.
Τρέπω, je tourne,	τρέψω,	τρεφθήσομαι,	τέτραμμαι.
Τρέφω, je nourris,	θρέψω,	τρεφθήσομαι,	τέθραμμαι.

Remarques. 1° Le verbe βρέχω garde cependant son ε : βέβρεγμαι.

2° Le verbe τρέπω fait aussi le radical du parfait actif en α : τέτραφα, comme les verbes ἔσταλκα, ἔσπαρκα, ἔφθαρκα.

X. VERBES CONTRACTES EN ΕΩ, DANS LESQUELS LE FUTUR, L'AORISTE, LE PARFAIT, ONT TANTOT UN E, TANTOT UN H DEVANT LA TERMINAISON.

Ἐπαινῶ -έω prend ε au futur, à l'aoriste de l'actif et du passif, au parfait et au plus-que-parfait de l'actif, mais η au parfait et au plus-que-parfait passifs :

Ἐπαινῶ, ἐπαινέσομαι, ἐπήνεσα, ἐπήνεκα, -έκειν;
ἐπαινεθήσομαι, ἐπηνέθην, ἐπήνημαι, -ήμην.

Αἱρῶ -έω prend η au futur et au parfait actifs, ainsi qu'au parfait passif, mais ε au futur et à l'aoriste passifs (l'aoriste actif est inusité) :

Αἱρῶ,   αἱρήσω, ᾕρηκα, -κειν;
Αἱρεθήσομαι, ᾑρέθην, ᾕρημαι, etc.

Le verbe εὑρίσκω, qui, quoique non contracte, fait au futur εὑρήσω, fait également εὕρηκα, -κειν, εὕρημαι, -μην, au parfait et au plus-que-parfait de l'actif et du passif; mais il prend ε au futur et à l'aoriste passifs : εὑρεθήσομαι, εὑρέθην.

XI. VERBES OÙ L'ON REMARQUE DES IRRÉGULARITÉS RELATIVES AU Σ DU FUTUR, DE L'AORISTE ET DU PARFAIT PASSIF.

Certains verbes, contractes ou autres, suivent à la fois, dans ces temps, les règles du verbe λύω et celles des verbes en δω, θω, ζω. Ainsi :

	Futur.	Aoriste.	Parfait.
Δράω,	δρασθήσομαι,	ἐδράσθην,	δέδρασμαι et δέδραμαι.
Κλείω,	κλεισθήσομαι,	ἐκλείσθην,	κέκλεισμαι et κέκλειμαι.
Κρούω,	κρουσθήσομαι,	ἐκρούσθην,	κέκρουσμαι et κέκρουμαι.
Νέω,	νηθήσομαι,	ἐνήθην,	νένημαι et νένησμαι.
Σώζω,	σωθήσομαι,	ἐσώθην,	σέσωμαι et σέσωσμαι.
Παύω,	παυσθήσομαι,	ἐπαύσθην,	πέπαυμαι.
Μιμνήσκομαι,	μνησθήσομαι,	ἐμνήσθην,	μέμνημαι.
Ῥώννυμι,	ῥωσθήσομαι,	ἐρρώσθην,	ἔρρωμαι.

Dans quelques verbes en ζω le σ alterne ou s'emploie concurremment avec χ. Ainsi :

Ἁρπάζω. Aor. act. ἥρπασα, parf. act. ἥρπακα (par un κ).
　　　　Fut. pass. ἁρπασθήσομαι ou ἁρπαχθήσομαι.
　　　　Fut. 2. ἁρπαγήσομαι.
　　　　Aor. 1ᵉʳ ἡρπάσθην et ἡρπάχθην, aor. 2. ἡρπάγην.
　　　　Parf. p. ἥρπασμαι ou ἥρπαγμαι.

Παίζω. Futur παίξομαι, aor. ἔπαισα, parf. p. πέπαισμαι.

L'usage apprendra ces anomalies et quelques autres semblables.

XII. VERBES EN Ω AYANT A L'AORISTE SECOND ACTIF UNE FORME DE VERBES EN MI.

	Aoriste 2.		Aoriste 2.
Βαίνω,	ἔβην [1].	Πέτομαι,	ἔπτην [1].
Φθάνω,	ἔφθην [1].	Τέτληκα,	ἔτλην [1].
Σκέλλω,	ἔσκλην [1].	Διδράσκω,	ἔδραν [2].

1. Comme ἔστην, à tous les modes.
2. Comme ἔστην, si ce n'est que partout α (long) remplace η : ἀπέδραν, ας, α, αμεν, ατε, ασαν; infinitif, ἀποδρᾶναι.

	Aoriste 2.			Aoriste 2.
Βιόω,	ἐβίων [1].		Δύομαι,	ἔδυν [2].
Γιγνώσκω,	ἔγνων [1].		Φύω,	ἔφυν [2].
Ἁλίσκομαι,	ἑάλων [1].			

IRRÉGULARITÉS RELATIVES A L'AUGMENT ET AU REDOUBLEMENT.

I. VERBES PRIVÉS D'AUGMENT TEMPOREL.

Voici les trois plus usités en prose :

Αὔω, αὐαίνω, je sèche,		αὖον,	αὔαινον.
Οἰακίζω,	je tiens le gouvernail,	οἰάκιζον,	οἰάκισα.
Οἰνῶ -οἰνόω, j'enivre,		οἴνουν,	οἴνωσα, οἴνωμαι.

II. AUGMENT TEMPOREL DEVANT UNE CONSONNE.

Au contraire, un petit nombre de verbes commençant par une consonne reçoivent un augment temporel, aussi bien qu'un augment syllabique. Tels sont :

Βούλομαι, δύναμαι, μέλλω, qui font :

A l'imparfait, ἐβουλόμην et ἠβουλόμην ; ἐδυνάμην et ἠδυνάμην ; ἔμελλον et ἤμελλον ;

A l'aoriste, ἐβουλήθην ou ἠβουλήθην ; ἐδυνήθην ou ἠδυνήθην. L'aoriste de μέλλω n'a que la forme ἐμέλλησα.

III. AUGMENT SYLLABIQUE DEVANT UNE VOYELLE LONGUE.

Les verbes ὠθῶ, je pousse ; ὠνοῦμαι, j'achète ; οὐρῶ, j'urine, prennent un augment syllabique :

	Imparf.	Aor.	Parf.	Parf. pass.
Ὠθῶ,	ἐώθουν,	ἔωσα,	. . . .	ἔωσμαι.
Ὠνοῦμαι,	ἐωνούμην,	. . . .	ἐώνημαι.	
Οὐρῶ,	ἐούρουν,	ἐούρησα,	ἐούρηκα.	

IV. VERBES A DOUBLE AUGMENT.

Les verbes ὁράω, je vois ; ἀνοίγω, j'ouvre, prennent l'augment temporel et de plus l'augment syllabique. Ainsi :

1. Ω reste au pluriel et au duel : ἐβίωμεν, ἔγνωμεν, etc. ; à l'impératif, γνῶθι ; à l'infinitif γνῶναι, βιῶναι, ἁλῶναι. Le reste se conjugue sur ἔδυν. Βιόω fait βιῴην à l'optatif.

2. Comme l'imparfait de δείκνυμι. Impératif δῦθι, δύτω. Les autres modes comme les subjonctif, optatif, infinitif et participes de δείκνυμι.

Ὁράω, imp., ἑώρων; parf. actif, ἑώρακα ; parf. passif, ἑώραμαι.

Ἀν-οίγω, imp., ἀν-έῳγον ; aor. 1ᵉʳ, ἀν-έῳξα; parf. 1ᵉʳ, ἀν-έῳχα ; aor. 1ᵉʳ passif, ἀν-εῴχθην.

Le verbe ἑορτάζω, je célèbre une fête, fait ἑώρταζον, ἑώρτασα.

V. AUGMENT SYLLABIQUE DEVANT A, E, O.

Ἄγνυμι, aor. 1ᵉʳ, ἔαξα (et non pas ἦξα) ; aor. 2 pass., ἐάγην (et non ἤγην) ; parf. 2, ἔαγα ; pl.-q.-parf., ἐάγειν.

Ἁλίσκομαι, aor. 2, ἑάλων; parf., ἑάλωκα; pl.-q.-parf., ἑαλώκειν.

Le même fait se présente dans ἔοικα, parfait second d'un ancien verbe, εἴκω, je ressemble. De plus, εἰ a été changé en οι, comme dans λείπω, λέλοιπα. Au plus-que-parfait on dit, avec un double augment, ἐῴκειν, je ressemblais.

VI. VERBES PRENANT AU PARFAIT L'AUGMENT AU LIEU DU REDOUBLEMENT.

Γιγνώσκω, je connais, fait au parfait ἔγνωκα, ἔγνωσμαι.
Γλύφω, je cisèle, — ἔγλυφα ou γέγλυφα.
Βλαστάνω, je germe, — ἐβλάστηκα ou βεβλάστηκα.

VII. VERBES QUI REMPLACENT LE REDOUBLEMENT λε OU με PAR εἰ.

Λαμβάνω, je prends, εἴληφα, εἴλημμαι [1].
Λαγχάνω, j'obtiens, εἴληχα.
Λέγω, je choisis, εἴλοχα [2], εἴλεγμαι [3].
Διαλέγομαι, je converse, διείλεγμαι.
Μείρομαι, j'ai en partage, εἴμαρμαι.

Remarque. — Ce dernier verbe n'est usité en prose qu'à la troisième personne du singulier du parfait et du plus-que-parfait : εἴμαρται, il est fixé par le destin, le destin veut; εἴμαρτο, il était fixé par le destin, le destin voulait.

1. On dit quelquefois aussi λέλημμαι, ἐλελήμμην.
2. Dans le sens de *dire*, ce verbe fait toujours εἴρηκα, εἰρήκειν.
3. Dans le sens de *être dit*, ce verbe fait εἴρημαι ou λέλεγμαι, εἰρήμην ou ἐλελέγμην.

VIII. VERBES COMPOSÉS PRENANT L'AUGMENT AVANT
LA PRÉPOSITION.

Voyez ci-après, chapitre VIII, § 135, page 238.

CONTRACTIONS IRRÉGULIÈRES.

I. VERBES EN ΑΩ.

Les sept verbes ζῶ -άω, je vis; διψῶ -άω, j'ai soif; πεινῶ -άω,
j'ai faim; κνῶ -άω, je gratte; σμῶ -άω, je frotte; ψῶ -άω, je râcle;
χρῶμαι -άομαι, je me sers de, font en η les contractions de άε,
άη, άει, άη, et non pas en α. Ainsi : présent indicatif et
subjonctif, ζῶ, ζῇς, ζῇ, ζῶμεν, ζῆτε, ζῶσι, ζῆτον; imparfait,
ἔζων, ἔζης, ἔζη, ἔζωμεν, ἔζητε, ἔζων, ἔζητον, ἐζήτην; infinitif, ζῆν.

De même : χρῶμαι, χρῇ, χρῆται, χρώμεθα, χρῆσθε, χρῶνται,
χρώμεθον, χρῆσθον; ἐχρώμην, ἐχρῶ, ἐχρῆτο, etc.; χρῆσθαι.

II. VERBES EN ΟΩ.

Ῥιγῶ (de ῥιγόω), j'ai froid, fait à l'optatif présent ῥιγῶην,
comme s'il venait de ῥιγάω, et non pas ῥιγοίην; au participe
ῥιγῶν, ῥιγῶσα, ῥιγῶν.

§ 125.   VERBES FORMANT LEURS TEMPS
DE DIFFÉRENTS RADICAUX.

Un certain nombre de verbes grecs, tout à fait distincts
des verbes que nous avons appelés *verbes allongés* (§ 121),
n'ont qu'une partie de leurs temps qui soient en rapport avec
la forme du présent. Les autres temps se tirent de verbes
de radical différent, mais de sens identique, et ces verbes,
incomplets eux-mêmes dans leur conjugaison, joignent leurs
temps à ceux des premiers. Il résulte de là une conjugaison
mixte qui n'est pas sans analogie avec celle des verbes français *aller, être,* etc. Les plus usités de ces verbes sont les
huit suivants :

	PRÉSENT.	IMPARFAIT.	FUTUR.	AOR. 1er.	AOR. 2.	PARFAIT.
Act.	1. Αἱρῶ -έω.	ᾕρουν.	αἱρήσω.	. . . . . .	εἷλον [1].	ᾕρηκα.
Moy.	Αἱροῦμαι -έομαι.	ᾑρούμην.	αἱρήσομαι.	. . . . . .	εἱλόμην.	ᾕρημαι.
Pass.			αἱρεθήσομαι.	ᾑρέθην.	. . . . . .	
Dép. n.	2. Ἔρχομαι.	ἠρχόμην, ou mieux ᾖειν.	ἐλεύσομαι [2], ou mieux εἶμι.	. . . . . .	ἦλθον [2].	ἐλήλυθα [2].
Act.	3. Ἐσθίω.	ἤσθιον.	ἔδομαι [3].	. . . . . .	ἔφαγον [4].	ἐδήδοκα [3].
Pass.	Ἐσθίομαι.	ἠσθιόμην.	. . . .			ἐδήδεσμαι.
Act.	4. Ἔχω.	εἶχον.	ἕξω ou σχήσω [5].	. . . . . .	ἔσχον [5].	ἔσχηκα [5].
Moy. Pass.	Ἔχομαι.	εἰχόμην.	ἕξομαι ou σχήσομαι.	. . . . . .	ἐσχόμην.	ἔσχημαι.
Act.	5. Ὁρῶ -άω.	ἑώρων.	ὄψομαι [6].	. . . . . .	εἶδον [7].	ἑώρακα.
Moy. Pass.	Ὁρῶμαι.	ἑωρώμην.	ὀφθήσομαι [6].	ὤφθην.	εἰδόμην.	ἑώραμαι ou ὦμμαι [6].
Act.	6. Πίνω.	ἔπινον.	πίομαι [8].	. . . . . .	ἔπιον [8].	πέπωκα [9].
Pass.	Πίνομαι.	ἐπινόμην.	ποθήσομαι [9].	ἐπόθην.	. . . . . .	πέπομαι.
Act. n.	7. Τρέχω.	ἔτρεχον.	θρέξομαι ou δραμοῦμαι [10].	. . . .	ἔδραμον [10].	δεδράμηκα [10]
Act.	8. Φέρω.	ἔφερον.	οἴσω [11].	ἤνεγκα [12].	ἤνεγκον [12].	ἐνήνοχα [12].
Moy.	Φέρομαι.	ἐφερόμην.	οἴσομαι.	ἠνεγκάμην.	. . . . . .	ἐνήνεγμαι.
Pass.			οἰσθήσομαι ou ἐνεχθήσομαι.	ἠνέχθην.	. . . . . .	

Remarques. — Ἔχω fait à l'impératif aoriste second σχές, σχέτω, et non pas σχέ. A l'optatif du même temps, il fait σχοίην, ης, η [13]. Les autres modes sont réguliers : σχῶ, σχεῖν, σχών.

Πίομαι fait πίεσαι à la deuxième personne. Ἔπιον fait à l'impératif πῖθι, bois; la troisième personne du pluriel est πιόντων, qu'ils boivent.

1. De l'inusité ἕλω. — 2. De l'inusité ἐλεύθω. Ἦλθον est pour ἤλυθον. — 3. De l'inusité ἔδω. 4. De l'inusité φάγω. — 5. De l'inusité σχώ. — 6. De ὄσσομαι. — 7. De εἴδω. 8. Du primitif πίω. — 9. De πόω. — 10. De δρέμω. — 11. De οἴω. — 12. De ἐνέκω ou ἐνέγκω. — 13. Excepté en composition : παράσχοιμι, ἐπίσχοι.

§ 126.   VERBES DÉFECTIFS.

Cette classe, nombreuse en grec comme en latin et en français, comprend les verbes auxquels il manque plusieurs de leurs personnes, ou de leurs temps, ou de leurs modes.

Bon nombre des verbes en ω et en μι, tant réguliers qu'irréguliers, que nous avons vus jusqu'ici, étaient déjà plus ou moins défectifs.

Ainsi, nous avons vu que la deuxième personne de l'impératif parfait actif, λέλυκε, ἤρτηκε, était à peu près inusitée.

Τίθημι et ἵημι n'ont à l'aoriste premier actif que le mode indicatif : ἔθηκα, ἧκα.

Εἰμί, *je suis*, n'a que trois temps ;

Εἶμι, *je vais*, n'en a, de fait, que deux.

Ἐπίσταμαι, je sais ; ἅλλομαι, je saute ; δοκέω, je semble ; οἶμαι, je crois ; ἕπομαι, je suis ; βλέπω, je vois ; λέγω, je dis ; φημί, j'affirme, manquent de parfait et de plus-que-parfait.

Ἀμύνω, je repousse, n'a pas de parfait actif ni passif, et manque d'aoriste passif.

Ἔρχομαι est peu usité à l'impératif, au subjonctif, à l'optatif, à l'imparfait ; on le remplace par ἴθι, ἴτω ; ἴω. ἴοιμι ; ἦα. ᾖειν.

L'usage fera connaître les autres verbes défectifs de ce genre, auxquels on peut ajouter les verbes énumérés dans la page précédente. plutôt en effet défectifs qu'irréguliers.

Nous n'insisterons ici que sur un petit nombre de verbes très-incomplets, mais d'un usage fréquent. Tels sont :

Πρίασθαι, acheter. Impératif πρίω, πριάσθω. etc. ; subjonctif πρίωμαι, optatif πριαίμην, participe πριάμενος, imparfait ἐπριάμην. On rattache ordinairement ce verbe comme aoriste second au verbe déponent ὠνέομαι, j'achète, dont l'aoriste ἐωνησάμην n'appartient pas à la bonne prose.

Ἔρρειν, aller à sa perte. Présent de l'indicatif ἔρρω ; impératif ἔῤῥε, très-usité; futur ἐῤῥήσω, aoriste ἤῤῥησα, parfait ἤῤῥηκα.

Ἥκω, j'arrive, me voici; imparfait ἧκον, futur ἥξω.

Θέω, je cours; imparfait ἔθεον, futur θεύσομαι.

Ἔρομαι, j'interroge; futur ἐρήσομαι, aoriste second ἠρόμην.

Πέτομαι (ou moins bien ἵπταμαι), je vole; imparfait ἱπτάμην, peu usité; futur πτήσομαι; aoriste second ἐπτόμην, ἔπτου, ἔπτετο, etc.

Βρέμω,	je frémis,	
Βρύω,	je jaillis,	
Γέμω,	je suis plein,	ne sont usités qu'au présent et à l'imparfait. On trouve quelquefois εἴρπυσα.
Ἕρπω,	je rampe,	
Γλίχομαι,	je désire,	
Αὔω, αὐαίνω, φάσκω¹, γάσκω,		

Ἐρῶ, je dirai; εἴρηκα, j'ai dit; εἴρημαι, j'ai été dit; εἰρήσομαι, je serai dit; ἐῤῥήθην, je fus dit, sont les seules formes usitées de l'ancien verbe εἴρω². Εἴρηκα supplée au parfait de λέγω. Ἐρῶ s'emploie fréquemment pour λέξω.

Ἔοικα, ἐῴκειν, je suis, j'étais semblable, sont les seuls temps restés du vieux verbe εἴκω, employé primitivement en ce sens. Au participe, on dit ἐοικώς et εἰκώς.

Δέδοικα, je crains, parfait premier de δείδω, et δέδια, parfait second de δίω, sont les seules formes reçues en prose avec les plus-que-parfaits ἐδεδοίκειν, ἐδεδίειν. Δέδια fait au pluriel δέδιμεν, δέδιτε, δεδίασι; à l'impératif δέδιθι; à l'optatif δεδιείην.

Εἴωθα, j'ai coutume, εἰώθειν, j'avais coutume, se rattachent au vieux verbe ἔθω, je m'accoutume; εἴωθα est pour ἔοθα.

Ἧμαι, κάθημαι, je suis assis; ἥμην, καθήμην, j'étais assis, n'ont point d'autres temps. Ils paraissent venir d'un primitif ἔω, ἔομαι.

Κεῖμαι, κεῖσαι, κεῖται, etc., je gis; imparfait ἐκείμην, ἐκεῖσο, ἐκεῖτο, je gisais; κείσομαι, je serai couché; impératif κεῖσο, reste

1. Synonyme de φημί.
2. Εἴρω se trouve dans Homère.

étendu; subjonctif κέωμαι, optatif κεοίμην, infinitif κεῖσθαι, participe κείμενος. Ce verbe remplace habituellement le parfait et le plus-que-parfait passifs de τίθημι, τέθειμαι, ἐτεθείμην, qui sont d'un emploi très-rare.

Οἶδα, ᾔδειν, εἴσομαι, je sais, je savais, je saurai. Ce verbe présentant, outre son caractère défectif, de nombreuses irrégularités, nous en donnons dans le tableau suivant les formes les plus usitées dans la bonne prose.

TABLEAU :

§ 127. CONJUGAISON DU VERBE ΟΙΔΑ, JE SAIS.

TEMPS	INDICATIF.	IMPÉRATIF.	SUBJONCTIF.	OPTATIF.	INFIN.	PARTICIPES.
PARFAIT.	οἶδα, οἶσθα, οἶδε, ἴσμεν, ἴστε, ἴσασι, ἴστον, ἴστον.	ἴσθι, ἴστω, ἴστε, ἴστωσαν, ἴστον, ἴστον.	εἰδῶ, ᾖς, ᾖ, εἰδῶμεν, ἦτε, ὦσι, εἰδῆτον, ἦτον.	εἰδείην, εἴης, εἴη, εἰδείημεν, εἴητε, εἶεν, εἰδείητον, εἰήτην.	εἰδέναι.	εἰδός, εἰδότος, εἰδυῖα, εἰδυίας, εἰδός, εἰδότος.
PLUS-QUE-PARF.	ᾔδειν, ᾔδεις, ᾔδει, ou ᾔδεισθα, ᾔδειμεν, ᾔδειτε, ᾔδεσαν, ᾔδειτον, ᾔδείτην.					
FUTUR.	εἴσομαι, εἴσῃ, εἴσεται, εἰσόμεθα, εἴσεσθε, εἴσονται, εἰσόμεθον, εἴσεσθον, εἴσεσθον.			εἰσοίμην, οιο, οιτο, etc.	εἴσεσθαι.	εἰσόμενος.

Remarques. — La deuxième personne du singulier du parfait, οἶσθα, est une syncope de οἴδασθα, pour οἶδας, comme ἦσθα est pour ἦς, ἔφησθα pour ἔφης.

Le pluriel et le duel de l'indicatif parfait, et tout l'impératif, sont tirés d'un ancien verbe ἴσημι, dont il n'est plus resté que ces formes.

On trouve quelques rares exemples de οἶδας, οἴδαμεν, οἴδατε, οἴδασι.

Le subjonctif et l'optatif rappellent la conjugaison des verbes en μι.

Au plus-que-parfait, on dit aussi ᾔδη, ᾔδης ou ᾔδησθα, ᾔδη. Ce temps est proprement le plus-que-parfait second de l'ancien verbe εἴδω, dont l'imparfait εἶδον est devenu l'aoriste second de ὁράω, de même que εἴσομαι en est le futur : d'où il est évident que οἶδα n'est autre chose que le parfait second de ce même verbe, et a signifié primitivement *j'ai vu,* par conséquent *je connais, je sais.*

§ 128. VERBES IMPERSONNELS.

Les verbes dits *impersonnels* ou *unipersonnels* sont ceux qui sont usités surtout à la troisième personne du singulier; on peut donc les ranger dans la classe des verbes défectifs, d'autant plus qu'ils manquent aussi de certains temps et de certains modes.

Présent.		Imparfait.	Futur.	Aoriste.	Parfait.
Δεῖ,	il faut,	ἔδει,	δεήσει,	ἐδέησε.	
Χρή,	—	ἐχρῆν ou χρῆν,	χρήσει.		
Ἀποχρή,	il suffit,	ἀπέχρη,	ἀποχρήσει,	ἀπέχρησε,	
Μέλει,	c'est un souci,	ἔμελε,	μελήσει,	ἐμέλησε,	μεμέληκε [1].
Ἔξεστι,	il est permis,	ἐξῆν,	ἔξεσται.		
Ἔνεστι ou ἔνι,		ἐνῆν,	ἔνεσται.		
Ἔπεστι ou ἔπι,	il est possible,	ἐπῆν,	ἔπεσται.		
Πάρεστι ou πάρα,		παρῆν,	πάρεσται.		

1. S'emploie habituellement dans le sens du présent : μεμέληκέ μοι, j'ai toujours eu et j'ai encore souci.

Présent.		Imparfait.	Futur.	Aoriste.	Parfait.
Νίφει,	il neige,	ἔνιφε,	νίψει,	ἔνιψε.	
Ὕει,	il pleut,	ὗε,	ὕσει,	ὗσε.	
Χαλαζᾷ,	il grêle,	ἐχαλάζα,	χαλαζήσει,	ἐχαλάζησε.	
Βροντᾷ,	il tonne,	ἐβρόντα,	βροντήσει,	ἐβρόντησε.	
Ἀστράπτει,	il éclaire,	ἤστραπτε,	ἀστράψει,	ἤστραψε.	
Νέφει,	le temps se	ἔνεφε;	. . . .		νένοφε,
Συννέφει,	couvre,	συνένεφε,	. . . .		συννένοφε,

le temps est couvert.

Remarques. — I. De tous ces verbes, χρή et ἀποχρή sont seuls véritablement impersonnels.

II. Les huit premiers verbes de cette liste ont un participe neutre : δέον, χρεών, lorsqu'il faut, puisqu'il faut; lorsqu'il fallait, puisqu'il fallait; μέλον, puisque c'est un souci; ἐξόν, puisqu'il est permis; ἐνόν, ἐπόν, παρόν, puisqu'il est possible.

III. Le verbe δεῖ, le verbe μέλει et son composé μεταμέλει, répondent très-souvent à des verbes personnels en français, comme *avoir besoin, avoir soin, se repentir*. Mais le mot qui est sujet en français est complément en grec, et se met au datif. Ainsi, *j'ai besoin* se tourne *besoin est à moi*, δεῖ μοι; *j'ai souci de*, par *souci est à moi*, μέλει μοι; *je me repens*, par *repentir est à moi*, μεταμέλει μοι.

Ces verbes offrent donc une assez grande analogie avec les verbes latins *me pœnitet, me piget, mihi opus est*. Ils se conjuguent ainsi :

1. ΔΕΙ ΜΟΙ.

PRÉSENT. δεῖ μοι ou ἐμοί, j'ai besoin,
δεῖ σοι,   tu as besoin,
δεῖ αὐτῷ, αὐτῇ,   il, elle a besoin,
δεῖ ἡμῖν,   nous avons besoin,
δεῖ ὑμῖν,   vous avez besoin,
δεῖ αὐτοῖς, αἷς,   ils, elles ont besoin.

IMPARFAIT. ἔδει μοι, σοι, αὐτῷ, etc., j'avais, tu avais, il avait
besoin, etc.

FUTUR.   δεήσει μοι, σοι, αὐτῷ, j'aurai, tu auras, il aura
besoin, etc.

II.   ΜΕΛΕΙ ΜΟΙ.

PRÉSENT.   μέλει μοι ou ἐμοί, j'ai souci,
μέλει σοι,   tu as souci,
μέλει αὐτῷ, αὐτῇ, il, elle a souci,
μέλει ἡμῖν,   nous avons souci,
μέλει ὑμῖν,   vous avez souci,
μέλει αὐτοῖς, αἷς, ils, elles ont souci.

IMPARFAIT. ἔμελέ μοι, σοι, αὐτῷ, j'avais, tu avais, il avait
souci.

FUTUR.   μελήσει μοι, etc., j'aurai souci, etc.

De même : μεταμέλει μοι,   je me repens, etc.
μεταμέλει ἡμῖν, nous nous repentons, etc.

Le nom de la chose dont on a besoin, dont on s'in-
quiète, dont on se repent, se met au génitif :

J'ai besoin d'argent,   δεῖ μοι χρημάτων.
J'aurai soin de vos affaires, μελήσει μοι τῶν σῶν πραγμάτων.
Je me repens de mon action, μεταμέλει μοι τοῦ ἔργου.

CHAPITRE SEPTIÈME.

SIXIÈME ESPÈCE DE MOTS.

LE PARTICIPE ET L'ADJECTIF VERBAL.

§ 129.   PARTICIPES.

Le participe tient à la fois de la nature du verbe et de celle de l'adjectif.

Comme adjectif, il s'accorde en genre, en nombre et en cas avec le nom auquel il est joint. Exemples :

L'ennemi approchant,   ὁ πολέμιος προσερχόμενος.
Les ennemis s'étant approchés, οἱ πολέμιοι προσελθόντες.
L'armée étant vaincue,   ἡ στρατιὰ νικωμένη.

Comme mode du verbe, il gouverne le même cas que le verbe d'où il vient. Exemples :

L'élève écoutant le maître, ὁ μαθητὴς ἀκούων τοῦ διδασκάλου.

L'élève ayant été interrogé par le maître, ὁ μαθητὴς ἐρωτηθεὶς ὑπὸ τοῦ διδασκάλου.

Le singe imitant l'homme, ὁ πίθηκος μιμούμενος τὸν ἄνθρωπον.

Les soldats obéissant aux chefs, οἱ στρατιῶται πειθαρχοῦντες τοῖς στρατηγοῖς.

Remarques. — 1. Le participe grec, précédé de l'article, équivaut souvent au pronom relatif suivi d'un mode personnel. Exemples :

Réponds *à ceux* qui t'interrogent, ἀποκρίνου τοῖς ἐρωτῶσι.
Donne du pain *à celui* qui a faim, ἄρτον δίδου τῷ πεινῶντι.

Ce qui se dit, τὸ λεγόμενον; *ce* qui se fit, τὸ πραχθέν.
Ce qui est arrivé, τὸ γεγονός.

2. Lorsqu'en français la préposition *en* précède le participe, elle ne se rend pas en grec. Exemples :

Tu trouveras *en* cherchant, ζητῶν εὑρήσεις.

En mourant il pardonna à ses ennemis, ἀποθνήσκων συνέγνω τοῖς ἑαυτοῦ ἐχθροῖς.

§ 130. ADJECTIFS VERBAUX EN τέος ET EN τός.

Comme les participes, les adjectifs verbaux tiennent du verbe et de l'adjectif. Il y en a de deux sortes :

1° Ceux en τέος, τέα, τέον, qui répondent aux participes passifs du latin en *dus, da, dum,* comme φιλητέος, *amandus.* Ils se déclinent sur ἄγιος, α, ον;

2° Ceux en τός, qui répondent à la fois au participe passé du passif des verbes latins et aux adjectifs en *ilis* ou *bilis,* comme γραπτός, *scriptus;* ἀγαστός, *mirabilis.* Ils se déclinent sur ἀγαθός, ή, όν.

Ces deux espèces d'adjectifs verbaux se forment en général du participe aoriste premier passif en changeant θείς en τέος ou en τός. Exemples :

Λύω,	λυ θείς,	λυ τέος, τέα. τέον,	*solvendus,*	
		λυ τός, τή, τόν,	*solutus, solubilis.*	
Ποι ῶ -έω,	ποιη θείς,	ποιη τέος,	*faciendus,*	
		ποιη τός,	*factus.*	
Ἀρτ ῶ -άω,	ἀρτη θείς,	ἀρτη τέος,	*suspendendus,*	
		ἀρτη τός,	*suspensus, pensilis.*	
Δουλ ῶ -όω,	δουλω θείς,	δουλω τέος,	*subigendus,*	
		δουλω τός.	*subactus.*	
Γράφ ω.	γραφ θείς,	γραπ τέος,	*scribendus,*	
		γραπ τός,	*scriptus.*	
Πλέκ ω.	πλεγ θείς,	πλεκ τέος.	*nectendus,*	
		πλεκ τός,	*nexus, nexilis.*	
Ὁρίζ ω,	ὁρισ θείς,	ὁρισ τέος.	*terminandus,*	
		ὁρισ τός.	*terminatus.*	
Βάλλ ω,	βλη θείς.	βλη τέος,	*vulnerandus* [1],	
		βλη τός,	*vulneratus.*	

1. Par exemple, *jaculo, sagitta* : βάλλω signifie *je frappe de loin.*

Τέμν ῶ,	τμ.η θείς,	{ τμ.η	τέος,	*secandus,*
		τμ.η	τός,	*sectus, secabilis.*
Φθείρ ω,	φθαρ θείς,	{ φθαρ	τέος,	*corrumpendus,*
		φθαρ	τός,	*corruptus.*
Τίθη μι,	τε θείς,	{ θε	τέος,	*ponendus,*
		θε	τός,	*positus.*
Ἀφίη μι,	ἀφε θείς,	{ ἀφε	τέος,	*dimittendus,*
		ἀφε	τός,	*dimissus.*
Ἵστη μι,	στα θείς,	{ στα	τέος,	*statuendus,*
		στα	τός,	*statutus.*
Δίδω μι,	δο θείς,	{ δο	τέος,	*dandus,*
		δο	τός,	*datus.*
Λαμβά νω,	ληφ θείς,	{ ληπ	τέος,	*capiendus,*
		ληπ	τός,	*captus.*
Γιγνώσ κω,	γνωσ θείς,	{ γνωσ	τέος,	*noscendus,*
		γνωσ	τός,	*notus.*
Πί νω,	πο θείς,	{ πο	τέος,	*bibendus,*
		πο	τός,	*bibitus, bibilis.*
Ἐσθί ω,	ἐδεσ θείς,	{ ἐδεσ	τέος,	*edendus, comedendus,*
		ἐδεσ	τός,	*esus, edulis.*

Remarques. — 1. Lorsque le verbe est neutre et n'a pas d'aoriste en θην, l'usage seul peut apprendre la forme de l'adjectif verbal, qui, dans ce cas, ne s'emploie qu'au neutre. Exemples :

Μάχομαι,   μαχετέον *ou* μαχητέον, *pugnandum.*
Πυνθάνομαι, πευστέον,   *inquirendum.*
Τρέχω,   θρεκτέον, δραμητέον, *currendum.*
Εἶμι,   ἰτέον *ou* ἰτητέον, *eundum.*

2. Les adjectifs verbaux en τέος, τέα, τέον, correspondent au français *devoir, falloir,* suivis d'un infinitif. Ils s'emploient toujours avec le verbe εἰμί, exprimé ou sous-entendu, et ne sont généralement usités qu'au nominatif et à l'accusatif du singulier et du pluriel :

Il (elle) doit être délié, λυτέος, λυτέα ἐστί, *solvendus, solvenda est.*

3. Si le sujet est indéterminé, on emploie le neutre, comme en latin. Exemple :

Il faut faire, on doit faire, ποιητέον ἐστί, *faciendum est.*

4. Lorsque l'infinitif qui suit *il faut, on doit,* a un complément, celui-ci se met au cas gouverné par le verbe. Exemples :

Il faut, on doit aimer ses parents, φιλητέον ἐστὶ τοὺς γονεῖς (φιλεῖν gouverne l'accusatif).

Il faut user de bienveillance, χρηστέον ἐστὶν εὐνοίᾳ (χρῆσθαι gouverne le datif).

Il faut se souvenir des pauvres, μνηστέον ἐστὶ τῶν πτωχῶν (μεμνῆσθαι gouverne le génitif).

5. Si le verbe gouverne l'accusatif, on peut tourner la phrase par le passif, et le complément du verbe en devient le sujet. Exemples :

Il faut aimer ses parents, φιλητέοι εἰσὶν οἱ γονεῖς, *amandi sunt parentes.*

Il faut honorer la vertu, τιμητέα ἐστὶν ἡ ἀρετή, *honoranda est virtus.*

6. Si l'action exprimée par l'adjectif verbal en τέος doit être faite par une personne, le nom de la personne, ou le pronom personnel qui le représente, se met en grec, comme en latin, au datif. Exemples :

Nous devons aimer nos parents, φιλητέον ἐστὶν ἡμῖν τοὺς γονεῖς, ou φιλητέοι εἰσὶν ἡμῖν οἱ γονεῖς, *amandi sunt nobis parentes.*

Vous devez honorer la vertu, τιμητέον ἐστὶν ὑμῖν τὴν ἀρετήν, ou τιμητέα ἐστὶν ὑμῖν ἡ ἀρετή.

Les soldats doivent défendre la patrie, τοῖς στρατιώταις ὑπερμαχητέον ἐστὶ τῆς πατρίδος.

7. Quant aux adjectifs en τός, ils ne présentent aucune difficulté, et s'emploient la plupart du temps sans aucun complément. Si par hasard ils en ont un, c'est celui des verbes passifs (ὑπό avec le génitif).

Leur déclinaison est complète aux trois nombres.

CHAPITRE HUITIÈME.

SEPTIÈME ESPÈCE DE MOTS.

§ 131.　　　　　　LA PRÉPOSITION.

Les prépositions sont des mots destinés à exprimer certains rapports, principalement de temps et de lieu, entre deux termes d'une proposition ; elles complètent la signification des cas, autres que le nominatif et le vocatif, lorsque cette signification n'est pas par elle-même assez précise.

Les prépositions peuvent donc être suivies d'un mot au génitif, au datif, à l'accusatif.

Quelques-unes sont suivies de deux cas, quelques autres de trois, selon le rapport qu'il s'agit d'exprimer.

I. PRÉPOSITIONS GOUVERNANT LE GÉNITIF.

'Αντί,　en face, contre, au lieu de, en échange de ; en latin, contra, pro.

'Από,　de, d'auprès de ; en latin, a, ab.

'Εκ　devant les consonnes, ἐξ devant les voyelles : de, au sortir de ; en latin, e, ex.

Πρό,　devant, avant ; en latin, pro, præ.

II. PRÉPOSITIONS GOUVERNANT LE DATIF.

'Εν,　dans, en, à, sur ; en latin, in avec l'ablatif.

Σύν,　avec ; en latin, cum.

III. PRÉPOSITIONS GOUVERNANT L'ACCUSATIF.

'Ανά,　par, sur ; en latin, per.

Εἰς,　dans, en, à, sur, vers, pour ; en latin, in avec l'accusatif.

IV.   PRÉPOSITIONS GOUVERNANT DEUX CAS.

Διά,   avec le génitif, *par, à travers, par le moyen de;*
en latin, *per.*
avec l'accusatif, *à cause de, pour, grâce à;* en latin,
ob, propter.

Κατά,   avec le génitif, *du haut de, contre;* en latin, *de,
contra.*
avec l'accusatif, *dans, en, à, selon;* en latin, *in*
(abl.), *secundum.*

Μετά,   avec le génitif, *avec;* en latin, *cum.*
avec l'accusatif, *après;* en latin, *post.*

Ὑπέρ,   avec le génitif, *sur, pour, en faveur de;* en latin,
super, pro.
avec l'accusatif, *sur, au-dessus de, au delà de;* en
latin, *super, supra, ultra.*

V.   PRÉPOSITIONS GOUVERNANT TROIS CAS.

Ἀμφί,   avec les trois cas, *autour de.*

Ἐπί,   avec le génitif, *sur, à, touchant;* en latin, *in*
(abl.), *de.*
avec le datif, *sur, à, contre;* en latin, *in* (abl.), *in*
(acc.), *adversus.*
avec l'accusatif, *sur, à, vers, contre, pour;* en latin,
ad, in (acc.), *adversus.*

Παρά,   avec le génitif, *de, d'auprès de, de chez, de la part
de;* en latin, *ab.*
avec le datif, *auprès de, chez;* en latin, *apud.*
avec l'accusatif, *auprès de, le long de, au delà de;*
en latin, *ad, per, propter, ultra.*

Περί,   avec le génitif, *au-dessus de, sur, touchant;* en
latin, *super, supra, de.*
avec le datif, *autour de, à;* en latin. *circum.*
avec l'accusatif, *autour de, à, concernant;* en latin.
circum, de, in (abl.).

Πρός, avec le génitif, *de, du côté de, de la part de;* en latin, *a, ab*.

avec le datif, *à, vers, près, auprès de;* en latin, *ad*.

avec l'accusatif, *à, vers, auprès de, contre;* en latin, *ad, versus, adversus*.

Ὑπό, avec le génitif, *sous, de dessous;* en latin, *sub*.

avec le génitif, *sous, au pied de;* en latin, *sub*.

avec l'accusatif, *sous, vers, auprès de;* en latin, *sub, ad*.

§ 132. PRÉPOSITIONS FORMANT DES COMPARATIFS ET DES SUPERLATIFS.

Trois de ces prépositions, πρό, ὑπέρ, ὑπό, donnent naissance à des adjectifs qui ont le sens et la forme de comparatifs et de superlatifs.

Ainsi, de πρό, devant, avant, est venu πρότερος, *qui est plus avant, qui est avant un autre,* et πρῶτος (pour πρότατος), *qui est le plus en avant, avant tous,* par conséquent *premier*. C'est ainsi qu'en latin *prior* et *primus* sont de véritables comparatifs et superlatifs de la préposition *præ*.

De ὑπέρ est venu ὑπέρτερος, *qui est plus au-dessus,* comme en latin *superior* (de *super*), et ὑπέρτατος, *qui est le plus au-dessus,* comme *supremus*.

De ὑπό est venu ὕστερος (pour ὑπέστερος), ὕστατος (pour ὑπέστατος), *qui est plus au-dessous, plus après,* par conséquent *postérieur; le plus au-dessus, le plus après,* par conséquent *le dernier*. *Summus,* formé de *sub,* a quelquefois ce dernier sens en latin.

§ 133. ADJECTIFS COMPOSÉS D'UNE PRÉPOSITION.

Les prépositions se réunissent souvent aux noms et aux adjectifs pour former des adjectifs composés, comme ἔνδοξος (de ἐν, δόξα), περιβόητος (περί, βοητός de βοάω), ὑπερμεγεθής (ὑπέρ, μέγεθος).

La préposition ὑπέρ et la préposition περί, ainsi employées en composition, expriment souvent le superlatif; ainsi, περιβόητος, *très-renommé,* περιχαρής, *très-joyeux,* ὑπερμεγεθής, *excessivement grand,* etc.

§ 134. VERBES COMPOSÉS D'UNE PRÉPOSITION.

C'est particulièrement avec les verbes que toutes les prépositions forment des mots composés. Nous allons indiquer les modifications subies par la finale de certaines prépositions, suivant la nature de la lettre initiale du verbe.

1.° Lorsque le verbe commence par une voyelle, les prépositions terminées par une voyelle perdent cette voyelle finale. Ainsi :

Ἀπ -έχω pour ἀπο -έχω, je tiens à distance, j'écarte.
Ἀντ -έχω — ἀντι -έχω, je tiens contre, je résiste.
Ἀν -έχω — ἀνα -έχω, je tiens en haut, j'élève.
Δι -έχω — δια -έχω, je tiens à travers, je sépare.
Μετ -έχω — μετα -έχω, je tiens avec, je partage.
Κατ -έχω — κατα -έχω, je tiens en bas, je contiens, je retiens
Παρ -έχω — παρα -έχω, je procure.
Ὑπ -έχω — ὑπο -έχω, je tiens sous.
Ἐπ -έχω — ἐπι -έχω, je tiens sur, je retiens.

2° La préposition περί conserve ι final :

Περι -έχω, περιεῖχον, περιέσχον, j'entoure.

3° La préposition ἀμφί perd tantôt, et tantôt conserve son ι. Devant les verbes ἔχω, ἴσχω, ἰσχνοῦμαι, elle change φ en π : ἀμπ -έχω, ἀμπ -ίσχω, j'enveloppe ; ἀμπ -έχομαι, ἀμπ -ίσχομαι ou ἀμπ -ισχνοῦμαι, je m'enveloppe. Mais au futur φ reparaît, à cause de l'esprit rude de ἕξω : ἀμφ -έξω, ἀμφ -έξομαι.

4° La préposition πρό, placée devant une voyelle, conserve son ο. Cependant, lorsque le verbe commence par ε, il arrive souvent que ο et ε se contractent. Ainsi, προβαίνω fait à l'imparfait προέβαινον et προὔβαινον; προδίδωμι fait à l'aor. 1ᵉʳ προὔδωκα.

5° Lorsqu'un verbe commence par une voyelle affectée de l'esprit rude, les prépositions ἀπό, ἐπί, ὑπό, changent π en φ. Ainsi :

Ἀφ –έλκω   pour ἀπο ἕλκω,   je retire,   ἀφεῖλκον.

Ἐφ –έλκω·   —   ἔπι ἕλκω,   j'attire,   ἐφεῖλκον.

Ὑφ –αρπάζω   —   ὑπο ἁρπάζω, je soustrais, ὑφήρπαζον.

Ὑφ –ίστημι.   —   ὑπο ἵστημι,   je substitue, ὑφίστην , ὑφέσ-
τηκα, mais ὑπέστην pour ὑπο ἔστην.

Ἀφ –έξω   —   ἀπο ἕξω,   j'écarterai; mais ἀπεῖχον,
ἀπέσχον, ἀπέσχηκα.

De même, ὑφ -έξω, ἐφ -έξω; ὑπέσχον, ἐπέσχον.

6° Les prépositions ἀντί, μετά, κατά, changent τ en θ :

Ἀνθ ἵστημι pour ἀντι ἵστημι, j'oppose, ἀνθέστηκα, mais ἀν-
[τέστην.

Μεθ ἵημι   —   μετα ἵημι,   je relâche , μεθέστηκα, mais
[on dit μετέστην.

Καθ ὁράω   —   κατα ὁράω,   je regarde en bas, καθεώρων,
[καθεώρακα, mais κατ εἶδον pour κατα εἶδον.

De même, καθ ἕξω de κατ ἔχω, ἀνθ ἕξω de ἀντ ἔχω.

7° La préposition ἐκ devient toujours ἐξ devant l'augment :

Ἐκβαίνω, je sors, ἐξέβαινον, ἐξέβην, ἐξεβεβήκειν.

8° Les prépositions ἐν, σύν changent ν :

En γ devant les verbes commençant par γ, κ, χ :

Συγ –γινώσκω, συν –εγίνωσκον, συγ –γνώσομαι, συν -έγνωκα.

Συγ –κινδυνεύω, συν -εκινδύνευον, συγ –κινδυνεύσω.

Συγ –χέω,   συν -έχεον.   Ἐγ –καλέω,   ἐν -εκάλουν.

Ἐγ –χέω,   ἐν -έχεον.   Ἐγ –γίνομαι,   ἐν -εγινόμην.

En λ devant les verbes commençant par λ :

Συλ –λαμβάνω, συν -ελάμβανον, συλ -λήψομαι.

Ἐλ –λείπω,   ἐν -έλειπον,   ἐλ -λέλοιπα.

En μ devant les verbes commençant par μ., β, π, φ :

Ἐμ -βαίνω,   συμ -βαίνω,   ἐν -έβαινον, συν -έβαινον.

Ἐμ -μίγνυμι,   συμ -μίγνυμι, ἐν -εμίγνυν, συν -εμίγνυν.

Ἐμ -πίπτω,   συμ -πίπτω, ἐν -έπιπτον, συν -έπιπτον.

Ἐμ -φύω,   συμ -φύω,   ἐν -έφυον,   συν -έφυον.

Le ν de σύν se change en ρ devant ρ :

Συρ -ρέω, συρ -ρίπτω, συν -έρρεον, συν -έρριπτον.

En σ devant σ :

Συσ -σιτέω, συν -εσίτουν, συσ -σιτήσω, συν -εσίτησα.

Si le verbe commence par un σ suivi d'une autre consonne, le ν de σύν se retranche :

Συ -σπείρω,   συ -στέλλω,   συν -έσπειρον,   συν -έστελλον,

Συ -σπερῶ,   συ -στελῶ,   συν -έσπειρα,   συν -έστειλα.

Il en est de même si le verbe commence par ζ :

Συ -ζάω, συν -έζην; συ -ζεύγνυμι, συν -εζεύγνυν, συ -ζεύξω.

9° Les verbes qui commencent par ρ redoublent leur ρ après les prépositions terminées par une voyelle :

'Αμφι -ρρέω, περι -ρρέω, ἐπι -ρρέω,   ὑπο -ρρέω,

Κατα -ρρέω, παρα -ρρέω, ἀνα -ρρίπτω, δια -ρρίπτω.

Excepté προρέω.

10° Les prépositions πρός et ὑπέρ ne subissent aucun changement.

§ 135. AUGMENT DANS LES VERBES COMPOSÉS D'UNE PRÉPOSITION.

Nous avons dit ci-dessus (§ 66. *fin*) que l'augment et le redoublement, dans les verbes composés, se placent après la préposition. L'usage a consacré certaines exceptions à cette règle générale.

Ainsi, quelques verbes composés, qui ne s'emploient jamais sans la préposition qui les précède, et que l'on considère comme verbes simples, prennent l'augment et le redoublement avant la préposition. Tels sont :

	Imparf.	Aoriste.	Parf. pass.
'Αμφι -έννυμι,	ἠμφί -εννυν,	ἠμφί -εσα,	ἠμφί -εσμαι.
'Επ -ίσταμαι,	ἠπ -ιστάμην,	ἠπ -ιστάθην.	
'Αμπ -ισχνοῦμαι,	ἠμπ -ισχνούμην,	ἠμπ -ισχόμην.	
Κάθ -ευδω.	ἐκάθευδον.		
Κάθ -ημαι.	ἐκαθήμην, ou sans augment καθήμην.		

Dans d'autres, l'augment est tantôt devant la préposition, tantôt devant le verbe. Ainsi :

Ἀφ-ίημι, je renvoie, ἀφίουν *ou* ἠφίουν, ἀφίεις *ou* ἠφίεις, ἀφίει *ou* ἠφίει.

Ἐγ-γυάω, je garantis, ἠγγύων *ou* ἐνεγύων,　ἠγγύησα *ou* ἐνεγύησα,
ἠγγύηκα *ou* ἐγγεγύηκα, ἠγγύημαι *ou* ἐγγεγύημαι.

Les verbes composés suivants :

Ἐπιδημέω, je suis chez moi,	Ὑποπτεύω, je soupçonne,
Ἐπιθυμέω, je désire,	Ἐπιτηδεύω, j'ai pour principe,
Ἐγχειρέω, j'entreprends,	Ἀπολαύω, je jouis,
Προφητεύω, je prophétise,	Ἐξετάζω, j'examine,
Προξενέω, j'héberge,	Παρανομέω, je viole la loi,
Ἐγκωμιάζω, je loue,	

suivent la règle générale, et font :

Ἐπ-εδήμουν,	ἐπ-εθύμουν,	ἐν-εχείρουν,	προὐ-φήτευον,
Προὐ-ξένουν,	ἐν-εκωμίαζον,	ὑπ-ώπτευον,	ἐπ-ετήδευον,
Ἀπ-έλαυον,	ἐξ-ήταζον,	παρ-ενόμουν.	

Cependant ni δημέω, ni θυμέω, ni φητεύω, etc., ne s'emploient jamais seuls.

Dans les verbes ἀν-έχομαι, ἀν-ορθόω, ἐν-οχλέω, παρ-οινέω, l'augment est double et porte à la fois sur le verbe et sur la préposition : ἠν-ειχόμην, ἠν-ώρθουν, ἠν-ώχλουν, ἐπαρ-ῴνουν.

§ 136.　　　AUTRES PRÉPOSITIONS.

Aux prépositions ci-dessus énumérées, on peut ajouter :

1° Les quatre mots suivants, primitivement adverbes, mais qu'on ne trouve jamais employés qu'avec le génitif :

Ἄνευ,　　　　　*loin de, indépendamment de, sans.*

Ἄχρι, μέχρι,　　*jusqu'à.*

Ἔνεκα *ou* ἕνεκεν, *à cause de, au point de vue de.*

2° Χάριν, accusatif du nom χάρις, et employé, comme en latin l'ablatif *gratia*, avec la valeur d'une préposition. Il se met ordinairement, ainsi que ἕνεκα, après le complément : Τούτου χάριν, *à cause de lui* ou *à cause de ceci.*

CHAPITRE NEUVIÈME.

HUITIÈME ESPÈCE DE MOTS.

L'ADVERBE.

§ 137. L'adverbe est un mot invariable qui se joint ordinairement au verbe pour en modifier la signification, comme lorsqu'on dit : Démosthène parlait *éloquemment;* nous partirons *demain;* nous irons *là où* vous serez; aimer *beaucoup;* parler *trop,* etc. L'adverbe modifie également un nom, un adjectif, un autre adverbe : Être *vraiment* roi, *vraiment* vertueux, agir *trop* promptement.

On distingue en grec plusieurs sortes d'adverbes :

1° Adverbes de temps,   5° Adverbes d'affirmation,
2° Adverbes de lieu,   6° Adverbes de négation,
3° Adverbes de quantité,   7° Adverbes de doute,
4° Adverbes d'interrogation, 8° Adverbes de manière.

I. ADVERBES DE TEMPS.

Les adverbes de temps répondent à la question *quand?* en latin *quando?* en grec πότε ;

Voici la liste des plus usités :

Ἀεί *ou* αἰεί, toujours.

Ἄλλοτε, d'autres fois, une autre fois.

Ἄρτι, récemment.

Αὔριον, demain.

Αὐτίκα, sur-le-champ, à l'instant.

Εἶτα, ensuite.

Ἑκάστοτε, chaque fois.

Ἔτι, encore, de plus.

Ἤδη, déjà, désormais.

Νῦν, maintenant.

Οὐκέτι, μηκέτι, ne plus.

Οὔποτε, μήποτε, jamais ne.

Οὔπω, μήπω, ne pas encore.

Ὀψέ, tard, le soir.

Πάλαι, autrefois, depuis longtemps.

Ποτέ, une fois, un jour, jamais.

Πότε; πηνίκα; quand?

Πρίν, avant.

Πρώην, avant-hier, dernièrement.

Πρωΐ, tôt, le matin.

Πώ, encore, jusqu'ici.

Σήμερον *ou* τήμερον, aujourd'hui.

Τέως, jusqu'alors, pendant ce temps.

Τότε, τηνίκα, alors, cette fois.

Χθές *ou* ἐχθές, hier.

Remarques. 1° Ποτέ correspond à *jamais* sans négation : L'homme est-il *jamais* content? ποτέ.

Οὔποτε, μήποτε, correspondent à *jamais* avec une négation : L'homme *n*'est *jamais* content, οὔποτε. *Ne* mentez *jamais*, μήποτε.

Même observation pour les mots πώ, οὔπω; ἔτι, οὐκέτι.

2° Πότε, interrogatif, a toujours un accent aigu sur πό. Ποτέ, adverbe indéfini, est habituellement sans accent. Πώ, de même.

II. ADVERBES DE LIEU.

Les adverbes de lieu correspondent aux questions *où? ubi? quo?* ποῦ; ποῖ; *d'où? unde?* πόθεν; *par où? qua?* πῆ; Voici les plus usités, groupés dans le tableau suivant, selon qu'ils répondent à l'une des quatre questions de lieu :

LIEU OU L'ON EST. Ποῦ; *Ubi?* Où?	LIEU OU L'ON VA. Ποῖ; *Quo?* Où?
Ἔνθα, *ibi*, là, y.	Ἔνθα, *eo*, là, y.
Ἐνταῦθα, *hic*, ici.	Ἐνταῦθα, δεῦρο, *huc*, ici.
Ἐκεῖ, *illic*, là, là-bas.	Ἐκεῖσε, *illuc*, là, là-bas.
Οὗ, ὅπου, *ubi*, où.	Οἷ, ὅποι, *quo*, où.
Ποῦ, *alicubi*, *uspiam*, *usquam*, quelque part.	Ποῖ, *aliquo*, *usquam*, quelque part.
Αὐτοῦ, αὐτόθι, *ibidem*, là même, au même lieu.	Αὐτόσε, *eodem*, là même, au même lieu.
Ἄλλου, ἀλλόθι, *alibi*, ailleurs.	Ἀλλόσε, *alio*, ailleurs.
Πανταχοῦ, -χόθι, *ubique*, partout.	Πανταχοῖ,-χόσε,*quoquoversus*,partout.
Οὐδαμοῦ, -μόθι, *nusquam*, nulle part.	Οὐδαμόσε, *nusquam*, nulle part.
Ἑκατέρωθι, *utrobique*, des deux côtés.	Ἑκατέρωσε, *utroque*, des deux côtés.
Ἐντός, ἔνδον, *intus*, dedans, en dedans.	Ἔσω, εἴσω, *intro*, en dedans.
Ἐκτός, ἔξω, *foris*, dehors, au dehors.	Ἔξω, *foras*, dehors.
Οἴκοι, *domi*, à la maison, chez soi.	Οἰκάδε, *domum*, à la maison, chez soi.
Χαμαί, *humi*, à terre.	Χαμᾶζε, *humum*, à terre.
Πόῤῥω, *procul*, loin.	Πόῤῥω, *procul*, *late*, loin, au loin.
Ἐγγύς, σχεδόν, πέλας, *prope*, près.	Ἐγγύς, σχεδόν, πέλας, *prope*, près.
Ἄνω, *sursum*, en haut.	Ἄνω, *sursum*, en haut.
Κάτω, *deorsum*, en bas.	Κάτω, *deorsum*, en bas.
Ἀντικρύ, *contra*, en face, vis-à-vis.	Ἀντικρύ, *contra*, en face, vis-à-vis.
Ὀπίσω, *pone*, derrière, en arrière.	Ὀπίσω, *pone*, derrière, en arrière.
Πρόσω, *ante*, en avant.	Πρόσω, *ante*, en avant.
Πέριξ, *circa*, à l'entour.	Πέριξ, *circa*, à l'entour.

Remarques. — 1° Ποῦ, ποῖ, πῆ, interrogatifs, ont toujours l'accent circonflexe. Πόθεν, interrogatif, a l'accent aigu sur la première syllabe.

LIEU D'OÙ L'ON VIENT. Πόθεν ; *Unde ?* D'où ?	LIEU PAR OÙ L'ON PASSE. Πῇ ; *Qua ?* Où? Par où?
Ἔνθεν, *inde,* de là, en. Ἐντεῦθεν, *hinc,* d'ici. Ἐκεῖθεν, *illinc,* de là, de là-bas. Ὅθεν, ὁπόθεν, *unde,* d'où.	Τῇδε, ταύτῃ, *hac, ea,* par ici, par là, y. Ἐκείνῃ, *illac,* par là, par là-bas, y. Ἧ, ὅπη, *qua,* où, par où.
Ποθέν, *alicunde,* de quelque part. Αὐτόθεν, *indidem,* de là même, du même lieu. Ἄλλοθεν, *aliunde,* d'ailleurs. Πανταχόθεν, *undique,* de partout. Οὐδαμόθεν, *nulla ex parte,* de nulle part. Ἑκατέρωθεν, *utrinque,* des deux côtés. Ἔσωθεν, *intrinsecus,* de dedans. Ἔξωθεν, *extrinsecus,* de dehors. Οἴκοθεν, *domo,* de la maison, de chez soi. Χάμαθεν, *humo,* de terre, du sol.	Πή, *aliqua,* par quelque lieu, quelque part. Ἄλλῃ, *alia,* par un autre lieu, ailleurs. Πανταχῇ, *qualibet,* partout. Οὐδαμῇ, *nusquam,* nulle part.
Πόῤῥωθεν, *longe, procul, eminus,* de loin. Ἐγγύθεν, *cominus,* de près. Ἄνωθεν, *ex alto,* de haut, d'en haut. Κάτωθεν, *ex imo,* de bas, d'en bas. Ὄπισθεν, de derrière. Πρόσθεν, de devant.	

2° Πού, ποί, ποθέν, πή ont un accent aigu sur la dernière ; mais dans le corps des phrases cet accent disparaît presque toujours.

3° Ajoutez à cette liste ὁμοῦ, *sur un même point, ensemble;*

ὁμόσε, *vers le même point, de manière à se rencontrer* (ὁμόσε φέρεσθαι, *se ruer l'un sur l'autre*); ὁμόθεν, *du même point, d'un point commun;* ᾿Αθήνησι, à Athènes; ᾿Αθήναζε, vers Athènes; Θήβαζε, vers Thèbes; ᾿Ελευσῖνάδε, vers Éleusis; Μεγάραδε, vers Mégare; θυράζε, à la porte, dehors; ᾿Αθηνῆθεν, d'Athènes. L'usage apprendra les autres formes de ce genre.

III. ADVERBES DE QUANTITÉ.

Ils répondent aux questions *combien? combien de fois?*

Πόσον; *quantum?* combien?

Πολύ, *multum,* beaucoup.

᾿Ολίγον, *paulum, parum,* un peu, peu.

Τόσον, } *tantum,* tant, au-
Τοσοῦτον,} tant.

῝Οσον, } *quantum,* que, autant
᾿Οπόσον, } que, combien.

Μάλα, *valde,* très, fort.

῍Αλις, *satis,* assez.

῍Αδην, *affatim, abunde,* abondamment.

῍Αγαν, } *nimis,* trop.
Λίαν, }

Πάνυ, *omnino,* tout à fait, très, fort.

Μόγις, } *vix,* à peine.
Μόλις, }

Ποσάκις; *quoties?* combien de fois?

῍Απαξ, *semel,* une fois, une seule fois.

Δίς, *bis,* deux fois.

Τρίς, *ter,* trois fois.

Τετράκις, *quater,* quatre fois.

Πεντάκις, *quinquies,* cinq fois.

῾Εξάκις, *sexies,* six fois.

Δεκάκις, *decies,* dix fois.

῾Εκατοντάκις, *centies,* cent fois.

Πολλάκις, *sæpe,* souvent.

᾿Ολιγάκις, *raro,* peu souvent, rarement.

Τοσάκις, } *toties,* aussi
Τοσαυτάκις,} souvent.

῾Οσάκις, } *quoties,* (autant
᾿Οποσάκις, } de fois) que.

Τὸ πρῶτον, } *primum,* pour la
Τὰ πρῶτα, } première fois.

Δεύτερον, } *iterum,* pour la
Τὸ δεύτερον,} deuxième fois.

Τρίτον, *tertium,* pour la troisième fois.

Τέταρτον, *quartum,* pour la quatrième fois, etc.

Remarque. — Les mots πόσον, πολύ, ὀλίγον, τόσον, τοσοῦτον, ὅσον, πρῶτον, δεύτερον, etc., ne sont pas, à proprement parler, des adverbes, mais des neutres d'adjectifs employés avec une valeur adverbiale, comme en latin les mots correspondants *quantum, multum, paulum, tantum, primum, secundum, tertium,* etc.

IV. ADVERBES INTERROGATIFS.

Ἄρα, μῶν, γάρ, μή, ἤ, correspondant au latin *nĕ* ou *num,* et au français *est-ce que,* ou simplement à un tour interrogatif, sans aucune locution servant à l'interrogation, comme : *Viendra-t-il ?* ἆρ' ἥξει; *Vous viendrez ?* ἆρ' ἥξεις;

Ἄρ' οὐ, ἆρα μή, correspondant au latin *nonne* et au français *est-ce que* suivi de *ne pas;* ou à notre tour interrogatif *Ne viendra-t-il pas ? Il ne viendra pas ?* Ἄρ' οὐχ ἥξει; ἆρα μὴ ἥξει;

Πότερον, en latin *utrum, est-ce que.* Lorsque l'interrogation a deux termes, πότερον se met dans le premier terme.

Ἤ, en latin *an, ou,* ou bien *est-ce que.* Lorsque l'interrogation a deux termes, ἤ se met dans le second terme.

Comme on peut interroger sur le lieu, le temps, la quantité, le nombre de fois, le motif ou le moyen, il y a aussi en grec des mots qui expriment ces questions. Ce sont :

1° Pour le lieu,   ποῦ, ποῖ, πόθεν, πῆ; où ? d'où ? par où ?

2° Pour le temps,   πότε, πηνίκα; quand?

3° Pour la quantité, πόσον; combien?
             ποσάκις, combien de fois?

4° Pour le motif,   τί; διὰ τί; ὡς τί; ἵνα τί; pourquoi?
             τί οὐ; τί γὰρ οὐ; pourquoi non?

5° Pour le moyen,   πῶς; πῆ; comment? par quel moyen?
             πῶς οὐ; πῶς γὰρ οὐ; comment non?

V. ADVERBES D'AFFIRMATION.

Ναί, Ναιχί, } *nœ,* oui, certes.	Πάνυ, Πάνυ γε, Πάνυ μὲν οὖν, Παντάπασι μὲν οὖν, } *omnino,* tout à fait certes, as- surément.
Καὶ μάλα, Μάλιστα, Μάλιστά γε, } *maxime,* tout à fait, assu- rément, oui.	

Ἦ,		Οὐ μά,	non certes.
Ἦ μήν,	oui, oui certes.	Δή,	
Νή,		Δήπου,	certes, apparem-
Μά,	certes.	Ἄρα,	ment.
Ναὶ μά,	oui certes.	Τοι,	

Remarque. — Lorsque μα est employé seul, la phrase a un sens négatif; mais habituellement cette particule est précédée de ναί ou de οὐ. Exemples :

Ναὶ μὰ Δία ou νὴ Δία, oui certes, par Jupiter.

Οὐ μὰ Δία, non certes, par Jupiter.

VI. ADVERBES DE NÉGATION.

Οὐ   devant une consonne,
Οὐκ devant une voyelle non aspirée,   non, ne, ne pas,
Οὐχ devant une voyelle aspirée,   ne point.
Οὐχί devant les consonnes et les voyelles,
Μή, non, ne, correspond tantôt à *non,* tantôt à *nē* du latin.
Οὐδέ, μηδέ, et ne, ne pas même, pas non plus;
             en latin *nec,* ou *ne... quidem.*
Ἥκιστα, *minime,* point du tout.
Οὐδαμῶς, μηδαμῶς, οὐδαμῇ, μηδαμῇ, nullement.

VII. ADVERBES DE DOUTE.

Ἴσως, τάχα, πού, peut-être.
Τύχῃ, τυχόν, par hasard, le cas échéant.

VIII. ADVERBES DE MANIÈRE ET DE QUALITÉ.

Ces adverbes sont les plus nombreux de tous. Ils répondent à la question πῶς; *qualiter, quomodo?* comment? Ils se tirent en général d'adjectifs, de participes et d'adjectifs ver-

baux, et se forment en changeant la terminaison ου, ος, ους du
génitif en ως. Exemples :

Σοφός, οῦ,	habile,	σοφῶς,	habilement.
Καλός, οῦ,	beau, bon,	καλῶς,	*pulchre*, bien.
Ἁπλοῦς, οῦ,	simple,	ἁπλῶς,	simplement.
Ἐραστός, οῦ,	aimable,	ἐραστῶς,	d'une manière aimable.
Μείζων, ονος,	plus grand,	μειζόνως,	plus grandement.
Σώφρων, ονος,	sage,	σωφρόνως,	sagement.
Ἀληθής, οῦς,	vrai,	ἀληθῶς,	vraiment.
Εὔχαρις, ιτος,	gracieux,	εὐχαρίτως,	gracieusement.
Γλυκύς, έος,	doux,	γλυκέως,	doucement.
Ἡδύς, έος,	agréable,	ἡδέως,	agréablement.
Πᾶς, παντός,	tout,	πάντως,	entièrement.
Μέγας, άλου,	grand,	μεγάλως,	grandement.
Ὤν, ὄντος,	étant, réel,	ὄντως,	réellement.
Χαρίεις, εντος,	gracieux,	χαριέντως,	gracieusement.
Εἰδώς, ότος,	qui sait,	εἰδότως,	sciemment.
Πρέπων, οντος,	bienséant,	πρεπόντως,	avec bienséance.
Λελυμένος, ου,	relâché,	λελυμένως,	mollement.
Πεπαιδευμένος,	instruit,	πεπαιδευμένως,	savamment.
Ὁμολογούμενος,	convenu,	ὁμολογουμένως,	selon les conventions.

L'usage et les Dictionnaires apprendront ces adverbes.
Il ne faut pas, au reste, conclure de ce qui vient d'être dit
que tout adjectif ou participe forme un adverbe. Très-peu de
participes sont dans ce cas, et plusieurs adjectifs n'ont pas
d'adverbes qui leur correspondent. Il en est de même en latin
et en français.

Remarques. — 1° Un certain nombre d'adverbes de manière ne sont autre chose que le nominatif ou l'accusatif neutre
des adjectifs. Tels sont :

Ἡδύ, agréablement.
Πολύ, Πολλά, } beaucoup.
Ὀλίγον, Μικρόν, } peu, un peu.

Πόσον, Ὅσον, Ὁπόσον, } combien.
Πρῶτον, Πρῶτα, } d'abord.

Τρίτον,	en troisième lieu.	Ὕστερον,	postérieurement.
Τοσοῦτον,	autant, seulement.	Εὐθύ,	tout droit.
Πρότερον,	antérieurement.	Πρόῤῥιζα,	jusqu'aux racines.

A cette classe appartient l'adverbe εὖ pour ἐύ, nominatif neutre de l'ancien adjectif ἐύς, bon.

On trouve même une forme de nominatif masculin dans les adverbes εὐθύς, aussitôt; ἐγγύς, près; ἀντικρύς, en face.

L'accusatif féminin se trouve dans le mot μακράν, loin ou longtemps, employé avec ellipse de ὁδόν (route).

2° Certains adverbes ont la forme d'un nom à l'accusatif, comme :

Προῖκα,	gratuitement.	Βάδην,	pas à pas.
Κρύβδην,	en cachette.	Σποράδην,	çà et là.
Μάτην,	en vain.	Νύκτωρ,	nuitamment.
Ἄρδην,	de fond en comble.		

D'autres ont la forme d'un génitif :

Νυκτός, de nuit; ἑξῆς, de suite; ἐπιπολῆς, à la surface; ἐξαίφνης, tout à coup.

A ceux-ci se rattachent les adverbes en θεν, terminaison qui primitivement fut celle des génitifs des noms. Tels sont :

Ἀνέκαθεν, en venant de haut, de loin, anciennement.

Θεόθεν, divinement, par inspiration divine.

Οὐρανόθεν, du ciel, divinement.

D'autres sont des adjectifs ou des substantifs féminins au datif :

Δίκη,	justement.	Ἡσυχῇ,	avec calme.
Κύκλῳ,	en cercle.	Βίᾳ,	forcément.
Πεζῇ,	à pied ou sur terre.	Οἴκοι[1],	à la maison.
Τριπλῇ,	trois fois autant.	Τετραπλῇ,	quatre fois autant.

1. Forme primitive des datifs de la deuxième déclinaison, pour οἴκῳ.

3° Enfin, d'autres ont des terminaisons variées :

Ἀγεληδόν,	en troupe.	Σχεδόν,	près.
Πανδημεί,	en masse.	Ἀνεγκλητεί,	sans reproche.
Ἀμαχητί,	sans combat.	Ἑλληνιστί,	à la grecque.
Λάξ,	à coups de pied.	Ὀδάξ,	en mordant.
Ἅπαξ,	une fois.	Πύξ,	avec le poing.
Δίχα,	en deux.	Αὖθις,	derechef.

IX. ADVERBES COMPOSÉS OU LOCUTIONS ADVERBIALES.

Quelques adverbes sont composés d'une préposition et d'un substantif. Tels sont :

Παράχρημα, instantanément (παρά, χρῆμα).

Προὔργου, à propos (πρό, ἔργον).

Ἐμποδών, à portée, de manière à entraver (ἐν, πόδες).

Ἐκποδών, à l'écart, de manière à débarrasser (ἐκ, πόδες).

X. ADVERBES-PRÉPOSITIONS.

Un certain nombre d'adverbes sont employés avec la valeur d'une préposition et gouvernent le génitif. Exemples :

Ἐντός, ἔσω, en dedans de.   Ἐκτός, ἔξω, en dehors de.

Πόρρω, loin de.   Ἐγγύς, près de.

Ἀμφίς, hors de, à l'extérieur de.   Μεταξύ, entre.

Une partie de ceux qui marquent la quantité gouvernent le génitif, comme πόσον, τοσοῦτον, ἅλις. Exemples :

Combien de vin ? Πόσον οἴνου ; assez de paroles, ἅλις λόγων.

§ 138. COMPARATIF ET SUPERLATIF DES ADVERBES.

I. La plupart des adverbes en ω et quelques autres adverbes de lieu ont un comparatif en τέρω et un superlatif en τάτω. Exemples :

Ἄνω, en haut.   Κάτω, en bas.

Ἀνωτέρω, plus haut.   Κατωτέρω, plus bas.

Ἀνωτάτω, très-haut.   Κατωτάτω, très-bas.

Ἀγχοῦ, près.   Ἑκάς, loin.

Ἀγχοτέρω, plus près.   Ἑκαστέρω, plus loin.

Ἀγχοτάτω, très-près.   Ἑκαστάτω, très-loin.

Ἔξω, en dehors.   Πρόσω, en avant.

Ἐξωτέρω, plus en dehors.   Προσαιτέρω, plus en avant.

Ἐξωτάτω, tout à fait en dehors.   Προσαιτάτω, le plus en avant.

Ἔνδον, ἔσω, en dedans.   Πόρρω, loin.

Ἐνδοτέρω, ⎫   Πορρωτέρω, plus loin.
Ἐσωτέρω, ⎬ plus en dedans.   Πορρωτάτω, très-loin.

Ἐνδοτάτω, ⎫
Ἐσωτάτω , ⎬ très-profondément.

II. Les comparatifs et les superlatifs des adverbes de manière et de quantité se forment des comparatifs et des superlatifs des adjectifs en changeant la terminaison ος en ως :

Σοφώτερος, plus sage ;   σοφωτέρως,   plus sagement.

Σοφώτατος, très-sage ;   σοφωτάτως,   très-sagement.

Toutefois cette forme n'est pas d'un grand usage ; on employait plus fréquemment le nominatif neutre singulier du comparatif de l'adjectif, σοφώτερον, plus sagement, et le nominatif neutre pluriel du superlatif, σοφώτατα, très-sagement ; de même ἀληθέστερον se dit mieux que ἀληθεστέρως, et ἀληθέστατα, que ἀληθεστάτως.

Il en est de même pour tous les adverbes employés au comparatif et au superlatif : κάλλιον, κάλλιστα ; βέλτιον, βέλτιστα ; κρείσσον, κράτιστα ; πλεῖον, πλεῖστα ; ἔλασσον, ἐλάχιστα ; ἧσσον, ἥκιστα.

Cette forme passait même aux adverbes qui ne sont pas formés d'un adjectif. Ainsi, au lieu de ἀνωτέρω et ἀνωτάτω, on disait également bien ἀνώτερον et ἀνώτατα ; ἐγγύτερον et ἔγγιον [1], plus près, aussi bien que ἐγγυτέρω ; ἐγγύτατα, ἔγγιστα, aussi bien que ἐγγυτάτω, très-près. — De même encore ἐνδύτερον, ἐνδύτατα ; ἐξώτερον, ἐξώτατα ; προσαίτερον, προσαίτατα. — Μάλα, beaucoup, fait μᾶλλον, plus, et μάλιστα, très, le plus.

---

1. Cette forme de comparatif vient de l'analogie de forme de ἐγγύς avec ἡδύς, πολύς, etc.

Un très-petit nombre d'adverbes en άκις sont susceptibles des trois degrés de signification; mais la forme du comparatif et du superlatif porte sur la première partie du mot, et non sur la fin. Ainsi πολλάκις, souvent (dérivé de πολύς), fait πλειονάκις, plus souvent, πλειστάκις, très *ou* le plus souvent.

§ 139. PARTICULES ADVERBIALES INSÉPARABLES.

On appelle ainsi un très-petit nombre de mots indéclinables qui ne s'emploient jamais seuls, et ne figurent que dans la composition des mots, noms, adjectifs, verbes, adverbes. Les principales particules inséparables sont :

1° A privatif ou négatif.

Placé en tête d'un mot, cet α lui donne une signification contraire à sa valeur naturelle, ou exprime l'absence, la privation, la négation de ce que ce mot signifie. Ainsi :

Φίλος, ami,   ἄφιλος, sans ami;
Μῶμος, reproche,   ἄμωμος, sans reproche;
Γεννητός, engendré, créé,   ἀγέννητος, non engendré, incréé;
Πατήρ, père,   ἀπάτωρ, qui est sans père;
Λύπη, chagrin,   ἄλυπος, exempt de chagrins.

Lorsque le mot commence par une voyelle, on intercale un ν euphonique entre α privatif et la lettre initiale de ce mot. Exemples :

Ἄξιος, digne,   ἀνάξιος, indigne;
Ἐλπιστός, qu'on peut espérer, ἀνέλπιστος, désespéré, inespéré;
Ἴσος, égal,   ἄνισος, inégal, etc.

2° Δύς, qui marque difficulté, peine, souffrance, malheur :

Ῥηκτός, qui se rompt, δύσρηκτος, difficile à rompre;
Στατός, établi, δύστατος (pour δύς-στατος), chancelant;
Ὄνυμα, nom, δυσώνυμος, dont le nom est de mauvais augure;
Γαμεῖν, se marier, δυσγαμεῖν, être mal marié;
Πνεῖν, souffler, δύσπνους, soufflant avec peine, asthmatique, poussif.

L'opposé de δύς est εὖ, bien, qui n'est pas particule insé-
parable :

Εὔρηκτος, facile à rompre, εὔστατος, équilibré;

Εὐγαμεῖν, être bien marié, εὔπνους, qui souffle aisément;

Εὐώνυμος, dont le nom est de bon augure.

3° Νη, synonyme de α privatif, et qui n'est guère usité en
prose que dans les deux mots :

Νήνεμος (pour νηάνεμος) situé à l'abri des vents;

Νήπιος (pour νηέπιος), qui ne parle pas (ἔπος, parole);
et dans leurs dérivés :

Νηνεμία, absence de vents, calme;

Νηπιότης, première enfance.

INFLUENCE DES PARTICULES ἀ, δύς, εὐ, SUR L'AUGMENT DANS LES VERBES.

Dans les verbes, ces particules ne modifient en rien les
règles générales de l'augment et du redoublement. Ainsi :

Ἀτυχεῖν, être malheureux, fait à l'imparfait ἠτύχουν;

Δυσγαμεῖν, imp. ἐδυσγάμουν, parf. δεδυσγάμηκα;

Ἀδικεῖν, être injuste, imparfait ἠδίκουν;

Δυσπραγεῖν, mal réussir, ἐδυσπράγουν.

Εὐγαμεῖν, εὐτυχεῖν, εὐπραγεῖν et tous les composés de εὖ ne
prennent pas d'augment : εὐγάμουν, εὐτύχουν, εὐπράγουν.

Cependant, si δύς entre dans la composition d'un verbe
commençant par une voyelle, l'augment se place après :
δυσαρεστέω, δυσηρέστουν, δυσηρέστησα.

Il en est de même de εὖ quelquefois : εὐεργετέω, εὐηργέτουν
ou εὐεργέτουν.

CHAPITRE DIXIÈME.

NEUVIÈME ESPÈCE DE MOTS.

LA CONJONCTION.

§ 140. La conjonction est un mot invariable qui sert à unir ensemble deux propositions ou deux parties semblables d'une même proposition. Exemples :

Pierre *et* Paul jouent; Pierre étudie, *mais* Paul joue; Pierre étudie *lorsque* Paul joue.

Voici l'énumération des conjonctions grecques les plus usitées :

I. Καί, τέ, et. Τε répond au latin *que,* et se met après un mot.

Οὔτε, οὐδέ, et ne, ni.

Ἤ, ἤγε, ἤτοι, ou, ou bien, ou du moins.

Ἀλλά, mais; en latin, *sed.*

Δέ, γεμήν, μέντοι, mais, or; en latin, *autem, vero, tamen.*

Γάρ, καὶ γάρ, καὶ γὰρ οὖν, καὶ γάρ τοι, καὶ γὰρ δή, car, en effet; en latin, *nam, namque, enim, etenim.*

Οὖν, ἄρα, τοίνυν, donc, *igitur.*

Ὅμως, μέντοι, οὐ μὴν ἀλλά, pourtant, cependant, néanmoins.

Διό, διόπερ, διοδή, διὸ καί, γοῦν, τοιγάρτοι, τοιγαροῦν, c'est pourquoi, c'est pour cela que, aussi; *quare, quapropter, quamobrem.*

II. Ἤ, que (après les comparatifs); en latin, *quam.*

Ὅτι, que, parce que, *quod.*

Διότι (pour διὰ τοῦθ' ὅτι), parce que, *propterea quod.*

Ἄτε, comme, en qualité de, attendu que, vu que (suivi d'un participe ou d'un adjectif), *ut pote.*

Ὡς, ὥσπερ, οἷον, οἷα, καθάπερ, comme, de même que; *ut, quomodo, quemadmodum.*

Ὡσεί, ὡσανεί, comme, comme si; *ut si, quasi, tanquam si.*

Ὅτε, ἡνίκα, ὁπότε, ὁπηνίκα, quand, lorsque (avec l'indicatif et l'optatif).

Ὅταν, ὁπόταν, ἡνίκ' ἄν, quand, lorsque (avec le subjonctif).

Ἐπεί, ἐπειδή (avec l'indicatif et l'optatif), ἐπάν ou ἐπήν, ἐπειδάν (avec le subjonctif), après que, puisque. — Ἐπεὶ τάχιστα, ἐπειδὰν τάχιστα, aussitôt que, dès que.

Πρίν, πρίν γε, πρὶν δή, πρὶν ἤ (avec l'indicatif, l'optatif ou l'infinitif), πρίν ἄν (avec le subjonctif), avant que, avant de.

Ἕως (indicatif et optatif), ἕως ἄν (subjonctif), tandis que, pendant que, tant que, jusqu'à ce que, pourvu que; *dum, donec.*

Ὥστε (indicatif et infinitif), au point de, de sorte que, *ut* avec le subjonctif.

Ὡς, ὅπως, ἵνα (subjonctif), ὥστε (infinitif), afin que, pour que, afin de, pour; *ut* avec le subjonctif.

Μή, ὅπως μή, ὡς μή, ἵνα μή (subjonctif), ὥστε μή (infinitif), afin que ne..., pour ne pas..., de peur que; en latin, *ne, ut ne.*

Εἰ (indicatif et optatif), si *conditionnel*, en latin *si*; si *interrogatif*, en latin *ně, num, an.*

Ἄν, ἐάν, ἤν (subjonctif). si *conditionnel*; en latin, *si.*

Εἰ μή, εἰ δὲ μή, εἰ καὶ μή, πλὴν εἰ μή, εἰ δ' οὐ, sinon, si ce n'est, si ce n'est que, à moins que; *si non, sin minus, sin aliter, nisi.*

Ἄν μή, ἐὰν μή, ἤν μή (subjonctif), si ne pas, à moins que ne.

Εἴτε..., ἄντε, ἐάντε, ἤντε..., soit, soit que; *sive, seu.*

Καὶ εἰ, εἰ καί (avec l'indicatif et l'optatif), κἄν (avec le subjonctif), καίπερ, καίτοι (avec le participe). quoique, bien que; en latin, *etiamsi, etsi, et quidem.*

Εἰγάρ, εἴθε (optatif), ah! si, plaise à Dieu, plût à Dieu que; *at si, utinam.*

REMARQUES SUR L'EMPLOI DES PRINCIPALES CONJONCTIONS.

§ 141. 1° Καί est souvent répété. comme *et* en latin. et en français *et*. Exemples :

Et autrefois *et* maintenant, καὶ πάλαι καὶ νῦν.

Dans ce cas le premier καί est très-souvent remplacé par τε :
πάλαι τε καὶ νῦν; et vous et lui, ὑμεῖς τε καὶ αὐτός, vosque et ipse.

Rarement τε se répète en prose.

2° Οὔτε correspond directement à *ni répété* : Exemples :

Ni autrefois *ni* maintenant, οὔτε πάλαι οὔτε νῦν.

Ni vous *ni* lui, οὔτε ὑμεῖς οὔτ'αὐτός.

Οὐδέ continue une négation : Il n'est pas venu *et* il *ne* viendra pas; οὐκ ἦλθεν, οὐδ'ἥξει.

Très-souvent il correspond à *ne... quidem,* ne pas même :

Néron n'épargna pas même sa mère, ὁ Νέρων οὐδὲ τῆς μητρὸς ἐφείσατο, *ne* matri *quidem* pepercit.

Et ne, et non, marquant une opposition, se traduisent par καὶ οὐ. Il reçut un témoignage de reconnaissance, *et non* des reproches ni un châtiment; χάριτος ἔτυχε, καὶ οὐ μέμψεως οὐδὲ τιμωρίας.

3° Ἀλλά s'emploie surtout après les phrases négatives :

Ce n'est pas lui le coupable, mais moi, οὐκ αἴτιος ἐκεῖνος, ἀλλ'ἐγώ.

Δέ correspond à *autem,* et s'oppose très-souvent à μέν comme corrélatif. Exemple :

Pauvre, mais intègre, πένης μέν, δίκαιος δέ.

Δέ se met toujours après un mot, ainsi que γεμήν et μέντοι, qui le remplacent quelquefois, mais en donnant à l'opposition plus d'énergie.

Γάρ se construit après un mot comme *enim :* καὶ γάρ, καὶ γὰρ οὖν, etc., se mettent au commencement de la proposition, comme *etenim, namque.*

Nota. C'est toujours par γάρ ou καὶ γάρ qu'il faut traduire *en effet,* lorsqu'on peut tourner cette locution par *car;* au contraire, on la traduit par ὄντως, lorsqu'on peut tourner par *réellement, en réalité, véritablement.*

4° Dans οὐ μὴν ἀλλά, les trois mots sont considérés comme n'en faisant qu'un, et la négative οὐ ne compte pas pour le sens [1].

1. Cette locution sera expliquée avec plus de précision dans la Syntaxe (Idiotismes).

Ainsi, *cependant il ne viendra pas,* se dira οὐ μὴν ἀλλὰ οὐχ ἥξει. Οὐ μὴν ἀλλὰ ἥξει signifie *cependant il viendra.*

5° Διό, διόπερ, διὸ δή, διὸ καί sont des mots composés de la préposition διά et du relatif neutre ὅ : δι' ὅ, *à cause de quoi,* à peu près comme en latin *quapropter, quam ob rem.*

Πέρ, δή, καί s'ajoutent souvent à διό avec la valeur du latin *quidem.*

Γοῦν pour γε οὖν se met toujours après un mot.

Τοίγαρτοι, τοιγαροῦν commencent une proposition.

Toutes ces conjonctions servent à unir simplement deux propositions sans marquer que la seconde est complétive de la première. On les appelle conjonctions de *coordination.*

Les suivantes servent à marquer que la seconde proposition est étroitement subordonnée à la première et qu'elle en complète le sens. On les appelle conjonctions de *subordination.*

§ 142. 1.° Ἤ, que, après un comparatif, ne doit pas être confondu avec ἤ, ou, dont il ne se distingue que par le sens.

2° Ὅτι entre deux verbes correspond à *que* dans cette phrase : Je crois *qu*'il pleure, νομίζω ὅτι κλαίει.

Dans le sens de *parce que, de ce que,* il correspond au latin *quod, quia.* Διότι correspond à *propterea quod.*

Dans l'un et l'autre sens, cette conjonction est suivie de l'indicatif [1].

3° Ὡς, ὥσπερ, correspondent, quant à l'usage, au latin *ut* avec l'indicatif; καθά, καθάπερ (pour κατὰ ἅ), correspondent à *quomodo, quemadmodum.* A ces mots on oppose souvent οὕτω, comme en latin *sic, ita,* s'opposent à *ut, quemadmodum.* Οἷον, οἷα s'emploient souvent dans le sens de *par exemple.*

Ὡσεί, ὡσανεί, ὡσπερεί, ὡσπερανεί, sont des composés de ὡς et de εἰ, *si.*

4° Il faut faire grande attention aux mots ὅτε, ὁπότε, ὅταν, ὁπόταν, ἐπεί, ἐπάν, ἐπήν, ἐπειδάν, etc.

1. La Syntaxe enseignera les cas où elle se construit avec l'optatif.

Lorsque les conjonctions ὅτε, ἐπεί, sont employées sans la particule ἄν, elles ont rapport à un fait soit passé, soit actuel, et se construisent avec l'indicatif. Exemples :

Lorsqu'il venait, ὅτε ἤρχετο; lorsqu'il vint, lorsqu'il est venu, ὅτε ἦλθε; après qu'il fut venu, ἐπεὶ ἦλθε; aussitôt qu'il fut venu, ἐπειδὴ τάχιστα ἦλθε; puisqu'il vient, ἐπειδὴ ἔρχεται.

Elles sont suivies de l'optatif, lorsqu'elles ont la valeur de *toutes les fois que, à mesure que* : lorsqu'ils avaient un entretien, ὅτε, ὁπότε διαλέγοιντο ἀλλήλοις; quand il avait dîné, il s'en allait, ἐπεὶ δειπνήσειεν, ἀπῄει.

Au contraire, lorsque ces mêmes conjonctions sont employées avec la particule ἄν, elles ont rapport à un fait à venir ou qui se renouvelle habituellement, et se construisent avec le subjonctif présent ou aoriste. Exemples :

Lorsqu'il viendra, ὅταν ἔρχηται; lorsqu'il sera venu, après qu'il sera venu, ὅταν, ἐπειδὰν ἔλθῃ; aussitôt qu'il sera venu, ἐπειδὰν τάχιστα ἔλθῃ; lorsqu'il boit, ὅταν, ὁπόταν πίνῃ.

5° Même différence entre πρίν employé seul, et πρίν suivi de ἄν. Πρίν a rapport au présent et au passé, et se construit avec l'infinitif ou l'indicatif. Exemples :

Il parle, il parlait avant de réfléchir, avant d'avoir réfléchi, λέγει, ἔλεγε πρὶν ἐπισκοπεῖν, πρὶν ἐπισκοπῆσαι.

Il mourut avant d'avoir mis ordre à ses affaires, ἀπέθανε πρὶν διέθετο ou διαθέσθαι τὰ ἑαυτοῦ.

Πρὶν ἄν a rapport au futur et se construit avec le subjonctif.

Ne parlez pas avant d'avoir réfléchi, μηδὲν λέγε πρὶν ἂν ἐπισκοπήσῃς.

6° Ἕως, ἕως ἄν, se distinguent de la même manière.

Ἕως a rapport au présent et au passé; ἕως ἄν, au futur. Exemples : Pendant que tu parles, ἕως λέγεις.

Le combat dura jusqu'à ce que la nuit fût venue, ἡ μάχη διέμεινεν ἕως ἡ νὺξ ἐγένετο.

Il fut admiré tant qu'il vécut, ἐθαυμάσθη ἕως εἴη.

J'attendrai jusqu'à ce que la lettre soit arrivée, περιμενῶ ἕως ἂν τὰ γράμματα κομισθῇ.

Tant que tu seras heureux, ἕως ἂν εὐδαιμονῇς.

A la place de ἕως on emploie aussi ἔστε et μέχρι οὖ, et à la place de ἕως ἄν, ἔστ'ἄν et μέχρι ἄν.

7° Ὡς, synonyme de ὅπως et de ἵνα, correspond au latin *ut* avec le subjonctif. Exemple :

Afin que je me repose, ὡς, ἵνα, ὅπως ἀναπαύωμαι ou ἀναπαύσωμαι.

Ὡς ἀνεπαυόμην signifie *comme je me reposais, ut quiescebam;* ὡς ἀνεπαυσάμην, *lorsque* ou *dès que je me fus reposé.*

Ὥστε, afin de, se construit toujours avec l'infinitif. Exemple :

Afin de se reposer, pour se reposer, ὥστε ἀναπαύεσθαι ou ἀναπαύσασθαι.

A ὡς s'oppose ὡς μή, ou simplement μή, comme *ut ne* ou simplement *ne* s'oppose à *ut.*

Ὥστε μή se construit avec l'infinitif, comme ὥστε.

8° Εἰ conditionnel s'emploie avec l'indicatif et l'optatif. Exemples :

Indicatif. S'il vit encore, εἰ ἔτι ζῇ; s'il vivait alors, εἰ τότε ἔζη. S'il est venu hier, εἰ ἐχθὲς ἦλθε. S'il est arrivé, εἰ ἐλήλυθε ou εἰ ἥκει. *Optatif.* Si vous vouliez, j'irais, εἰ βούλοισθε, ἴοιμι ἄν.

Il en est de même de εἰ interrogatif. Exemple :

Elle demandait si elle était plus grosse que le bœuf, ἤρετο εἰ μείζων ἐστὶν ou εἴη τοῦ βοός.

9° Ἄν, ἐάν, ἤν, n'ont jamais que le sens conditionnel; ils ont rapport à un fait à venir, ou à un fait présent mais pouvant se répéter, et gouvernent le subjonctif. Exemples :

Si tu l'interroges, il n'a rien à dire.

Ἄν, ἐάν, ἤν ἐρωτᾷς αὐτόν, οὐδὲν ἔχει εἰπεῖν.

S'il t'arrive un jour malheur.

Ἄν, ἐάν, ἤν κακόν τί σοί ποτε γένηται.

Εἴτε, *soit, soit que,* suit la règle de εἰ; ἄντε, ἐάντε, ἤντε. celle de ἄν, ἐάν.

10° *Quoique, bien que,* gouvernent toujours le subjonctif en français. Εἰ καὶ ou καὶ εἰ ne se construisent jamais avec ce mode. Ces conjonctions sont suivies de l'indicatif. Exemples :

Quoique vous pleuriez.   Quoiqu'il pleurât.

Εἰ καὶ κλαίετε.   Εἰ καὶ ἔκλαιε.

Au contraire, κἄν (pour καὶ ἄν) gouverne toujours le subjonctif, comme ὅταν, ἐπειδάν, et, comme ces conjonctions, a toujours rapport à l'avenir. Exemple :

Je partirai, quand même tu m'en dissuaderais.

Ἐγὼ ἄπειμι, κἄν σὺ μεταπείθῃς ἐμέ.

Si la première proposition est négative, κἄν se remplace par οὐδ'ἄν. Exemple :

Je ne partirai pas, quand même tu me l'ordonnerais.

Οὐκ ἐγὼ ἄπειμι, οὐδ'ἄν σὺ προστάξῃς.

11° Εἰ γάρ, εἴθε, servant à exprimer un vœu, sont suivis de l'optatif. Exemples :

Ah ! s'il réussissait ! Plût au ciel qu'il réussît !

Εἰ γὰρ, εἴθε εὖ πράσσοι !

Puisse-t-il vivre longtemps ! Fasse le ciel qu'il vive longtemps ! Εἰ γὰρ, εἴθε μακρόβιος εἴη !

CHAPITRE ONZIÈME.

DIXIÈME ESPÈCE DE MOTS.

L'INTERJECTION.

§ 142. L'*Interjection* est un mot indéclinable qui sert à marquer les divers mouvements de l'âme, tels que le désir, la joie, la douleur, la surprise, le mépris, l'indignation, et que l'on jette au milieu ou au commencement d'une proposition, sans qu'il fasse jamais corps avec elle. Les interjections sont même plutôt des cris que de véritables mots.

Voici les principales interjections grecques :

Ὦ, ô : ὦ δέσποτα, ô maître !

Ὤ, ô, oh! ho!

Ἰού! hélas! ha! ah!

Φεῦ! ah! oh! hélas!

Βαβαί! παπαί! ah ah! oh! hélas! bah! bon!

Οὐαί! malheur! *Væ* en latin.

Ἆ! habituellement répété, ah, ah, ah ! oh. oh !

Οἴ! hélas! oh!

Αἲ! ἰώ! aïe!

Ὀτοτοί! ah, ah, ah! hélas!

Εἶα! comme en latin *eia*, or çà! courage!

Εὖγε! bravo! bien!

Ἄγε! φέρε! ἴθι! va! allons! voyons! eh bien!

Ἄπαγε! loin, loin! fi! à bas!

Remarques. — 1° L'interjection ὦ est le signe du vocatif, et elle est ordinairement suivie de ce cas.

2° Quelques interjections sont suivies d'un génitif qui ne dépend pas de l'interjection, mais d'un mot sous-entendu que le sens indique. Ainsi :

Φεῦ τοῦ λόγου! ah! le discours! ah! quel discours!

Ὦ τῆς ἀσεβείας! ô l'impiété! ô le crime affreux!

3° **D'autres se construisent avec le datif :**

Οἴ μοι ταλαιπώρῳ! hélas! moi infortuné! Oh! que je suis malheureux! De οἴμοι s'est formé οἰμώζω, *je dis hélas, je me plains, je gémis.*

Οὐαὶ τοῖς νικωμένοις! Malheur aux vaincus! *Væ victis!*

4° Ἄγε, φέρε, ἴθι, véritables impératifs, se joignent aux verbes.

Δεῦρ'ἄγε, ici, allons! viens vite ici! (ἄγε δεῦρο ἐλθέ.)

Φέρ'ἴδω, allons! que je voie!

Ἴθι νῦν εἰπὲ τούτοις, allons! dis maintenant à ceux-ci.

5° Ἄπαγε se construit avec l'accusatif, comme étant l'impératif du verbe ἀπάγω.

Ἄπαγε τὴν ὑποψίαν, loin, loin ce soupçon!

On dit aussi, avec le génitif, ἄπαγε τῆς ὑποψίας!

CHAPITRE DOUZIÈME.

NOTIONS SOMMAIRES

SUR LA CONSTRUCTION DES PHRASES GRECQUES.

§ 143. I. La construction des phrases grecques offre, en
général, de grandes analogies avec celle des phrases latines.
Chacun des trois termes de la proposition peut y occuper, selon
la volonté de l'écrivain, la première, la deuxième ou la troisième
place. Ainsi, ces mots : ἡ νεότης ἐστὶ κούφη, la jeunesse est
légère, peuvent se construire de six manières différentes :

Ἡ νεότης ἐστὶ κούφη,	Κούφη ἡ νεότης ἐστί.
Ἡ νεότης κούφη ἐστι,	Ἐστὶν ἡ νεότης κούφη,
Κούφη ἐστιν ἡ νεότης,	Ἐστὶ κούφη ἡ νεότης.

II. En grec, comme en latin, le complément du nom, de
l'adjectif, du verbe, se met soit avant, soit après ces mots.
Ainsi :

La lumière du soleil,
Τὸ φῶς τοῦ ἡλίου, τοῦ ἡλίου τὸ φῶς.
Citoyen athénien,
Πολίτης Ἀθηναῖος ou Ἀθηναῖος πολίτης.
Citoyen utile à la patrie,

Πολίτης χρήσιμος τῇ πόλει,	Χρήσιμος τῇ πόλει πολίτης.
Πολίτης τῇ πόλει χρήσιμος.	Τῇ πόλει χρήσιμος πολίτης.

Le bon citoyen aime sa patrie,
Ὁ ἀγαθὸς πολίτης φιλεῖ τὴν πατρίδα, ou τὴν πατρίδα φιλεῖ.
Φιλεῖ τὴν πατρίδα ὁ ἀγαθὸς πολίτης;
Τὴν πατρίδα φιλεῖ πολίτης ὁ ἀγαθός.

III. Les génitifs αὐτοῦ, αὐτῆς, αὐτῶν, *ejus, eorum, earum,*
μοῦ, *mei*, σοῦ, *tui*, se construisent généralement après le substantif : Ἡ δόξα αὐτοῦ, *gloria ejus.*

Τούτου, τούτων, *hujus, horum;* ἐκείνου, ἐκείνων, *illius, illorum;* ἑαυτοῦ, ἧς, ὧν, αὑτοῦ, ἧς, ὧν, *sui ipsius, sui ipsorum,* et les deux autres pronoms réfléchis, se construisent, au contraire, de préférence entre l'article et le nom : il flétrissait sa propre gloire, τὴν ἑαυτοῦ δόξαν, τὴν αὑτοῦ δόξαν ἀπῄσχυνε.

Lorsque le complément d'un verbe est le pronom αὐτός ou le pluriel de ἐγώ, σύ, c'est par ces pronoms que le plus souvent on termine la phrase. Ainsi, on dit plus ordinairement ἐφίλησεν αὐτόν, αὐτούς, il l'aima, les aima, que αὐτὸν ἐφίλησε, αὐτοὺς ἐφίλησε. Ἀπολιπὼν ἡμᾶς, nous ayant abandonnés, plutôt que ἡμᾶς ἀπολιπών.

En d'autres termes, le grec a une moindre tendance que le latin à terminer la phrase par le verbe.

IV. Le mot qui demande le plus d'attention pour être convenablement placé est le nom accompagné de l'article, lorsqu'il a pour complément un autre nom avec ou sans article.

Ainsi nous avons vu plus haut τὸ φῶς τοῦ ἡλίου, et τοῦ ἡλίου τὸ φῶς. Il y a de plus en grec une autre construction très-usitée, qui consiste à intercaler le nom complément τοῦ ἡλίου entre l'article τὸ et le substantif φῶς : τὸ τοῦ ἡλίου φῶς.

Jamais, dans cette construction, l'article du nom qui est complément ne peut être séparé de ce nom. Ainsi, on ne peut jamais dire τὸ τοῦ φῶς ἡλίου, ni τοῦ τὸ φῶς ἡλίου, ni τοῦ τὸ ἡλίου φῶς. Les trois seules constructions usitées et possibles sont celles qui ont été indiquées : τὸ φῶς τοῦ ἡλίου, comme en français, τοῦ ἡλίου τὸ φῶς, à la façon latine, et enfin τὸ τοῦ ἡλίου φῶς, construction particulière au grec.

S'il y a des adjectifs qualificatifs unis aux noms, chacun de ces adjectifs se met immédiatement après l'article. Exemples :

La brillante lumière du soleil,

Τὸ λαμπρὸν τοῦ ἡλίου φῶς.

Les grandes actions des hommes illustres,

Τὰ μεγάλα τῶν ἐνδόξων ἀνδρῶν ἔργα.

Quelquefois deux noms avec leur article sont intercalés entre l'article et le nom principal. Exemple :

J'admire la gracieuse simplicité des écrits de Xénophon.

Ἄγαμαι τὴν τῶν τοῦ Ξενοφῶντος γραμμάτων εὔχαριν ἀφέλειαν.

Nota. L'article ne se sépare jamais de son substantif lorsque celui-ci n'est déterminé ni par un adjectif, ni par un complément. Ainsi, on dit : J'admire la simplicité ; ἄγαμαι τὴν ἀφέλειαν ou τὴν ἀφέλειαν ἄγαμαι. On ne saurait dire en aucun cas τὴν ἄγαμαι ἀφέλειαν. On dit χρήσιμος τοῖς πολίταις, on ne saurait dire τοῖς χρήσιμος πολίταις.

V. Un certain nombre de mots ne commencent jamais une phrase ni une proposition ; tels sont :

Μοῦ, μοί, μέ : μέμνηταί μου, il se souvient de moi ; διαλέγεταί μοι, il s'entretient avec moi ; φιλεῖ με, il m'aime.

Τις, τι, τινός, τινί, τινά, indéfini : ἄνδρα τινὰ εἶδον, ou εἶδόν τινα ἄνδρα, j'ai vu un homme.

Ἄν conditionnel : ἔπρασσον ἄν, ἔπραξα ἄν τοῦτο, ou τοῦτο ἂν ἔπρασσον, τοῦτο ἂν ἔπραξα, je le ferais, je l'aurais fait.

Που, ποι, πη, quelque part : ὄντες που, étant quelque part ; ἰόντες ποι, ἰόντες πη, allant quelque part, par quelque endroit.

Πώς, en quelque sorte : ψευδόμενοί πως, mentant en quelque sorte, jusqu'à un certain point.

Δή, ἄρα, τοί, μέν, δέ, γέ, πέρ, τέ, οὖν, τοίνυν, γοῦν, γάρ.

VI. Les conjonctions de subordination, et tous les mots conjonctifs, soit adjectifs, pronoms, adverbes, se placent comme en français, sauf de très-rares exceptions, au commencement de la proposition à laquelle ces mots appartiennent :

Ὅτε εἶδον, quand je vis ; ὅταν ἴδω, quand je verrai ; οὓς εἶδον, οὕστινας εἶδον, ceux que j'ai vus ; ὅσα ἐποιήσαμεν, ce que nous avons fait.

CHEZ LES MÊMES ÉDITEURS.

COLLECTION NOUVELLE

DES CLASSIQUES GRECS

Éditions collationnées sur les meilleurs textes, précédées d'introductions historiques et littéraires, enrichies de notes philologiques grammaticales, etc., et imprimées en caractères neufs et d'une lecture aisée.

PAR UNE SOCIÉTÉ DE PROFESSEURS DE L'UNIVERSITÉ.

ACTES DES APOTRES, texte grec; nouvelle édition, préparée et revue par M. *Th. Fix*. 1 volume in-12. Prix, cart. . . . . » 70

ATHANASE (SAINT), Vie de saint Antoine, texte grec; nouvelle édition à l'usage des classes, avec des notes et un lexique spécial par M. *A.-F. Maunoury*, professeur de rhétorique au petit séminaire de Séez. 1 vol. in-12. Prix, br. . . 1 »

BABRIUS, Fables en vers choliambes, texte grec; nouvelle édition, soigneusement revue sur l'édition princeps, accompagnée de notes en français, et d'un Index, par M. *L. Passerat*, professeur agrégé. 1 vol. in-12. Prix, cart. . » 75
Édition autorisée.

BASILE (S.), Discours adressé aux jeunes gens, sur l'utilité qu'ils peuvent retirer de la lecture des écrivains profanes, texte grec; nouvelle édition, avec sommaire et notes en français par M. *A. Maunoury*. 1 vol. in-12. Prix, br. rog. . . . » 50
Édition autorisée par S. Ex. M. le ministre de l'Instruction publique.
— Voyez *Pères grecs*.

CHRYSOSTOME (SAINT JEAN, Homélie en faveur d'Eutrope, texte grec; nouvelle édition, avec introduction, sommaire et notes en français par M. *H. Hignard*, agrégé des classes supérieures, professeur de rhétorique au lycée de Lyon. In-12. Prix, br. . . . . . » 40
— Voyez *Pères grecs*.

DÉMOSTHÈNE. — Discours pour Ctésiphon ou sur la couronne, texte grec; nouvelle édition, avec sommaire et notes en français par M. *N. Landois*, inspecteur de l'académie de Paris. 1 vol. in-12. Prix, cart. 1 10
— Le même ouvrage, avec notes par M. *Croiset*. 1 vol. in-12. Prix, c. 1 »
Édition autorisée.

— Harangue sur la liberté des Rhodiens, texte grec. 1 vol. in-12. Prix, br. » 30
— Olynthiennes (Les trois), texte grec; nouvelle édition, avec sommaire et notes en français par M. *Valton*, agrégé des classes supérieures. 1 vol. in-12. Prix, br. . . . . » 45
— Les mêmes, texte grec; nouvelle édition, avec sommaire et notes en français par M. *Roger-Seymour* et M. *Lucas*, tous deux professeurs au lycée d'Évreux. Prix, cart. . . . . » 50
— La première Olynthienne, seule. Prix, br. . . . . » 20
— Philippiques (Les quatre), texte grec; nouvelle édition, avec sommaire et notes en français par M. *Étienne*. 1 vol. in-12. Prix, cart. . . . . » 70
Édition autorisée.

ESCHINE, Discours contre Ctésiphon ou sur la couronne, texte grec; nouvelle édition, avec sommaire et notes en français par M. *N. Landois*. 1 vol. in-12. Prix, cart. 1 25
Édition autorisée.

ESCHYLE, Prométhée enchaîné, texte grec; nouvelle édition, avec sommaire et notes en français par M. *Stiévenart*, ex-professeur de littérature grecque et doyen de la faculté des lettres de Dijon. 1 vol. in-12. Prix, cart. 1 25
Édition autorisée.

ÉSOPE, choix de fables, texte grec; nouvelle édition, avec des notes en français, les imitations de la Fontaine et un lexique par M. *A.-B. Masimbert*, professeur au lycée Bonaparte. 1 vol. in-12. Prix, cart. . . . . » 90
— Le même ouvrage, avec des notes en français, à l'usage des classes, les imitations de la Fontaine, et un lexique composé, d'après les meilleures autorités, par M. *Chambon*, professeur au

lycée impérial Louis-le-Grand. 1 vol. in-12. Prix, cart. . . . . » 90

ÉVANGILE SELON S. LUC, texte grec; nouvelle édition, préparée et revue par M. *Th. Fix*. 1 vol. in-12. Prix, c. » 70

EURIPIDE, HÉCUBE, texte grec; nouvelle édition, avec arguments et notes en français par M. *Roger*, ex-recteur de l'académie du Jura. 1 vol. in-12. Prix, cart. . . . . » 90

— IPHIGÉNIE A AULIS, texte grec; nouvelle édition, avec arguments et notes en français par M. *Stiévenart*, ex-doyen de la faculté des lettres de Dijon. 1 vol. in-12. Prix, cart. . . . . . . » 90
Édition autorisée.

— MÉDÉE, texte grec; nouvelle édition, avec arguments et notes en français par M. *Deschanel*, agrégé des classes supérieures. 1 vol. in-12. Prix, cart. 1 25

HOMÈRE, l'ILIADE, texte grec; nouvelle édition, avec sommaires et notes en français par M. *Cartelier*, agrégé des classes supérieures, professeur au lycée Napoléon. 1 très-fort vol. in-12. Prix, cart. 3 50

— LE MÊME OUVRAGE, divisé en six parties, contenant chacune quatre chants. Prix de chaque partie, cart. . . . . . » 75
On vend séparément le 1er, le 6me, le 9me et le 24me chant. Prix de chacun. » 20

— LE MÊME OUVRAGE, avec sommaires et notes en français par M. *N. Theil*, professeur au lycée impérial St-Louis à Paris. 1 très-fort vol. in-12. Prix, cart. 3 50
On vend séparément :

— Les quatre premiers chants réunis, cart. . . . . » 75

— Les chants 1, 6, 9 et 24 séparés. Prix de chacun. . . . . » 20

— L'ODYSSÉE, chant 1er, annoté par M. *Bouchot*, agrégé des classes supérieures. In-12. Prix, br. . . . . » 25
Édition autorisée.

— Chant 2me, annoté par *le même*. In-12. Prix, br. rog. . . . . » 30

ISOCRATE, DISCOURS D'ARCHIDAMUS, texte grec; nouvelle édition d'après Bremi, avec un choix de notes en français, à l'usage des classes, par M. *Legenty*, agrégé des classes supérieures. In-12. Prix, br. rog. . . . . » 60

— DISCOURS A DÉMONIQUE, texte grec; nouvelle édition, avec des sommaires et des notes en français par M. *Roger*,

ex-recteur de l'académie du Jura. In-12. Prix, br. . . . . » 40

— ÉLOGE D'ÉVAGORAS, texte grec, nouvelle édition, avec sommaires et notes en français par M. *Groisy*. In-12. Prix, br. . . . . » 50

— PANÉGYRIQUE (LE) D'ATHÈNES, texte grec, nouvelle édition, avec sommaires et notes en français, par M. *Genouille*, proviseur du lycée de Vendôme. In-12. Prix, br. . . . . » 70

LUCIEN, DIALOGUES DES MORTS, texte grec; nouvelle édition, avec un choix de notes grammaticales, historiques et géographiques, suivis d'un lexique entièrement nouveau, par M. *Paret*, préfet général des études au collège Rollin, à Paris. 1 vol. in-12. Prix, cart. » 90
Édition autorisée.

— CHOIX DE DIALOGUES DES MORTS, texte grec; édition classique, conforme au texte adopté par le Conseil de l'instruction publique. Nouvelle édition, avec notice, notes en français et un lexique spécial, par *le même*. 1 vol. in-12. Prix, cart. . . . . » 90

— LE MÊME, texte grec; édition classique, conforme au texte adopté par le Conseil de l'instruction publique. Nouvelle édit., avec notice et notes en français et un lexique spécial, par M. *de Parnajon*, professeur au lycée Napoléon. 1 vol. in-12. Prix, cart. . . . . . . » 90

— CHOIX DE DIALOGUES DES MORTS, texte grec; édition classique, adoptée par le Conseil de l'instruction publique, sans notes et sans lexique. 1 vol. in-18. Prix, cart. . . . . » 30

— ÉLOGE DE DÉMOSTHÈNE, texte grec, d'après G. Dindorf; nouvelle édition, avec un choix de notes en français, à l'usage des classes, par M. *Saucié*, agrégé des classes supérieures. In-12. Prix, br. rog. . . . . » 60

— SONGE (LE) OU LE COQ, texte grec; nouvelle édition, avec sommaires et notes en français par M. *Lemaire*, professeur au lycée Charlemagne, à Paris. In-12. Prix, br. rog. . . . . . » 50

PÈRES GRECS (CHOIX DE DISCOURS DES), texte grec; nouvelle édition, avec sommaires, appréciations littéraires et notes en français par M. *Étienne*, professeur de rhétorique au lycée St-Louis, à Paris. 1 fort vol. in-12. Prix, cart. . . 1 50

Chaque discours se vend séparément :

— SAINT BASILE. *De la lecture des écrivains profanes.* . . . . » 50

— SAINT BASILE. *Faites attention à vous-même.* . . . . » 40

— ID. *Contre l'usure.* . . . . . » 40

— ID. *Sur les 40 martyrs.* . . . » 40

— SAINT GRÉGOIRE DE NYSSE. *Contre les usuriers.* . . . . » 40

— SAINT GRÉGOIRE DE NAZIANZE. *Oraison funèbre de Césaire.* . . . . . . » 60

— *Panégyrique des Machabées.* . . » 50

— SAINT JEAN CHRYSOSTOME. *Discours sur le retour de l'évêque Flavien.* . . » 40

— *Sur la disgrâce d'Eutrope.* . . . » 40

— *Homélie sur les spectacles.* . . . » 40

PETITE ANTHOLOGIE, ou recueil de fables, descriptions, épigrammes, pensées, contenant les *racines de la langue grecque.* Texte, commentaire étymologique, dictionnaire et traduction française par M. *Maunoury.* In-12. Prix, cart. . 3 »

— LE MÊME OUVRAGE, avec le dictionnaire et sans la traduction. In-12, cart. 2 50

— LE MÊME, sans le dictionnaire et avec la traduction. 1 vol. in-12, cart. . 2 25

— LE MÊME OUVRAGE, sans le dictionnaire ni la traduction. In-12, cart. . . 1 75

— LE MÊME, traduction française. In-12. Prix, br. . . . . » 60

— COMMENTAIRE ÉTYMOLOGIQUE sur la *Petite Anthologie.* In-12. Prix, br. séparément. . . . . » 75

PLATON, ALCIBIADE (LE PREMIER), texte grec; nouvelle édition, avec argument et notes en français, à l'usage des classes, par M. *Mesnard*, ex-professeur de seconde au lycée Saint-Louis, à Paris. Prix. » 70
Édition autorisée.

— APOLOGIE DE SOCRATE, texte grec; nouvelle édition, avec argument et notes en français par M. *Vallon*, agrégé des classes supérieures. In-12. Prix, br. » 65

— CRITON, texte grec; nouvelle édition, avec argument et un choix de notes en français par M. *Druon*, proviseur du lycée de Saint-Omer. 1 vol. in-12. Prix, br. . . . . » 50

— MÉNEXÈNE (LE), texte grec; nouvelle édition, avec argument philosophique et analytique et un choix de notes en français par M. *C. Le Prevost*, professeur au lycée Bonaparte. In-12. Prix, br. rog. . . . . » 75

— PHÉDON, OU L'IMMORTALITÉ DE L'AME, texte grec; nouvelle édition, avec introduction, sommaire et notes en français par M. *Ch. Thurot*, maître de conférences à l'École normale supérieure. 1 vol. in-12. Prix, cart. . . . . » 65

PLUTARQUE, VIE D'ALEXANDRE, texte grec; nouvelle édition, avec des notes en français par M. *Legenty*, agrégé des classes supérieures. 1 vol. in-12. Prix, cart. » 90
Édition autorisée.

— LE MÊME OUVRAGE, annoté par M. *Bonnel*, professeur de seconde au lycée de Lyon. 1 vol. in-12. Prix, cart. . . . . » 90

— VIE D'ARISTIDE, texte grec, soigneusement revu sur les éditions H. Estienne, Reiske, Dochner, Tauchnitz, avec une notice sur Plutarque, une introduction, un appendice et des notes en français par M. *P. Lucas*, professeur au lycée impérial de Rouen. 1 vol. in-12. Prix, cart. . . . . 1 »

— VIE DE CÉSAR, texte grec; nouvelle édition, suivie de la comparaison d'Alexandre et de César, tirée d'Appien, de Justin, et de Tite-Live, avec des notes en français, par M. *Grégoire*, agrégé de l'Université, professeur d'histoire au lycée de Versailles. 1 vol. in-12. Prix, cart. . . . . » 90
Édition autorisée.

— LE MÊME OUVRAGE, annoté par M. *Colincamp*, professeur de littérature française à la faculté des lettres de Douai. 1 vol. in-12. Prix, cart. . . . . » 90

— VIE DE CICÉRON, texte grec; nouvelle édition, avec un choix de notes en français par M. *Saucié*, agrégé des classes supérieures. 1 vol. in-12. Prix, cart. . . . . » 90
Édition autorisée.

— VIE DE DÉMOSTHÈNE, texte grec; nouvelle édit., avec un choix de notes en français, à l'usage des classes, par M. *Galusky.* 1 vol. in-12. Prix, cart. » 90

— VIE DE MARIUS, texte grec; nouvelle édition, précédée d'une notice sur Plutarque et annotée en français par M. *Legenty*, agrégé des classes supérieures. 1 vol. in-12. Prix, br. . . . . . 1 »

— VIE DE POMPÉE, texte grec; nouvelle édition, avec un choix de notes en français par M. *Cougny*, professeur de seconde au lycée de Versailles. 1 vol. in-12. Prix, cart. . . . . 1 »

PARIS. — J. CLAYE, IMPRIMEUR, 7, RUE SAINT-BENOIT.

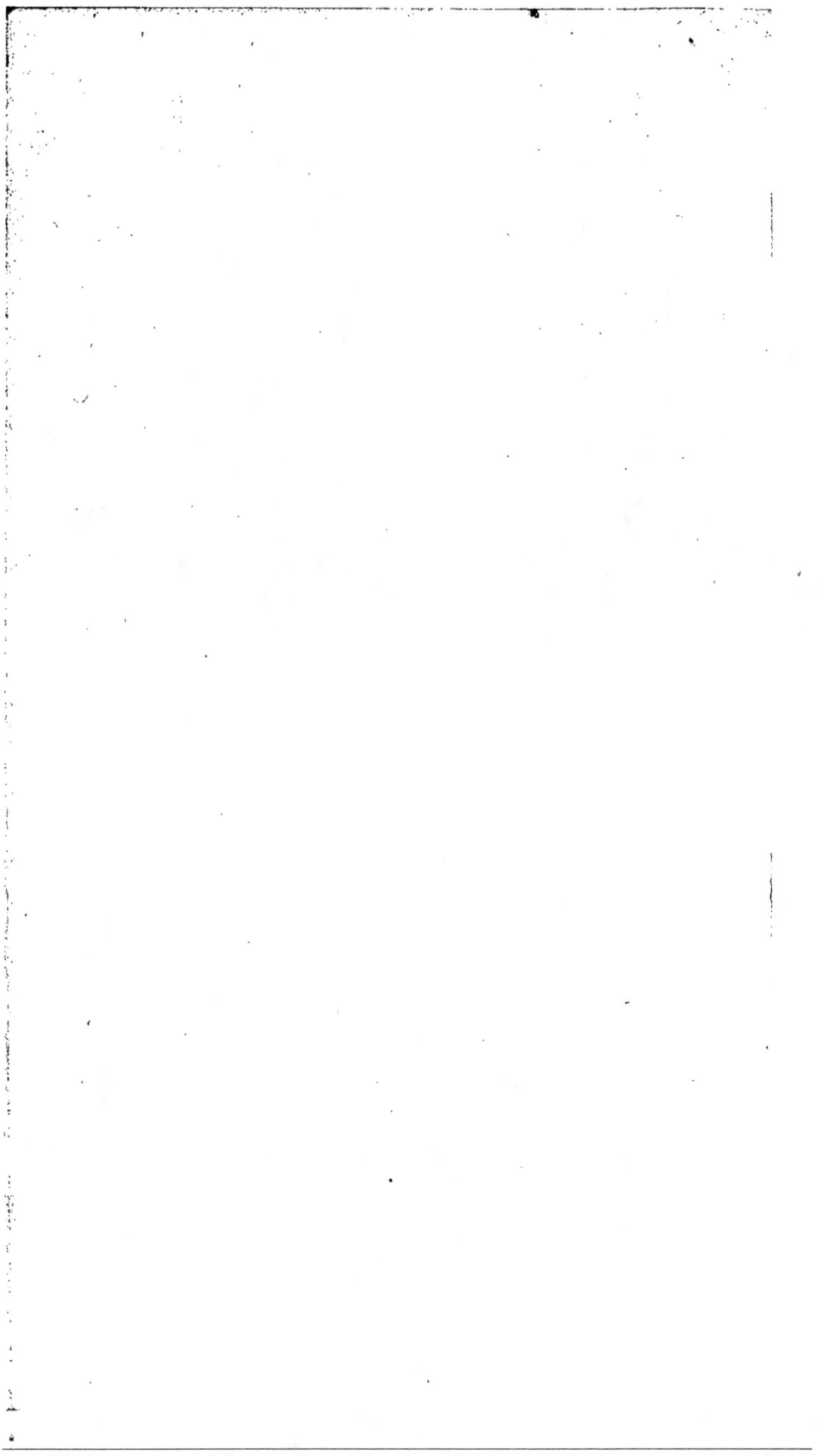

www.ingramcontent.com/pod-product-compliance
Lightning Source LLC
Chambersburg PA
CBHW070755270326
41927CB00010B/2149